Bibliothécaire assistant spécialisé de classe normale

Concours externe et interne

Valérie SCHIETECATTE

Ouvrage dirigé par Laurence BRUNEL

Studyrama
Réussir son avenir

Sommaire

PARTIE III

Introduction

Travailler en bibliothèque est un privilège. C'est un métier de culture, de convictions et de persévérance. C'est un environnement sans cesse en mouvement, en évolution, que l'on se doit de suivre pour pouvoir satisfaire les usagers tant au niveau des collections que des services. C'est un métier riche en connaissances professionnelles, environnementales et administratives. C'est un métier qui dépasse notre culture professionnelle de base. Un bibliothécaire spécialisé de classe normale a un statut à multiples facettes : il est tour à tour un encadrant, un informaticien, un formateur, un pédagogue, un médiateur, un animateur, un technicien assurant la maintenance des appareils de reprographie, un catalogueur, etc. Il exerce donc plusieurs métiers en un. Ce sont des métiers passionnants pratiqués dans des lieux aussi différents et riches qu'il en existe. S'enrichir professionnellement, c'est se former, visiter, échanger avec ses tutelles, des professionnels et les usagers. C'est aussi se remettre en question, s'ouvrir à de nouvelles pratiques et à de nouveaux usages, qui peuvent entraîner moult débats, riches échanges, qui construisent les bibliothèques d'aujourd'hui et de demain. Travailler en bibliothèque n'est pas travailler pour soi, mais pour et avec les autres, la bibliothèque ayant un rôle social, éducatif, culturel, informationnel. Nous, bibliothécaires, sommes les médiateurs, les liens entre les usagers et ces rôles qui nous sont attribués, qui ne sont pas des moindres.

Pour accéder à l'emploi de bibliothécaire assistant spécialisé de classe normale qui vous ouvrira la porte de ces lieux magiques et exigeants, il faut décrocher un concours, externe ou interne. Pour cela, il faut un grand investissement personnel, un travail de fond, des lectures, des visites, des échanges avec des professionnels, des contrats de travail, si possible, aussi. Réussir un concours, c'est le préparer. Un concours se réussit uniquement en travaillant, en persévérant, en comprenant, en faisant preuve de réflexion et, quelquefois, en apprenant scolairement des notions. Un concours ne se réussit pas toujours dès le premier essai, mais au bout de plusieurs. Le poste idéal n'est pas toujours le premier ; il se construit au fur et à mesure du parcours professionnel, de la connaissance et de la pratique des structures dans lesquelles nous avons travaillé. Le métier de bibliothécaire n'est pas un long fleuve tranquille, mais c'est un fleuve plein de surprises, de tourbillons de cultures, de rencontres passionnées et passionnantes qui nous permettent de prendre de jolis affluents, mais aussi d'affronter quelques rapides et trous d'eau qui nous rendent plus fiers du métier que nous défendons et que nous portons. Deux maîtres mots définissent notre métier : convictions et persévérance.

Cet ouvrage a pour but de vous présenter les concours de bibliothécaire spécialisé de classe normale, concours de la fonction publique d'État, et de vous aider à les préparer.

Qu'ils soient externe ou interne, ils demandent une organisation de travail ainsi qu'une préparation sérieuse et rigoureuse.
Cet ouvrage vous présente dans un premier temps les concours externe et interne de bibliothécaire assistant spécialisé de classe normale en y incluant les retours des jurys de concours. Ensuite, l'épreuve d'admissibilité et celles d'admission sont relatées et une méthodologie, pour chaque type d'épreuve, est suggérée. Le programme commun des concours externe et interne est présent sous forme de chapitres. Enfin, les sujets communs des trois dernières années des concours font l'objet d'une note rédigée. Il en va de même pour les réponses aux questions. Il s'agit de propositions de corrections, et non de *la* correction. Il n'y a pas de note ni de réponses aux questions, parfaites.
En annexe sont recensés les textes fondateurs de l'essence de notre métier : ce sont nos guides spirituels à nous, bibliothécaires, à lire et relire afin de ne pas oublier pourquoi nous avons choisi ce métier, ces métiers.
Il va sans dire que l'ensemble des documents ou extraits de documents sont utilisés avec l'aval des auteurs ou sont libres de droits.
Bonne lecture, travail, révision et réussite au concours !

Valérie Schietecatte
Twitter : @ValSchietecatte

Les URL des notes de bas de page sont suivies d'une date de consultation comme : www.legifrance.gouv.fr/eli/arrete/2018/2/5/ESRH1803228A/jo/texte/fr [consulté le 01/11/2018]. Cette date permet de fixer dans le temps une information. Si vous consultez le site cité et que l'information mentionnée ne correspond plus avec les écrits de cet ouvrage, c'est qu'une mise à jour a été faite depuis cette date. Et pour information, cette façon de citer une ressource numérique correspond aussi à nos normes bibliothéconomiques sur les citations.

PARTIE I

Présentation du concours de bibliothécaire assistant spécialisé de classe normale

1 Lieux d'exercice et missions

Le corps, de catégorie B, des bibliothécaires assistants spécialisés est à vocation interministérielle, relevant du ministre chargé de l'Enseignement supérieur. Il comprend trois grades : la classe normale, la classe supérieure et la classe exceptionnelle.

Selon le décret n° 2011-1140 du 21 septembre 2011 portant statut particulier du corps des bibliothécaires assistants spécialisés, « *ils exercent principalement leurs missions dans les bibliothèques, services ou établissements publics relevant du ministère chargé de l'Enseignement supérieur et, le cas échéant, dans d'autres départements ministériels ou leurs établissements publics*[1] ».

Les missions des bibliothécaires assistants spécialisés évoluent selon le grade.

Les bibliothécaires assistants spécialisés :

- effectuent des tâches spécialisées dans le domaine du traitement et de la conservation des collections de toute nature ainsi que dans celui de leur gestion documentaire ;
- mettent les ressources documentaires à la disposition du public ;
- accueillent, renseignent et informent les usagers ;
- peuvent être chargés de la gestion des magasins, des lieux accessibles au public et des matériels, notamment des matériels d'accès à l'information ;
- ont vocation à encadrer les personnels chargés du magasinage ;
- peuvent se voir confier des fonctions touchant à la sécurité des personnes, des locaux et des collections.

1. www.legifrance.gouv.fr/affichTexte.do?cidTexte=JORFTEXT000024580517 [consulté le 01/02/2020].

2 Épreuves et attentes du jury

Tous les sujets de concours sont disponibles sur la page web du ministère de l'Enseignement supérieur : www.enseignementsup-recherche.gouv.fr/cid55666/sujets-des-concours-de-bibliotheques.html [consulté le 01/02/2020].

Pour le concours de bibliothécaire assistant spécialisé de classe normale, la totalité des épreuves est mentionnée sur l'arrêté du 23 mai 2012[2] consolidé le 16 octobre 2019, fixant les modalités d'organisation, le programme et la nature des épreuves des concours de recrutement dans le grade de bibliothécaire assistant spécialisé de classe normale.

1. Concours externe

Les conditions d'accès

L'accès à la fonction publique comme fonctionnaire est soumis à des conditions générales :

- être français ou européen. La condition de nationalité doit être remplie au plus tard à la date de la première épreuve du concours ;
- jouir de ses droits civiques ou électoraux (droits de vote, d'élection, d'éligibilité) en France ou dans son pays d'origine ;
- n'avoir fait l'objet d'aucune condamnation inscrite au bulletin n° 2 du casier judiciaire qui soit incompatible avec les fonctions exercées ;
- si le candidat est français, il doit justifier de son recensement militaire et de sa participation à la journée défense et citoyenneté ;
- si le candidat est européen, il doit être en situation régulière au regard des obligations de service national de son pays d'origine ;
- le candidat doit être apte physiquement à exercer ses fonctions. Cette aptitude est vérifiée au cours d'un examen médical réalisé par un médecin généraliste.

Le concours externe est accessible à tout candidat titulaire d'un baccalauréat ou d'un diplôme ou d'un titre équivalent. Aucune condition de diplôme n'est imposée aux mères de famille de trois enfants et plus et aux sportifs de haut niveau.

2. www.legifrance.gouv.fr/affichTexte.do;jsessionid=9FA7339E6DB032F39A9EA88B0C9E7767.tpdjo05v_1?cidTexte=JORFTEXT000026021193 [consulté le 01/02/2020].

Les épreuves

- L'épreuve d'admissibilité d'une durée de 4 heures et d'un coefficient 2 comporte deux parties :
  - une épreuve de cas pratique avec une mise en situation, à partir d'un dossier de dix pages au maximum ;
  - une série de quatre à six questions à réponses courtes.
- L'épreuve orale d'admission consiste en un entretien avec le jury, à partir d'un texte ne pouvant excéder deux pages, portant sur les bibliothèques, leur organisation, leur fonctionnement, les services offerts aux publics. Elle comprend une préparation de 25 minutes et est d'une durée de 25 minutes, dont 10 minutes au plus pour le commentaire et au moins 15 minutes pour l'entretien (coefficient 3).

En vue de l'épreuve d'entretien, le candidat admissible adresse une fiche individuelle de renseignement au service gestionnaire du concours à une date fixée dans l'arrêté d'ouverture du concours. Le jury dispose de cette fiche de renseignement pour la conduite de l'entretien. L'absence de fiche de renseignement ou sa transmission après la date limite (le cachet de la poste faisant foi) entraîne l'élimination du candidat qui n'est pas convoqué à l'épreuve d'admission. La fiche individuelle de renseignement est disponible sur le site internet du ministère de l'Enseignement supérieur.

Dans son rapport 2017, le jury mentionne : « *Si une bonne moitié des candidats avait manifestement préparé et travaillé cette seconde partie, répondant aisément aux diverses questions et livrant suffisamment d'éléments d'information pour permettre aux membres du jury de cerner l'état de leurs connaissances, l'autre moitié a, en revanche, fourni des réponses lacunaires, résultant souvent de lectures hâtives ou superficielles ou d'une méconnaissance des tâches exercées aujourd'hui en bibliothèque, voire des missions des bibliothécaires adjoints spécialisés.* » Il ajoute aussi : « *Tous les candidats ne réalisent pas que le rôle d'un Bibas est entre autres, l'encadrement intermédiaire, et que l'encadrement n'est pas seulement une position théorique, mais un exercice concret. Alors que beaucoup de questions font appel au bon sens, trop de candidats se trouvent désarmés face aux questions posées.* »

2. Concours interne

Les conditions d'accès

Le concours interne est ouvert à tous les fonctionnaires ou agents publics justifiant de quatre ans de service public au 1er janvier de l'année au titre de laquelle le concours est organisé.

Les candidats au concours interne doivent être en activité, en détachement ou en congé parental. Cette condition s'apprécie à la date de la première épreuve.

Les épreuves

- L'épreuve d'admissibilité d'une durée de 4 heures et d'un coefficient 2 comporte deux parties :
  - une épreuve de cas pratique avec une mise en situation, à partir d'un dossier de dix pages au maximum ;
  - une série de quatre à six questions à réponses courtes.
- L'épreuve d'admission est un entretien avec le jury ayant pour point de départ un exposé de son parcours professionnel d'une durée de 5 minutes. Au cours de cet entretien, le candidat peut être interrogé sur les bibliothèques, leur organisation, leur fonctionnement, les services offerts aux publics. Cette épreuve est d'une durée de 25 minutes et d'un coefficient 3.

Le rapport du jury 2016 souligne à propos de l'épreuve d'admissibilité et notamment sur les réponses aux questions : « *Cette partie de l'épreuve est apparue, cette année encore, comme particulièrement sélective : les candidats ayant obtenu une note supérieure à la moyenne à cette partie de l'épreuve sont peu nombreux. Les copies contenant une réponse pertinente et complète à chacune des quatre questions sont rarissimes, y compris au concours interne où les réponses sont, la plupart du temps, très décevantes.* »

Le rapport 2017 du jury note sur la présentation du parcours professionnel que les candidats « *s'étaient manifestement entraînés pour cette partie de l'épreuve ; la plupart des candidats ont bien utilisé le temps imparti, ont livré des exposés structurés en mettant en avant les points forts de leur parcours professionnel avec des repères chronologiques. Les motivations ont été le plus souvent bien exprimées* ». Sur celui de 2016, le jury rapporte ce qu'il attend des échanges avec les candidats : « *C'est dans cette partie que le jury peut le plus aisément juger de la motivation des candidats, de leur ouverture d'esprit et de leur capacité à exercer les fonctions qui sont celles habituellement exercées par les bibliothécaires assistants spécialisés : catalogage (papier et ressources électroniques), encadrement d'équipe (magasiniers, moniteurs), services aux publics (renseignements, formation des usagers), etc.* »

Le candidat admissible à l'oral doit constituer et transmettre au ministère à une date précise un dossier de reconnaissance des acquis de l'expérience professionnelle (RAEP). Ce dossier est disponible sur le site du ministère.
Le jury mentionne dans son rapport 2019 à propos du dossier RAEP : « *Bien que non noté, il est révélateur de la personnalité du candidat et de son implication dans la vie du service.* »

3 Programme

Selon l'arrêté du 23 mai 2012 fixant les modalités d'organisation, le programme et la nature des épreuves des concours de recrutement dans le grade de bibliothécaire assistant spécialisé de classe normale, le programme des concours externe et interne est le suivant :

- l'administration :
  - notions sur l'organisation de l'État et des collectivités territoriales,
  - notions sur les fonctions publiques : principes généraux, droits et obligations des fonctionnaires,
  - notions sur le fonctionnement des institutions européennes ;
- les documents :
  - notions sur les différents types de documents (manuscrits, documents imprimés et graphiques ; ressources audiovisuelles et électroniques),
  - notions sur la production et la diffusion des documents (édition, imprimerie, librairie, bibliothèques) ;
- les différents types de bibliothèques et services documentaires :
  - notions sur leurs missions et leur organisation,
  - l'offre de service des bibliothèques ;
- les publics des bibliothèques, leurs comportements et leurs attentes.

PARTIE II

Méthodologie des épreuves

1 L'épreuve d'admissibilité commune aux deux concours

L'épreuve d'admissibilité est commune au concours externe et au concours interne. Elle est d'une durée de 4 heures et d'un coefficient 2. Elle comporte deux parties :

- une épreuve de cas pratique avec une mise en situation, à partir d'un dossier de dix pages au maximum ;
- une série de quatre à six questions à réponses courtes.

1. Le cas pratique à partir d'un dossier

« *Il s'agit de la résolution d'un cas pratique auquel un bibliothécaire assistant spécialisé de classe normale peut être confronté dans l'exercice de ses fonctions. Loin de constituer un exercice purement formel, si l'épreuve fait appel à des connaissances théoriques, elle nécessite d'apporter dans le cadre d'une note des réponses concrètes à la question traitée. De ce point de vue, une lecture attentive du libellé même du sujet est impérative, car il pose clairement la nature de la demande, et présente des informations qui orientent la manière de répondre au mieux, sur le fond comme sur la forme* » (rapport du jury, 2019).

L'objectif de cette mise en situation est de permettre au jury de mesurer l'aptitude professionnelle d'un candidat lors de la rédaction précise et claire de propositions formulées éclairant ainsi sa capacité à se faire comprendre sans ambiguïté.

Le sujet du cas pratique est toujours accompagné d'un dossier d'environ dix pages constitué de documents d'origine diverse : organigramme, articles de presse générale ou spécialisée, fiches pratiques ou documents à destination du public issus de bibliothèques, pages web d'université ou de service commun de documentation, arrêtés, décrets, lois. Toutefois, il faut souligner que « *les documents joints ne constituent pas nécessairement des guides fournissant des réponses toutes faites qu'il conviendrait de reprendre telles quelles dans la note* » (rapport du jury, 2019).

La présentation

« *La rédaction d'une note répond à une forme administrative précise, avec un libellé de suscription, un objet et une pièce jointe* » (rapport du jury, 2018).

La présentation recommandée est la suivante :

Date de l'épreuve

Note à l'attention de Madame/Monsieur le chef de service,
le directeur de la bibliothèque, etc.

Objet :

PJ :

Le bibliothécaire assistant spécialisé de classe normale

Le candidat veillera à ne pas signer de son propre nom, ni d'un nom fictif, la note. Cela romprait l'anonymat de la copie, entraînant directement son élimination.

Les objectifs

L'exercice doit montrer que les candidats savent mettre les documents en contexte, construire une problématisation satisfaisante du sujet, en présentant d'un point de vue pragmatique et réaliste, à partir d'une solide analyse de l'existant, les divers aspects stratégiques et opérationnels du sujet.

Le sujet permet de mesurer l'aptitude du candidat :

- à prendre l'exacte mesure d'une situation : projet à conduire, problème à résoudre, difficultés à prévenir, etc. ;
- à décider ou à éclairer des choix dans le respect des contraintes temporelles, humaines, budgétaires, techniques et des règles en vigueur ;
- à utiliser de manière pertinente les moyens à sa disposition.

Les candidats préparant le concours de bibliothécaire assistant spécialisé de classe normale sont confrontés à des situations de gestion de projet et d'encadrement en plus des autres missions mentionnées. Il faut donc qu'ils soient capables de se mettre en situation de conduite de projet, d'animation et d'encadrement d'équipe.

L'évaluation du candidat se fera sur sa capacité à se positionner en tant que cadre au sein d'une équipe, d'un service et d'une université et de sa juste compréhension de l'étendue de ses missions et de ses responsabilités.
Enfin, c'est à la résolution d'un cas pratique que chaque candidat sera susceptible d'être confronté dans l'exercice de ces missions.

La note attendue est « *un* ***document opérationnel****, au regard d'un* ***événement précis*** *survenu dans un* ***établissement particulier****. [...] La note doit fournir une description du contexte, avec les principales caractéristiques de l'événement, et situer le rôle de bibliothécaire assistant spécialisé* » (rapport du jury, 2017).

Les exigences et les qualités attendues par le jury

La note doit être un document de travail destiné à la hiérarchie, il doit produire une étude de cas précise et opérationnelle comprenant une introduction problématisée, suivant un plan pertinent et s'achevant par une véritable conclusion. Le « *document attendu est un document opérationnel, au regard d'un événement précis survenu dans un établissement particulier* » (rapport de jury 2017).
Les documents du dossier ont pour objet d'aider les candidats à réunir des idées et à construire leur réflexion dans un laps de temps très contraint. Il ne s'agit ni de les synthétiser, ni de s'y limiter. Les éléments mentionnés dans le dossier doivent être mis en rapport avec les connaissances et expériences personnelles du candidat. Le candidat ne trouvera pas dans le dossier toutes les données nécessaires à son étude. Ses connaissances, ses savoir-faire, en particulier en matière de conduite de projets et de management, lui seront indispensables. L'étude du cas nécessitera que le candidat prenne le temps d'analyser la situation ou le problème à résoudre pour les comprendre, prenne la mesure de la nature et de l'importance relative des informations fournies par le dossier (éléments descriptifs, éléments techniques, problèmes restant à résoudre, etc.).
La note ne doit pas contenir d'opinion personnelle, mais des connaissances professionnelles précises transcrites dans un style neutre et impersonnel. Des solutions et des dispositions pertinentes seront proposées. La sélection des informations du dossier sera adaptée au sujet. Le candidat fera preuve d'intelligence, de pragmatisme, de bon sens, de clarté et de concision. Il traitera le sujet dans sa globalité. La rédaction de la note doit être faite dans un style correct sous couvert d'anonymat. Des phrases courtes et précises seront utilisées de préférence.

La méthodologie

La durée du traitement de l'étude de cas est comprise entre 3 heures et 3 h 15, l'épreuve d'admissibilité de 4 heures comprenant une étude de cas et des questions.

La lecture du sujet (10 à 15 minutes)

Le candidat réalisera une première lecture attentive du sujet et des documents. Lors d'une deuxième lecture, à partir du libellé du sujet, le candidat essaiera au brouillon de répondre aux questions « qui ? quand ? quoi ? où ? comment ? pourquoi ? » (QQQOCP) afin de bien contextualiser la problématique et d'ouvrir de nouvelles pistes de réflexions et de propositions. Le candidat dégagera et notera les parties principales. Le plan est en général annoncé dans le sujet.

Il veillera à prioriser la lecture des documents : les identifier et ordonner leur lecture. Les textes juridiques sont à lire en premier, ils fixent la loi, puis les rapports et articles, enfin les documents à contenu statistique. Des conseils de lecture des documents sont donnés : commencer par les documents généraux puis lire ceux qui sont spécialisés, pour finir par les documents internes. Le candidat identifiera les auteurs ainsi que la date à laquelle le document a été rédigé. Le document le plus récent sera lu en premier si plusieurs documents traitent de la même thématique. Un document dit pivot sera peut-être présent. Suite à ce travail d'analyse, le candidat formulera une problématique. Celle-ci soulignera et contextualisera les thèmes principaux abordés dans le sujet et exprimera un axe pertinent de travail en soulignant les contraintes du sujet au niveau budgétaire, humain, matériel, etc.

À la recherche des idées (50 minutes à 1 heure)

Elle doit se réaliser au brouillon. Le candidat y notera les notions professionnelles et bibliothéconomiques, des exemples, puis celles contenues dans le dossier, notions se rattachant au QQQOCP. Le candidat essaiera de hiérarchiser ses idées en sous-parties des parties principales. L'utilisation de cartes mentales peut être utile si la technique est maîtrisée.

Le candidat préparera le contenu de la pièce jointe si la demande existe sur le libellé du sujet.

Attention, le recours immédiat à un supérieur hiérarchique lors de certaines mises en situation (conflit, etc.) ne doit pas être systématique. Le candidat veillera à mesurer ses prises de décisions.

La réalisation du plan détaillé (15 à 20 minutes)

Chaque partie sera notée sur une feuille de brouillon afin de mieux gérer la rédaction par la suite. Si une partie est constituée de plusieurs feuilles, il faudra les numéroter. Il est conseillé d'écrire au recto uniquement, cela fera gagner en rapidité lors de la rédaction sur la copie. Un plan doit comprendre entre deux ou trois axes de travail. Il doit être équilibré, une partie ne doit pas être plus longue qu'une autre. Le nombre de sous-axes de travail doit être également quasi semblable pour chaque axe principal.

La rédaction de l'introduction et de la conclusion (5 à 10 minutes)

La rédaction de l'introduction et de la conclusion est à rédiger intégralement au brouillon.

- L'introduction : elle doit faire entre 10 et 12 lignes. Elle doit contextualiser la situation donnée éclairée par le QQQOCP, poser la problématique et les enjeux et enfin annoncer le plan.
- La conclusion : elle n'est pas obligatoire, elle peut se faire en une phrase si besoin est. C'est une synthèse des réponses à apporter à la commande. Elle doit être rédigée en amont de l'écriture de la note, permettant ainsi de vérifier que cette dernière tient la route.

La rédaction de la note sur la copie (50 minutes à 1 heure)

Les titres des parties et sous-parties ne sont pas à numéroter ni à souligner. L'ensemble de la note sera rédigé, des phrases transitoires seront réalisées afin d'introduire les parties et sous-parties. Un changement de paragraphe sera effectué à chaque développement porteur d'une nouvelle idée. L'ensemble sera équilibré aussi bien dans sa longueur que dans son contenu.
Le candidat veillera à ce que sa copie comporte peu ou pas de ratures, à une écriture soignée et à une copie aérée. Un saut de ligne marquera le passage de l'introduction à la première partie, aux différentes parties et à la conclusion. Un alinéa sera présent à chaque début de sous-partie.

La réalisation de la pièce jointe (10 minutes)

Le candidat veillera à donner un titre à sa pièce jointe. Lors de l'établissement d'un planning, le candidat sera vigilant quant à la période de l'année si elle est mentionnée (vacances). Pour les calculs, il n'est pas mentionné sur les rapports du jury que le détail de ceux-ci doit y figurer, aussi, le candidat ne notera que les résultats ainsi que la mention de ce à quoi ils sont rattachés (nombre de cartons pour un déménagement, nombre de mètres linéaires pour un nouveau rayonnage, etc.).

La relecture (10 minutes)

Elle est obligatoire comme sur tout écrit de concours ou d'examen. Elle permet de corriger les fautes d'étourderie réalisées en matière d'orthographe, de syntaxe et de grammaire.

Les défauts relevés par les jurys

L'étude de cas n'est pas une note de synthèse, une note administrative, une dissertation, un devoir théorique, un résumé des éléments du dossier quand il y en a un et n'est pas non plus un commentaire de texte.
Des incohérences sont relevées entre le plan annoncé et le plan suivi. Les candidats n'ont pas assez de recul sur le sujet. Tous les aspects de ce dernier ne sont pas pris en compte et la bonne mesure de l'événement n'est pas considérée.
Ces remarques sont notifiées sur des rapports de jury.
La copie ne doit pas être rédigée dans un style télégraphique, les abréviations ne doivent pas y figurer, les tirets sont à utiliser avec modération. Le candidat veillera à rester neutre et à ne pas formuler d'opinion personnelle sur sa copie.
Les défauts les plus fréquents notifiés sur les trois derniers rapports de jury (2017 à 2019) sont :

- la note adressée au mauvais interlocuteur, faute de lecture du sujet ;
- l'absence de plan suffisamment caractérisé dans la note ;
- l'absence d'un lien clair entre la note et la pièce jointe ;
- des préconisations floues ou partielles.

2. Le questionnaire

C'est une série de quatre à six questions à réponses courtes. Le candidat veillera à ne pas passer plus de 45 minutes à y répondre. Il lui est conseillé de faire cette partie de l'épreuve d'admissibilité, l'autre étant la résolution d'un cas pratique, en début d'épreuve, et d'y revenir, si des questions sont restées sans réponse, en fin d'épreuve.
Trois stratégies peuvent être adoptées pour répondre à ce type d'épreuve. Le candidat pourra faire le choix de répondre aux questions à forts points dans un premier temps puis laisser pour la fin les questions à plus petits points. Il pourra également faire le choix de répondre d'abord aux questions les plus faciles puis aux plus difficiles tout en faisant attention à garder le temps nécessaire pour y répondre. Enfin, un hybride de ces deux stratégies peut être adopté : les questions les plus faciles à plus de points, puis les questions les plus faciles à moins de points, puis les questions les plus difficiles à plus de points et les questions les plus difficiles à moins de points. Le candidat choisira la stratégie qui lui convient le mieux au fur et à mesure des entraînements.
Les questions font appel à des connaissances professionnelles et bibliothéconomiques. Cette partie comprend quatre à six questions à réponses courtes. Elles sont notées sur 6 points, la note du cas pratique étant sur 14 points.
En général le nombre de lignes attendues pour la réponse est mentionné sur la copie.

Pour les concours ayant eu lieu de 2016 à 2018[1], quatre questions étaient présentes, dont deux notées sur 1 point requérant une réponse synthétique et deux notées sur 2 points demandant une réponse plus développée. Pour ces dernières, une phrase introductive et un développement du sujet en deux ou trois points sont attendus. La phrase introductive doit être rédigée au brouillon ainsi que les points abordés de manière succincte (tirets, mots-clés), ces derniers seront développés lors de la rédaction sur la copie.

Si un sigle est présent dans la question, le candidat veillera à le développer.

Cette partie de l'épreuve d'admissibilité est particulièrement sélective, les candidats qui obtiennent une note supérieure à la moyenne sont peu nombreux (sessions 2018 et 2017).

« *Le jury souligne la nécessité de ne pas négliger la partie du programme relative à l'administration et aux institutions publiques* » (rapport de jury, 2018).

1. Pour la session 2019, « *compte tenu de consignes orales erronées passées dans deux centres d'examen, le jury en concertation avec la DRGH, a été conduit à neutraliser la notation de la partie de l'épreuve correspondant aux questions, cela afin de garantir l'équité de traitement entre les candidats* » (rapport de jury, 2019).

2 Les documents à fournir avant les épreuves d'admission

Selon le concours présenté, il sera demandé au candidat admissible de fournir soit une fiche individuelle de renseignement pour le concours externe, soit un dossier de RAEP (reconnaissance des acquis de l'expérience professionnelle) pour le concours interne.

1. Concours externe : la fiche individuelle de renseignement

La fiche de renseignement est à retourner en recommandé simple, en quatre exemplaires, avant une date limite mentionnée sur le site du ministère de l'Enseignement supérieur, le cachet de la poste faisant foi.
Cette fiche individuelle n'est pas notée. Elle permet au jury de faire connaissance avec le candidat sur son niveau d'étude, ses formations et/ou stages et son expérience professionnelle.
Une photo d'identité est demandée sur la première page. Le candidat veillera à remplir, si possible, *via* un logiciel de traitement de texte la fiche de renseignement.

L'identité

Une première partie sur l'identité du candidat est présente :

VOTRE IDENTITÉ

N° de DOSSIER ou d'inscription : ....
Le candidat trouvera le numéro d'inscription sur le formulaire d'inscription au concours ou sur sa convocation à l'épreuve d'admissibilité.
NOM DE FAMILLE : ....
NOM D'USAGE : .... *C'est le nom qu'une personne utilise après un mariage.*
Prénom(s) : ....
Date et lieu de naissance : .../.../... à ....
Adresse : ....
....
Adresse électronique : ....

La scolarité générale

Une deuxième partie traite de la scolarité générale. Le candidat y inscrira l'année d'obtention de chaque diplôme, la durée et le nom de ce dernier ainsi que sa spécialité.
Exemple : « 2020, 3 ans, master en sciences de l'éducation ».
Si toutefois le nombre de lignes n'est pas suffisant, le candidat a la possibilité d'en insérer des supplémentaires. À l'inverse, si toutes les lignes ne sont pas remplies, le candidat pourra en supprimer. Cela démontre au jury sa maîtrise d'un logiciel et montre le soin qu'il met à remplir le document demandé.

SCOLARITÉ GÉNÉRALE

Année	Durée	Diplôme(s) obtenu(s)/Option
....	....	....
....	....	....

Les formations et/ou stages

Une troisième partie porte sur les formations et/ou stages. Une mention est apportée sur le fait que le candidat peut joindre les attestations des formations. Il est fortement recommandé de les joindre. Si le candidat a suivi une formation ou un stage pour préparer le (ou les) concours de bibliothèques, c'est à ce stade qu'il faut le mentionner, ainsi que toutes formations ayant un rapport avec les missions du statut de bibliothécaire assistant spécialisé de classe normale. Si un candidat externe n'a pas de formation à son actif, il pourra y noter ses stages.

FORMATION/STAGES

Année	Durée	Organisme	Intitulé
....	....	....	....
....	....	....	....

L'expérience professionnelle

Une quatrième partie sur les expériences professionnelles est présente. Si le candidat a une période d'inactivité, il ne faut pas qu'il la mentionne. Par contre, il peut s'attendre à l'oral à, peut-être, être questionné dessus.

EXPÉRIENCE PROFESSIONNELLE

Année	Durée	Employeur	Activité
....	....	....	....
....	....	....	....

Les langues, les compétences informatiques et les centres d'intérêt

Une partie ouverte intitulée « divers » est présente. Elle permet au candidat d'y annoter les renseignements qui peuvent apporter une plus-value à son dossier dans les domaines des langues, de l'informatique et de ses centres d'intérêt.

DIVERS (langues, compétences informatiques, centres d'intérêt)
....
....

Les observations

Pour conclure cette fiche individuelle de renseignement, une partie facultative est laissée au candidat qui désirerait porter à l'attention du jury des observations complémentaires.

Observations (facultatif) : *Si vous le souhaitez, vous pourrez porter à la connaissance du jury, dans cette rubrique, des informations ou des observations complémentaires sur votre situation, votre formation, votre parcours professionnel, etc.*

....
....
....

2. Concours interne : le dossier de RAEP

Ce dossier RAEP est demandé à tous les candidats admissibles du concours interne afin que les membres du jury connaissent mieux les candidats lors de leur oral, ces dossiers ne sont pas notés. « *L'ensemble du jury réuni pour les épreuves orales a procédé préalablement à une lecture attentive des dossiers de RAEP. Les commissions disposent d'un exemplaire du dossier durant l'audition du candidat. Bien que non noté, le dossier RAEP est révélateur de la personnalité du candidat et de son implication dans la vie du service* » (rapport jury, 2019). Un guide de remplissage du dossier, outil précieux, est fourni sur le site du ministère de l'Enseignement supérieur. Ce dossier est à renvoyer à la direction générale des ressources humaines en quatre exemplaires au plus tard à une date précisée sur le dossier, le cachet de la poste faisant foi. Le candidat veillera pour chacun des exemplaires soit à y mettre une attache, soit à l'insérer au sein d'une chemise souple afin de faciliter le travail du personnel du ministère se chargeant de l'ouverture de l'ensemble des dossiers.
Le dossier doit être complet, c'est-à-dire accompagné des pièces justificatives demandées : les photocopies des attestations de formation et, le cas échéant, deux documents, travaux ou actions au maximum. Il doit être visé par l'autorité compétente, la direction du service commun de la documentation (SCD), avant son envoi au ministère.

Le parcours de formation

Il est conseillé au candidat de regrouper les thématiques des formations présentées, thématiques qui seront annotées dans la colonne « spécialité ». Par exemple, le premier groupe peut être les formations suivies propres à l'évolution de sa fonction puis un deuxième groupe sur l'évolution métier et un dernier sur les formations à la préparation aux concours. Pour chaque formation mentionnée, une attestation de présence est demandée.

L'expérience professionnelle

Le candidat doit présenter les services ou activités antérieures dans le secteur public ou privé en commençant par l'expérience la plus récente. Pour chacune d'entre elles, le candidat précisera la période d'exercice, sa durée, son niveau, l'organisme employeur et les compétences acquises. Afin de réaliser au mieux l'ensemble de cet exercice, il est conseillé au candidat de se référer à ses fiches de poste, à ses entretiens professionnels et aux référentiels métiers relatifs aux métiers des bibliothèques. Ces référentiels font un descriptif de chaque emploi type complété par des exemples de poste, la liste des activités principales et les compétences de chaque emploi type. Ces référentiels sont pour le secteur public : le Répertoire des métiers de l'enseignement supérieur, de la recherche et de l'innovation (Reme)[2], le Répertoire interministériel des métiers de l'État (Rime)[3] et le Référentiel des emplois types de la recherche et de l'enseignement supérieur (Référens)[4]. Pour le secteur privé, le candidat peut se référer au Répertoire opérationnel des métiers et emplois (Rome)[5]. Le candidat veillera à ne pas reprendre au mot près une liste de compétences mentionnées sur l'un des référentiels pour l'insérer sur cette partie du dossier, ce qui ne pourra que le desservir.

Le rapport d'activités

Le rapport d'activités « *[…] doit présenter de manière claire et concise le parcours du candidat (avant son entrée dans les bibliothèques, le cas échéant, puis depuis son recrutement en bibliothèque) et détailler les fonctions occupées* » (rapport du jury, 2019).

La capacité de synthèse est l'une des exigences de l'exercice. Le rapport d'activités doit faire deux pages maximum et doit rentrer dans le cadre et la disposition du formulaire. Il doit être mis en page de façon claire et aérée, structuré selon un plan, et les informations présentées de manière à être compréhensibles par le jury qui, pour rappel, ne connaît pas le contexte professionnel du candidat. Il doit être organisé de manière à mettre en valeur les fonctions exercées et les compétences acquises par le candidat durant son parcours professionnel, en insistant plus particulièrement sur celles qu'il souhaite privilégier. Il doit aussi indiquer l'apport direct du candidat à d'éventuels projets ou actions menés par son service, en précisant son niveau de contribution et de responsabilité.

Le candidat veillera à réaliser préalablement à la rédaction du rapport une analyse de ses expériences professionnelles. Pour cela, en reprenant l'ensemble de ses fiches de poste, ses entretiens professionnels et en y trouvant l'équivalent des emplois types au sein des référentiels métiers, le candidat en extraira les fonctions et les compétences qu'il a exercées tout au long de sa carrière. Puis il sélectionnera les fonctions, en général trois, qu'il désire mettre en avant au sein de son rapport d'activités. Il est conseillé au candidat de mettre en valeur des fonctions qui sont proches du concours ou de l'examen présenté. Enfin, il formulera pour chaque fonction exercée la plus-value qu'il a su y apporter en la chiffrant si possible et y décrivant le contexte professionnel s'y rapportant (l'université ou la tutelle, l'établissement, sa fréquentation, ses activités, le service, l'équipe et lui au sein du service).

2. http://m.enseignementsup-recherche.gouv.fr/cid56838/repertoire-des-metiers-et-des-competences-du-m.e.s.r.i.html [consulté le 04/02/2020].

3. www.fonction-publique.gouv.fr/biep/repertoire-interministeriel-des-metiers-de-letat [consulté le 04/02/2020].

4. https://data.enseignementsup-recherche.gouv.fr/pages/referens [consulté le 04/02/2020].

5. http://pole-emploi.org/opendata/repertoire-operationnel-des-meti.html ?type=article [consulté le 04/02/2020].

Le candidat veillera à utiliser un vocabulaire adapté et exprimera, lors de la rédaction de son rapport d'activités, l'intérêt qu'il porte à son travail, à ses fonctions en rapport avec l'évolution constante du métier. Le rapport doit montrer le dynamisme du candidat au sein de son métier, mais aussi dans l'environnement global des bibliothèques. Cela doit se traduire par la mise en contexte et le dégagement des enjeux, ainsi que la mise en perspective d'un parcours et d'une évolution professionnelle. Lors de la construction et de la rédaction de son rapport, le candidat aura toujours à l'esprit que ce dernier servira au jury pour lui poser des questions à l'oral. Chaque item mentionné devra être maîtrisé par le candidat, ainsi que le contexte professionnel auquel il se rattache.

Méthodologie

Le candidat veillera à avoir une écriture lisible, et à faire relire plusieurs fois son dossier afin de corriger les fautes d'étourderie, d'orthographe ou de syntaxe.

- L'introduction : elle doit présenter le candidat. Il doit y indiquer sa formation initiale (le niveau d'études), l'établissement d'exercice et son poste actuel. Il peut aussi y mentionner son année d'entrée dans le monde des bibliothèques ou les différents établissements dans lesquels il a exercé. Le plan du développement sera mentionné en dernière partie de l'introduction.
- Le développement : chaque axe ou thème abordé sera contextualisé et décrit en y rattachant les compétences acquises. Cela peut être une présentation sur la continuité des missions dans les différents postes occupés ou sur la diversité dans les fonctions exercées. Des chiffres et exemples illustreront les propos.
- La conclusion : le candidat mentionnera ses motivations pour le concours ainsi que l'évolution envisagée de son avenir professionnel.

Les documents à joindre au dossier

Ces documents ne sont pas obligatoires, cependant ils sont fortement recommandés. Il s'agit de joindre, facultativement, deux documents, travaux ou actions ainsi qu'un organigramme.

« *La présence des pièces annexes illustrant l'activité du candidat, si elles sont convaincantes, est instructive pour le jury. L'ajout d'un organigramme du service s'avère toujours éclairant car il permet de situer rapidement le candidat au sein du service où il travaille* » (rapport du jury, 2019).

Les deux documents, travaux ou actions

Les documents en annexe peuvent prendre cette forme :

Document n°
Titre du projet, de l'action

1. Informations sur le projet, de l'action
C'est la présentation du contexte.

2. Nature de la mission, du projet
C'est le descriptif des objectifs, des enjeux du projet, de l'action.

3. Compétences maîtrisées
Ce sont les compétences qui sont acquises lors du projet, de l'action.

4. Descriptif du document joint
Par exemple :
Les cinq pages du document se décrivent ainsi :

- les pages I et II du document indiquent *(insérer description des documents)* ;
- les pages III et IV concernent *(insérer description des documents)* ;
- la page V est composée de *(insérer description des documents)*.

L'organigramme

Il est fortement conseillé de joindre au dossier RAEP un organigramme du service permettant au jury de situer le candidat au sein du service où il travaille.
L'organigramme joint doit être visé par l'autorité hiérarchique compétente.

Les retours des jurys

« *Le jury a apprécié les dossiers qui démontrent une capacité de synthèse et une réelle réflexion du candidat sur son parcours et ses compétences et ne se limitent pas à une description chronologique des postes occupés* » (rapport du jury, 2019).

3 Les épreuves d'admission

Le jury s'attache à repérer la capacité du candidat à s'adapter à une fonction. L'oral sert à découvrir tout ce qui n'est pas repérable à l'écrit, il reste le moyen de tester l'expression spontanée et la réaction des candidats à l'imprévu. L'évolution de l'oral est en partie imprévisible, il montrera ainsi la capacité d'adaptation du candidat.

L'objectif des examinateurs lors des épreuves d'admission est de permettre aux candidats admissibles de valoriser leurs qualités et non de les déstabiliser. Les candidats veilleront à poser leur montre afin de gérer le temps soit de leur exposé, soit de leur commentaire de texte.

Le jury appréciera une posture dynamique tant dans l'attitude que dans les réponses. Les aptitudes relationnelles sont indispensables dans l'exercice de nos métiers.

1. Concours externe

L'épreuve orale d'admission consiste en un entretien avec le jury, à partir d'un texte ne pouvant excéder deux pages, portant sur les bibliothèques, leur organisation, leur fonctionnement, les services offerts aux publics. Cet entretien doit permettre au jury d'apprécier les connaissances du candidat et ses aptitudes à exercer les fonctions de bibliothécaire assistant spécialisé de classe normale.

« *L'épreuve se déroule en trois temps : une présentation (qui ne doit pas excéder dix minutes) par le candidat de la problématique contenue dans le texte et, durant quinze minutes, les réponses aux questions du jury, suivies d'une ou plusieurs mises en situations professionnelles* » (rapport du jury, 2018).

La préparation à cette épreuve est de 25 minutes, sa durée de 25 minutes, dont le commentaire de texte, 10 minutes au plus, et un entretien de 15 minutes au moins.

Durant l'entretien, le jury est en possession de la fiche individuelle de renseignement fournie par le candidat dans laquelle il a mentionné sa formation et son parcours.

Le commentaire de texte

Le candidat a 25 minutes pour préparer son commentaire de texte qu'il doit présenter au jury pendant 10 minutes au plus. La durée de l'exercice fait partie intégrante de l'épreuve. Le commentaire de texte permet d'introduire l'entretien ou la conversation qui se tient par la suite avec le jury. Des questions sur le commentaire ou sur le texte peuvent être posées lors de la seconde partie de l'épreuve.

Les textes sélectionnés sont publiés dans des revues professionnelles, dans la presse généraliste ou dans les blogs au cours des mois précédents, portant sur l'actualité des bibliothèques (bibliothèques troisième lieu, *learning* centre, livre numérique, lutte contre l'illettrisme, horaires d'ouverture, action culturelle, etc.).

Attentes et conseils du jury

Le candidat veillera à faire du texte une lecture personnelle et argumentée.
Les candidats veilleront à suivre l'actualité relative au(x) thème(s) sur lequel/lesquels doit porter le texte. Ces mises en situation professionnelle peuvent être volontairement complexes, car elles permettent d'apprécier les capacités d'adaptation, de prise de distance et de réactivité des candidats.
« *Durant sa présentation du texte, le candidat est appelé à mettre en avant les points saillants du texte, en nourrissant l'exposé de ses commentaires et en éclairant son argumentation à l'aide d'exemples. Les textes portant tous sur des sujets d'actualité susceptibles de faire débat [...], l'apport d'éléments extérieurs (rappels historiques, liens avec d'autres sujets puisés dans l'actualité, passerelles vers d'autres environnements documentaires, exemples pertinents) contribue à affermir la prestation du candidat* » (rapport du jury, 2019).

Méthodologie

L'objectif d'un commentaire de texte consiste à expliciter la portée, l'originalité et l'enjeu du texte à partir de son analyse.
Les candidats veilleront à ne pas hésiter à pointer les lacunes ou présupposés du texte et pourront ainsi exprimer leur point de vue de manière argumentée. Pour cela, le candidat veillera à identifier le sujet, repérer sa problématique, analyser les arguments de l'auteur pour appuyer la problématique et trouver des arguments la nuançant en l'accompagnant d'exemples.
Les textes peuvent être à rendre à la fin de l'épreuve, aussi, il est préférable de prendre des notes au brouillon et non sur le texte.
Le candidat consacrera 8 minutes pour chaque phase de la méthodologie.

- **La lecture du texte**

Le candidat notera l'auteur, le titre, la source et la date du texte avant même de commencer la première lecture. Celle-ci permettra au candidat de s'imprégner du texte. Il y repérera les intertitres et les titres chapeaux. Une deuxième lecture permettra de repérer les passages clés, d'en dégager les idées essentielles et de les noter.

- **L'analyse du texte**

Elle doit servir à cerner la problématique en se posant les questions suivantes : de quoi parle le texte ? À quelles questions se rapporte le sujet ? Quels sont les enjeux posés dans le texte ? Quel est le but de l'auteur en essayant de dégager son raisonnement, sa logique et la progression du texte ? La problématique doit être contextualisée : l'auteur appartient-il à un mouvement intellectuel, quel est le contexte professionnel du texte, etc. ? Pour cela, le candidat veillera à repérer les modes et temps qui sont employés dans le texte, cela lui évitera de réaliser des contresens. En effet, les modes indiquent si la problématique est un fait réel ou pas, si elle possible ou souhaitable. Le temps quant à lui indique si l'action est terminée ou en cours de réalisation. Le candidat sera attentif à la portée du texte en se posant la question : est-il encore intéressant ? Si le texte est ancien, le candidat se posera la question sur l'évolution historique des concepts et des idées mentionnées. La composition du lectorat ciblé donnera une indication sur la logique du texte.
Afin de mieux appréhender la progression intellectuelle de l'auteur, le candidat repérera les mots de liaison importants qu'indiqueront des liens logiques, ils peuvent être « d'abord, ensuite, enfin, toutefois », etc.
Il est demandé au candidat de s'interroger sur la valeur, le bien-fondé des idées émises, de discuter de la pensée de l'auteur et de l'enrichir si possible. Le candidat se doit de commenter, de vérifier, sur la base d'une argumentation, la justesse et la légitimité de la prise de position de l'auteur. Il veillera à étayer ses propos par des exemples pertinents extérieurs au texte.

- **La rédaction du plan, de l'introduction, de la conclusion et des phrases transitoires**

Le plan doit être le plus complet possible et doit mettre en avant le raisonnement suivi par l'auteur à travers le nombre et le titre des parties ainsi que par la progression du texte au sein des parties. Il ne correspondra pas automatiquement au plan suivi par le texte, mais il devra rendre compte de manière hiérarchisée de l'ensemble du contenu du texte.

- L'introduction doit présenter l'auteur, le type de document, sa date, sa source et le contexte historique ainsi que sa particularité. Ensuite, elle doit décrire le(s) sujet(s) du texte, son objet et/ou ses enjeux, puis elle introduit la problématique, la thèse de l'auteur. Enfin, le candidat annoncera le plan et veillera à marquer un temps de pause avant de procéder au développement.
- Le développement doit être organisé en plusieurs parties et suivre les différentes étapes du texte. Il doit apporter des éléments qui éclaircissent le texte : des définitions et des explications sur des références implicites ou explicites à des auteurs ou à des idées. Le candidat veillera à commenter avec justesse les arguments de l'auteur en les illustrant d'exemples pertinents. Il pourra insérer à son commentaire des courtes citations du texte.
- La conclusion doit résumer la problématique, clore la discussion et surtout faire une ouverture, c'est-à-dire prolonger la réponse donnée, généraliser sa portée ou étendre son champ.

L'exposé oral du commentaire

Pour arriver à une bonne maîtrise de la technique de la présentation du commentaire en 10 minutes, le candidat se devra de réaliser plusieurs entraînements au commentaire de texte, c'est seulement ainsi qu'il acquerra une bonne fluidité dans son expression orale et une bonne maîtrise de l'exercice. Il est conseillé au candidat de se préparer par des exercices d'analyse de textes brefs sur des sujets variés puisés dans l'actualité.
La gestion du temps fait partie intégrante de l'exercice. Le candidat qui n'aura pas terminé son commentaire à la fin des 10 minutes sera interrompu.
Le candidat veillera à ne pas se présenter ni lire le texte avant de commencer son commentaire. Il essaiera au maximum de se détacher de son brouillon et d'éviter de lire ses notes durant tout l'exposé ou d'y faire une recherche longue.

Les défauts relevés par le jury

Le commentaire de texte n'est ni une suite de paraphrases consistant à redire confusément ce que l'auteur a clairement exposé, ni un résumé du texte.
Le candidat veillera à ne pas utiliser de termes techniques ou spécialisés lors du commentaire s'il n'est pas capable d'en expliquer clairement le sens par la suite.

L'entretien avec le jury

Cette seconde partie de l'épreuve d'admission vise à apprécier les connaissances d'un candidat, mais aussi ses aptitudes à exercer les fonctions de bibliothécaire assistant spécialisé de classe normale. Cet entretien dure 15 minutes.

Les critères d'appréciation du jury sont l'expression et le comportement, la compréhension et l'argumentation, les connaissances et cultures ainsi que la motivation et la personnalité du candidat.
Pour cela, le candidat veillera à s'exprimer clairement et à maintenir le contact tout au long de l'épreuve avec le jury. La politesse et l'aisance sociale, la précision et la richesse du vocabulaire, l'intonation de la voix, la position du corps, le regard et les gestes du candidat seront appréciés par le jury. Un fonctionnaire doit être neutre, rigoureux, organisé et ouvert.
Ces capacités intellectuelles seront révélées par la justesse de sa compréhension, la qualité de son argumentation, la pertinence de son jugement et sa vivacité intellectuelle.
Les qualités personnelles attendues de la part d'un candidat sont la sensibilité, l'administration se voulant plus humaine, plus sensible à la condition de ses agents ; le dynamisme, l'ouverture d'esprit tout en sachant contre-argumenter et écouter les objections ; l'attachement aux faits plutôt que l'attachement à des idées uniquement critiques ; l'intérêt

pour le service public qui peut se traduire par une bonne connaissance de son environnement administratif et enfin la volonté de progresser, c'est-à-dire le désir de se former et de s'enrichir.

La conversation avec le jury est un rite social par lequel le candidat doit montrer son appartenance et son adaptation à un environnement professionnel, cependant ce rite social est plus intense, il obéit à des règles et respecte des formes nettement plus contraignantes que celles de la conversation ordinaire. La conversation ou l'entretien avec le jury est une situation artificielle, se déroulant dans un lieu inconnu, à une distance, sur une mise en scène imposée, avec une inégalité de statuts entre les acteurs, dont les rôles sont figés, où il est fort improbable de partager une expérience commune, et où le candidat doit se comporter correctement en jouant le rôle du parfait candidat car l'enjeu est très important. La diversité des questions sera telle que la curiosité, les intérêts, le niveau d'information et de culture d'un candidat se révéleront automatiquement.

La préparation à ce type d'épreuve se fait en se préparant culturellement sur les thématiques au programme du concours postulé, en essayant de les mettre en relation avec les conjonctions de coordination « et » et « ou » tout en mettant l'accent sur l'un des deux thèmes. Deux écueils sont à éviter pendant l'oral : les idées sans les faits, les faits sans les idées. Il faut absolument cultiver simultanément les idées et les faits.
Les questions du jury peuvent porter sur le texte ou sur son commentaire, sur un sujet afin d'approfondir une notion, d'éclairer un point de vue, de tester la réaction du candidat en situation d'imprévu.
Les questions porteront aussi sur le programme du concours. Un entretien dit professionnel pourra amener à des questions sur le programme, ainsi que sur l'environnement professionnel du candidat et sur les actualités de la profession.
Le candidat veillera à formuler une réponse constructive et argumentée en l'illustrant d'exemples pertinents tout en en concluant par l'expression de ses sentiments à la fin : annonce du sujet, argumentation et conclusion.

« Partie essentielle de l'évaluation des candidats, les questions du jury portent bien évidemment sur le programme annoncé, relatif au milieu professionnel dans lequel ils sont appelés à exercer leurs fonctions. Elles peuvent permettre aux candidats de montrer non seulement leurs connaissances du monde des bibliothèques, mais également leurs capacités à formuler une réponse adaptée à la question posée.
Dans cette perspective, le jury insiste sur la nécessité de pouvoir présenter les missions des bibliothécaires assistants spécialisés – une majorité des candidats externes ne les méconnaissent pas – mais également celles des différents types de bibliothèques, tout autant que de maîtriser des notions de base sur l'environnement administratif, tel que le mentionne le programme et en particulier les droits et devoirs du fonctionnaire » (rapport de jury, 2019).

Les mises en situation professionnelle

Ces mises en situation professionnelle visent à apprécier les capacités d'adaptation et de réaction des candidats face à des situations concrètes qui peuvent se présenter à eux lorsqu'ils sont en poste. Elles complètent les questions du jury.
Elles sont adaptées au concours et permettent assez souvent de départager les candidats. Pour tous, elles touchent à la vie de tous les jours d'une bibliothèque : « Quelle attitude adoptez-vous en cas de malaise d'un usager ? quand un litige se déclare entre un usager et un membre de votre équipe ? lorsque vous constatez une inondation dans les magasins ? Comment organisez-vous l'accueil d'un nouveau collègue dans votre équipe ? Comment assurez-vous la circulation de l'information au sein de votre équipe ? »
Les réponses font appel au bon sens et non à un cours théorique. Une certaine pondération dans les réponses est attendue ainsi qu'une certaine cohérence dans les démarches que les candidats réaliseraient face à ces situations.
« *Tous les candidats ne réalisent pas que les missions d'un Bibas comprennent notamment des tâches d'encadrement intermédiaire, et que l'encadrement n'est pas seulement une position théorique, mais un exercice concret, au sein d'un environnement hiérarchique. Alors que beaucoup de questions font appel autant au bon sens qu'au programme du concours, trop de candidats paraissent désarmés face aux questions posées* » (rapport jury, 2019).

2. Concours interne

L'épreuve d'admission pour le concours interne est un entretien avec le jury ayant pour point de départ un exposé de son parcours professionnel d'une durée de 5 minutes. Au cours de cet entretien, le candidat peut être interrogé sur les bibliothèques, leur organisation, leur fonctionnement, les services offerts aux publics. Cette épreuve est d'une durée de 25 minutes et d'un coefficient 3.
Suite à cet entretien, le jury appréciera les aptitudes et la motivation du candidat à exercer les fonctions d'un bibliothécaire assistant spécialisé de classe normale et reconnaîtra les acquis de l'expérience professionnelle du candidat.

L'exposé du parcours professionnel du candidat

L'exposé du candidat est un exercice fréquent pour les concours. Il constitue la première partie de l'épreuve d'admission. Sa durée est de 5 minutes. C'est un exercice qui doit se préparer avec sérieux et rigueur bien en amont de l'oral. La gestion du temps fait partie intégrante de l'épreuve. Le candidat ne respectant pas ce temps, du fait, soit d'un exposé trop long (le jury arrêtera le candidat au bout du temps imparti), soit d'un exposé trop court, sera pénalisé.

L'objectif de cet exposé de son expérience professionnelle est d'apprécier les qualités d'analyse et de réflexion du candidat ainsi que sa motivation à exercer les missions dévolues au bibliothécaire assistant spécialisé de classe normale. Cette présentation doit convaincre le jury que le candidat a les aptitudes et les compétences requises pour accéder au corps visé.
Le candidat est également évalué sur sa capacité à rendre compte clairement de son parcours et de ses compétences et à faire comprendre sa motivation.
Cette présentation est mentionnée comme « *un exposé du candidat de son expérience professionnelle* ».

Méthodologie

- **Analyse du parcours professionnel**

Le candidat doit dresser une liste des services et/ou des activités professionnelles antérieures dans le secteur public ou privé en commençant par l'expérience la plus récente. Pour chacune d'entre elles, il précisera la période d'exercice, sa durée, l'organisme employeur et les compétences acquises.
Afin de réaliser au mieux l'ensemble de cet exercice, il est conseillé au candidat de se référer à ses fiches de poste, ses comptes rendus des entretiens professionnels et aux référentiels métiers relatifs aux métiers des bibliothèques. Ces référentiels font un descriptif de chaque emploi type complété par des exemples de poste, la liste des activités principales et les compétences de chaque emploi type. Ces référentiels sont, pour le secteur public : le Reme, le Rime et le Référens.
Pour les candidats ayant une ou des expériences dans le secteur privé, le candidat peut se référer au Rome.

- **Choix des éléments à présenter**

Le candidat veillera à mettre en valeur les fonctions exercées et les compétences acquises durant son parcours professionnel, en insistant plus particulièrement sur celles qu'il souhaite privilégier. Il sélectionnera les fonctions, en général trois, qui sont, si possible, proches du concours ou de l'examen présenté. Il formulera pour chaque fonction exercée la plus-value qu'il a su y apporter en la chiffrant si possible et y décrivant le contexte professionnel s'y rapportant : l'université ou la tutelle, le service, l'équipe, les interlocuteurs et lui au sein du service. Il mentionnera aussi pour chaque expérience présentée ce qu'elle lui a apporté : quelle(s) compétence(s) il a acquise(s), quelle plus-value et quelle déception il en a tiré, ainsi que les actions qui ont été mises en place et les résultats obtenus.
Le candidat veillera à utiliser un vocabulaire adapté, il transposera l'intérêt qu'il porte à son travail, à ses fonctions en rapport avec l'évolution constante du métier. Son exposé doit être dynamique *via* une mise en contexte, un dégagement des enjeux, ainsi que la mise en perspective d'un parcours et d'une évolution professionnelle.

Le candidat aura toujours à l'esprit, lors de la construction de son exposé, que ce dernier servira au jury pour lui poser des questions à l'oral. Chaque item mentionné devra être maîtrisé par le candidat ainsi que le contexte professionnel auquel il s'y rattache.

- **Construire du discours**

Une fois les axes à présenter choisis, le contexte décrit, les compétences sélectionnées, les exemples notés, le candidat doit les mettre en forme afin que son exposé soit fluide et se réalise dans le temps imparti en respectant la forme attendue :

- l'introduction : elle doit présenter le candidat. Il doit y indiquer sa formation initiale (le niveau d'étude), l'établissement d'exercice et son poste actuel. Il peut aussi y mentionner son année d'entrée dans le monde des bibliothèques ou les différents établissements dans lesquels il a exercé. Il peut également mentionner s'il a suivi une préparation au concours, mention qui est toujours appréciée du jury. Son introduction se terminera par l'annonce de son plan ;
- le développement : chaque axe ou thème abordé sera contextualisé et décrit en y rattachant les compétences acquises. Cela peut être une présentation sur la continuité des missions dans les différents postes occupés ou sur la diversité dans les fonctions exercées. Des chiffres et exemples illustreront les propos ;
- la conclusion : le candidat mentionnera ses motivations pour le concours ainsi que l'évolution envisagée de son avenir professionnel.

Conseils

Le candidat choisira avec soin les mots et expressions de liaison qui feront la fluidité de son discours, tels que : « en premier lieu, en second lieu, d'une part, d'autre part, d'abord, ensuite, or, aussi, mais aussi, en résumé, en d'autres termes, la raison pour laquelle, cependant, pourtant, néanmoins, toutefois, par exemple, pour illustrer, en effet, enfin, pour conclure », etc.

Il n'est pas utile et pas recommandé au candidat d'apprendre son discours au mot près. Il lui est conseillé de retenir les éléments importants de son introduction, le plan, les grands axes et sous-axes et ses motivations professionnelles ainsi que les mots de liaison qu'il a retenus. Un entraînement intensif est gage de réussite sur cette partie de l'épreuve. L'enregistrement audio et/ou audiovisuel est un atout pour le candidat, il y décèlera ses défauts d'élocution et pourra ainsi les corriger. Réaliser son exposé devant des tiers lui sera également bénéfique, qu'ils soient des professionnels ou non.

« *Le jury met une nouvelle fois en garde contre la tentation d'apprendre par cœur l'exposé, au risque de trébucher lors de sa récitation* » (rapport du jury, 2019).

L'entretien avec le jury

L'entretien avec le jury vise à apprécier les connaissances d'un candidat, mais aussi ses aptitudes à exercer les fonctions du concours de bibliothécaire assistant spécialisé de classe normale.
Les critères d'appréciation du jury sont l'expression et le comportement, la compréhension et l'argumentation, les connaissances et cultures ainsi que la motivation et la personnalité du candidat.
Pour cela, le candidat veillera à s'exprimer clairement et à maintenir le contact tout au long de l'épreuve avec le jury. La politesse et l'aisance sociale, la précision et la richesse du vocabulaire, l'intonation de la voix, la position du corps, le regard et les gestes du candidat seront appréciés par le jury. Un fonctionnaire doit être neutre, rigoureux, organisé et ouvert. Ces capacités intellectuelles seront révélées par la justesse de sa compréhension, la qualité de son argumentation, la pertinence de son jugement et sa vivacité intellectuelle. Les qualités personnelles attendues de la part d'un candidat sont la sensibilité, l'administration se voulant plus humaine, plus sensible à la condition de ses agents ; le dynamisme, l'ouverture d'esprit tout en sachant contre-argumenter et écouter les objections ; l'attachement aux faits plutôt que l'attachement à des idées uniquement critiques ; l'intérêt pour le service public qui peut se traduire par une bonne connaissance de son environnement administratif et enfin la volonté de progresser, c'est-à-dire le désir de se former et de s'enrichir.
La conversation avec le jury est un rite social par lequel le candidat doit montrer son appartenance et son adaptation à un environnement professionnel, cependant ce rite social est plus intense, il obéit à des règles et respecte des formes nettement plus contraignantes que celles de la conversation ordinaire. La conversation ou l'entretien avec le jury est une situation artificielle, se déroulant dans un lieu inconnu, à une distance, sur une mise en scène imposée, avec une inégalité de statuts entre les acteurs, dont les rôles sont figés, où il est fort improbable de partager une expérience commune, et où le candidat doit se comporter correctement en jouant le rôle du parfait candidat car l'enjeu est très important. Cette seconde partie de l'épreuve dure 15 minutes.

Les questions

La diversité des questions sera telle que la curiosité, les intérêts, le niveau d'information et de culture d'un candidat se révéleront automatiquement.
La préparation à ce type d'épreuve se fait en se préparant culturellement sur les thématiques au programme du concours postulé, en essayant de les mettre en relation avec les conjonctions de coordination « et » et « ou » tout en mettant l'accent sur l'un des deux thèmes. Deux écueils sont à éviter pendant l'oral : les idées sans les faits, les faits sans les idées. Il faut absolument cultiver simultanément les idées et les faits.

Les questions du jury peuvent porter sur un sujet afin d'approfondir une notion, d'éclairer un point de vue, de tester la réaction du candidat en situation d'imprévu.
Les questions porteront aussi sur le programme du concours. Elles peuvent encore porter sur les éléments inscrits par le candidat dans son dossier de RAEP. Le candidat fera au préalable un inventaire des questions que pourrait se poser le jury sur un thème, son dossier RAEP, etc. Un entretien dit professionnel pourra amener à des questions sur le programme, ainsi que sur l'environnement professionnel du candidat et sur les actualités de la profession.
Le candidat veillera à formuler une réponse constructive et argumentée en l'illustrant d'exemples pertinents tout en la concluant par l'expression de son opinion personnelle : annonce du sujet, argumentation et conclusion.
Chaque membre du jury a procédé préalablement à un examen attentif des dossiers RAEP et a en sa possession un exemplaire lors de l'entretien.
Les candidats doivent être capables de situer la bibliothèque au sein de laquelle ils travaillent dans son environnement, ils doivent également posséder un minimum de connaissance sur les bibliothèques, qu'elles soient universitaires ou publiques. Les candidats doivent impérativement compléter leur savoir-faire acquis dans une ou plusieurs bibliothèques par des apports extérieurs : consultation des sites d'établissements, lectures régulières de la presse professionnelle, visites de bibliothèques avec des rencontres de professionnels, programmes de journées d'étude, etc.
« *Le jury rappelle aux candidats internes qu'ils doivent connaître les aspects administratifs du programme, et en particulier, les droits et obligations des fonctionnaires* » (rapport du jury, 2019).

Les mises en situation professionnelles

Ces mises en situation professionnelle visent à apprécier les capacités d'adaptation et de réaction des candidats face à des situations concrètes qui peuvent se présenter à eux lorsqu'ils sont en poste. Elles permettent assez souvent de départager les candidats.
Pour les bibliothécaires assistants spécialisés de classe normale dans les statuts desquels est mentionné un possible encadrement, des mises en situation relatives à cette thématique sont fréquentes.
Pour tous, elles touchent à la vie de tous les jours d'une bibliothèque : « Quelle attitude adoptez-vous en cas de malaise d'un usager ? quand un litige se déclare entre un usager et un membre de votre équipe ? lorsque vous constatez une inondation dans les magasins ? Comment organisez-vous l'accueil d'un nouveau collègue dans votre équipe ? Comment assurez-vous la circulation de l'information au sein de votre équipe ? » Les réponses font appel au bon sens et non à un cours théorique. Une certaine pondération dans les réponses est attendue ainsi qu'une certaine cohérence dans les démarches que les candidats réaliseraient face à ces situations.

« [...] ce qui relève de l'encadrement d'équipe est souvent négligé. Certains candidats ont pu être décontenancés face à des situations simples : dans leurs réponses, ils évoquent bien souvent le recours au supérieur hiérarchique comme unique réponse au problème » (rapport du jury, 2019).

3. Des conseils pour l'oral

Des conseils pratiques

Lorsqu'un candidat est appelé pour l'oral, il entre dans la salle en marchant normalement, il salue le jury en inclinant la tête, dit bonjour et attend l'invitation d'un membre du jury, en général le président, pour s'asseoir. Le candidat ne fixera pas un des membres du jury mais fera ce qui est nommé un regard de survol, c'est-à-dire un regard au-dessus des têtes des jurés. Après une courte pause, il déclinera ses nom et prénom. Le jury répondra au salut du candidat et le président l'invitera à s'asseoir. Le contact s'établit d'abord par le regard puis le regard accompagne le discours.

La tenue vestimentaire sera une tenue de ville correcte qui reflétera une démarche importante, ce qui est le cas. Les candidats n'oublieront pas que la tenue et le comportement sont non seulement une marque de politesse, mais qu'ils traduisent aussi l'état d'esprit et les sentiments.
Le candidat veillera à trouver une position stable sur sa chaise, bien assis, ses avant-bras sur la table et les pieds à plat au sol. Le dos doit être droit afin de bien respirer, ce qui l'aidera à bien placer sa voix et à ne pas s'épuiser en parlant.
Le candidat veillera à moduler l'intensité de sa voix afin de faire ressortir certains points de son discours et à faire des pauses qui lui serviront à reprendre son souffle, à inspirer et à parler lors de l'expiration ; il veillera également à regarder équitablement l'ensemble des membres du jury tout au long de l'épreuve. Cependant, comme l'exige la politesse, le candidat regardera le juré qui lui aura posé une question, tout en commençant à lui répondre puis il enchaînera en regardant les autres membres du jury.

La gestion du temps fait partie intégrante de l'épreuve, aussi le candidat prendra soin de regarder sa montre posée sur la table de manière discrète tout au long de l'épreuve. Il accélérera le débit de ses paroles en cas de retard ou bien le ralentira en cas d'avance, notamment sur les parties d'épreuve conditionnées à un exercice sur un temps limité tel que le commentaire de texte ou l'exposé. Si le candidat manque de temps en plus de l'accélération de son débit, il peut omettre de présenter à l'oral des points secondaires d'un exposé par exemple. La conclusion ne devra jamais être oubliée, car un auditoire se rappelle automatiquement l'introduction et la conclusion.

Si le candidat ne connaît pas la réponse à une question, il peut demander un complément d'information sur le contexte ou en informer le jury tout en en lui demandant de l'éclairer sur le sujet. Attention toutefois, il ne faut pas qu'un candidat y ait recours plusieurs fois pendant l'entretien.
À la fin de l'épreuve, un membre du jury, en général son président, signale au candidat que l'épreuve est terminée. Celui-ci se lève, ramasse ses notes s'il en a puis dit clairement « au revoir » sans baisser la tête tout en regardant l'ensemble des jurés.

Afin de se préparer à cet exercice, il est conseillé au candidat de visualiser la scène plusieurs fois avant l'oral. Le candidat veillera à inventer sa progression personnelle en fonction de ses points faibles et ainsi à les travailler progressivement et séparément (l'intonation, la posture, le débit du discours, etc.). De plus, le fait d'enregistrer sa prestation lors d'entraînements s'avère plus qu'utile, le candidat décèlera ainsi ses défauts naturels de langage et veillera à y remédier.
Une préparation à la gestion du stress est très utile, voire indispensable pour certains candidats.

Les conseils du jury

« *À l'oral, les candidats doivent pouvoir présenter leurs parcours et valoriser leurs motivations professionnelles, en manifestant ouverture d'esprit et curiosité (actualité des bibliothèques, évolution des métiers) ; les lauréats devront en effet être capables d'adaptation au cours de leur vie professionnelle* » (rapport de jury, 2019).

PARTIE III

Le programme commun aux deux concours

1 L'administration

1. Notions sur le fonctionnement des institutions européennes

Les principales étapes de la construction européenne

À la fin de la Seconde Guerre mondiale, l'Europe, en ruine, doit se reconstruire. En 1950, le plan Schuman est proposé afin de mettre en commun les ressources françaises et allemandes concernant le charbon et l'acier au sein d'une organisation ouverte à d'autres pays européens. Le traité de Paris est signé par six pays (l'Allemagne, la Belgique, la France, l'Italie, le Luxembourg et les Pays-Bas) en 1951, donnant naissance à la Communauté européenne du charbon et de l'acier (Ceca).
En 1957, par les traités de Rome sont fondées la Communauté économique européenne (CEE) et la Communauté européenne de l'énergie atomique (CEEA), qui ont pour but la création d'un marché commun européen avec la libre circulation des hommes et des marchandises dans les pays membres, d'une politique commune et le développement à des fins pacifiques de l'énergie atomique en Europe. En 1968, les droits de douane sont supprimés au sein de la CEE.
En 1973, le Royaume-Uni, l'Irlande et le Danemark rejoignent la communauté.
En 1979, le Parlement européen est élu pour la première fois au suffrage universel direct.
En 1981, la Grèce rejoint la CEE puis c'est au tour, en 1986, de l'Espagne et du Portugal. La CEE comporte alors douze États membres. L'Acte unique européen (AUE) entre en vigueur en 1987, et fixe la réalisation du marché unique.
En 1992 est signé le traité de Maastricht, acte de naissance d'une communauté européenne avec ses propres institutions, sa politique commune et sa coopération en matière législative et intergouvernementale. Les citoyens européens peuvent désormais circuler librement dans l'espace des États membres. 1993 est l'année du Conseil européen dit de Copenhague. Il fixe les critères d'entrée au sein de l'Union de tout pays candidat. L'Autriche, la Finlande et la Suède la rejoignent en 1995. La même année entrent en vigueur les accords de Schengen qui autorisent notamment la libre circulation des personnes au sein de l'espace européen sans contrôle d'identité. 1999 est l'année d'application du traité d'Amsterdam. Il intègre les notions de sécurité, de justice et d'emploi au sein de la communauté. Le traité de Nice, en 2001, modifie le système institutionnel et décisionnel de l'Union européenne.

La monnaie unique européenne est l'euro au 1er janvier 2002. En 2004, dix États rejoignent l'Union européenne : Chypre, l'Estonie, la Hongrie, la Lettonie, la Lituanie, Malte, la Pologne, la Slovaquie, la Slovénie et la Tchéquie. L'Union est alors à 25 États membres.

Un traité établit une Constitution pour l'Europe, qui aurait dû être appliquée en 2006 après ratification par l'ensemble des États membres par voie référendaire ou parlementaire. Deux pays essuient un échec : la France et les Pays-Bas. La Roumanie et la Bulgarie adhèrent à l'Union en 2007. Le traité de Lisbonne, entré en vigueur en 2009, reprend les points essentiels du précédent traité.
Depuis 2008, l'Europe est confrontée à une crise économique et financière mondiale qui touche durement la zone euro depuis 2010. Les États membres ont mis en place depuis 2012 le Mécanisme européen de stabilité (MES).

Les pays membres

Depuis le 1er février 2020, les pays adhérents à l'Union européenne sont au nombre de 27. Le Royaume-Uni a quitté l'Union européenne à cette date. Seuls 19 d'entre eux ont pour monnaie l'euro : l'Allemagne, l'Autriche, la Belgique, Chypre, l'Espagne, l'Estonie, la Finlande, la France, la Grèce, l'Irlande, l'Italie, la Lettonie, La Lituanie, le Luxembourg, Malte, les Pays-Bas, le Portugal, la Slovaquie et la Slovénie. À ces 19 pays s'ajoutent la Bulgarie, la Croatie, le Danemark, la Hongrie, la Pologne, la Roumanie, la Suède et la Tchéquie, dont les devises sont spécifiques.

Les traités européens

Les deux traités les plus importants sont le traité de Rome (1957) et le traité de Maastricht (1992).

Le traité de Rome

Six pays (l'Allemagne, la Belgique, la France, l'Italie, le Luxembourg et les Pays-Bas) signent le traité de Rome en 1957. Il entre en vigueur en janvier 1958 et institue la Communauté économique européenne. « *La CEE a pour mission, par l'établissement d'un marché commun et le rapprochement progressif des politiques économiques des États membres, de promouvoir un développement harmonieux des activités économiques dans l'ensemble de la Communauté, une expansion continue et équilibrée, une stabilité accrue, un relèvement accéléré du niveau de vie, et des relations plus étroites entre les États qu'elle réunit*[1]. »

Le traité de Maastricht

Le traité de Maastricht entre en vigueur en 1993. Il est signé l'année précédente par les 12 États membres (le Danemark, l'Espagne, la Grèce, l'Irlande, le Portugal et le Royaume-Uni ont rejoint les six pays fondateurs).

1. www.touteleurope.eu/actualite/les-traites-de-rome-1957.html [consulté le 14/02/2020].

Ce traité donne une vocation politique à la CEE dorénavant nommée Communauté européenne (CE) en :

- reconnaissant une citoyenneté européenne qui permet de circuler et de vivre librement au sein des États membres et de participer aux élections du pays membre où est le lieu de résidence ;
- créant une monnaie unique qui entrera en vigueur au 1er janvier 1999 sous l'autorité de la Banque centrale européenne ;
- élargissant les compétences européennes à l'éducation, la formation professionnelle, la culture, la santé publique, les transports transeuropéens et la politique industrielle.

Le traité instaure une coopération intergouvernementale avec une politique étrangère et de sécurité commune (Pesc) et une coopération en matière de justice et d'affaires intérieures (JAI).

D'autres traités

Les autres traités européens sont :

- l'Acte unique (1987), c'est le début du marché unique européen. Il institutionnalise le Conseil européen ;
- le traité d'Amsterdam (1999), il affirme les principes de liberté, de démocratie et de respect des droits de l'homme ;
- le traité de Nice (2003), il « *doit permettre d'assurer un bon fonctionnement institutionnel pour une Union élargie. Il s'inscrit donc, pour l'essentiel, dans l'optique d'une réforme institutionnelle orientée autour de 3 axes principaux : la composition et le fonctionnement des institutions européennes, la procédure décisionnelle au sein du Conseil et les coopérations renforcées*[2] » ;
- le traité le plus récent est le traité de Lisbonne (2009), il modifie certains traités antérieurs au niveau des institutions, des prises de décision et de la représentation extérieure de l'Union.

Les institutions européennes

Le triangle institutionnel

Le triangle institutionnel est le Parlement européen, le Conseil de l'Union européenne et la Commission européenne. Il est souvent complété par le Conseil européen, qui fixe les grandes orientations.

2. www.touteleurope.eu/actualite/le-traite-de-nice-2001.html (consulté le 16/05/2020).

- **Le Parlement européen**

Il assure la représentation directe des citoyens de l'Union européenne. Ses membres sont élus pour cinq ans au suffrage universel direct. Il adopte avec le Conseil les projets législatifs présentés par la Commission. Il contrôle et approuve le budget de l'Union. Il exerce une surveillance démocratique sur la Commission et a notamment le pouvoir de révoquer ses membres collectivement en adoptant une motion de censure.

- **Le Conseil de l'Union européenne**

Il est nommé aussi Conseil ou Conseil des ministres et est la voix des États membres. Il réunit plusieurs fois par mois des ministres de chaque pays. Chaque pays en occupe la présidence pour une durée de six mois. Il exerce une fonction législative conjointement avec le Parlement et une fonction exécutive conjointement avec la Commission. Il participe à l'élaboration du budget.

- **Le Conseil européen**

Le Conseil européen, lui, est né de la pratique de réunir régulièrement les chefs d'État, ses conseils sont aussi nommés sommets européens. Son président est nommé par les États membres pour un mandat de trois ans renouvelable.

- **La Commission européenne**

Elle représente les intérêts de l'Union dans son ensemble. Elle est indépendante des États membres. Elle propose l'adoption des politiques et des actes législatifs. Elle veille au respect des termes des traités et de la législation européenne. Elle gère et met en œuvre les politiques européennes et leurs budgets respectifs. Enfin, elle représente l'Union européenne dans le monde sur les domaines relevant de sa responsabilité. Les commissaires sont élus tous les cinq ans à la suite de l'élection du Parlement. Le président de la Commission est élu par le Parlement sur proposition du Conseil européen.

Les autres institutions et organes européens

Les autres institutions et organes de l'Union sont la Cour de justice, la Banque centrale européenne (BCE), la Cour des comptes, le Service européen pour l'action extérieure, le Comité économique et social européen (CESE), la Banque européenne d'investissement (BEI), le Médiateur européen et le Contrôleur européen de la protection des données.

- la Cour de justice veille à l'interprétation et l'application de la législation européenne au sein des États membres et est compétente pour résoudre les litiges juridiques entre les États membres, les institutions européennes, les entreprises et les particuliers ;
- la Banque centrale met en œuvre la politique monétaire de la zone euro ;
- la Cour des comptes vérifie la dépense du budget de l'Union européenne ;
- le Service européen pour l'action extérieure est chargé de la politique étrangère et de la sécurité de l'Union européenne ;

- le Comité économique et social européen permet aux partenaires sociaux de relayer leur voix ;
- la Banque européenne d'investissement finance des projets dans des zones défavorisées de l'Union européenne ;
- le Médiateur européen enquête sur les plaintes de citoyens, des entreprises et des organes relatives à une mauvaise administration des institutions européennes ;
- le Contrôleur européen de la protection des données assure la protection de la vie privée des citoyens pour tout traitement des données personnelles au sein de l'Union européenne.

2. Notions sur l'organisation de l'État et des collectivités territoriales

L'organisation de l'État

La Constitution

La Constitution est une marque de souveraineté. C'est la norme juridique la plus haute. Une Constitution contient deux types de règles. Celles relatives au fonctionnement des institutions et celles relatives aux droits garantis aux individus.

La Constitution en vigueur est celle de la Ve République depuis le 4 octobre 1958[3]. Elle est modifiée en 1962 pour y inclure l'élection au suffrage universel direct du président de la République.

Les principes fondamentaux

« *La France est une République indivisible, laïque, démocratique et sociale* » (article 1 de la Constitution de la Ve République).

Seul le peuple exerce la souveraineté nationale par la voie électorale et celle du référendum.

« *L'unité et l'indivisibilité garantissent une application uniforme du droit sur l'ensemble du territoire national*[4]. » C'est une République indivisible.

3. www.conseil-constitutionnel.fr/le-bloc-de-constitutionnalite/texte-integral-de-la-constitution-du-4-octobre-1958-en-vigueur [consulté le 05/02/2020].

4. www.vie-publique.fr/decouverte-institutions/institutions/veme-republique/heritages/quels-sont-principes-fondamentaux-republique-francaise.html [consulté le 05/02/2020].

Chaque citoyen est libre sur ces croyances. Aucune religion n'a un statut privilégié au sein de la République. C'est le principe de la séparation des Églises et de l'État. C'est une République laïque.
Elle implique le respect des libertés fondamentales et l'appel au suffrage universel pour toute désignation des pouvoirs. C'est une République démocratique.
C'est le principe de l'égalité. C'est la contribution à la cohésion sociale et à l'amélioration des conditions pour les plus démunis. C'est une République sociale.

Les trois pouvoirs de l'État et leurs attributions

Les trois pouvoirs de l'État sont le pouvoir législatif, le pouvoir exécutif et le pouvoir judiciaire.

- **Le pouvoir législatif**

Il est chargé de la rédaction et de l'adoption des lois, mais aussi du contrôle du pouvoir de l'exécutif. Il est géré par le Parlement qui est constitué de deux chambres ou assemblées : l'Assemblée nationale et le Sénat.
L'Assemblée nationale ou Chambre des députés est constituée de membres élus au suffrage universel direct (élu par le peuple) pour une durée de cinq ans. Elle vote les lois et le budget de l'État. Elle contrôle l'action du gouvernement et peut voter une motion de censure contre lui. Elle peut être dissoute par le président de la République.
Les membres du Sénat sont élus au suffrage universel indirect pour une durée de six ans qui sont renouvelés par moitié tous les trois ans. Les électeurs des sénateurs sont dits « grands électeurs » constitués en collèges électoraux. Des élus de chaque circonscription que sont les députés, les conseillers régionaux, les conseillers municipaux constituent un collège électoral. Le président du Sénat, réélu tous les trois ans, est le troisième personnage de l'État. Il assurera l'intérim de la présidence de la République si besoin est.

- **Le pouvoir exécutif**

Il met en œuvre les lois et conduit la politique nationale. Il est assuré par le président de la République et le gouvernement.

Le président de la République est élu au suffrage universel direct pour une durée de cinq ans. Il incarne l'autorité de l'État, la République française. Il veille au respect de la Constitution et au fonctionnement normal des pouvoirs publics. Il est le garant de l'indépendance nationale, de l'intégrité du territoire et des traités signés par la France. Il est le chef des armées. Il choisit et nomme le Premier ministre. Sur proposition de celui-ci, il nomme les membres du gouvernement. Il nomme les responsables aux hautes fonctions civiles et militaires de l'État (préfets, ambassadeurs, etc.). Il préside le Conseil des ministres. Il se doit de préserver l'indépendance de la justice. Il a le droit de faire grâce. Il peut, de manière exceptionnelle, consulter la population par référendum. Il peut également, si les institutions et/ou le territoire sont menacés, prendre les pleins pouvoirs (exécutif et législatif).

Le gouvernement est constitué du Premier ministre, des ministres et des secrétaires d'État. Il peut, par délégation du Parlement *via* des ordonnances, gérer le pouvoir législatif. Il a deux pouvoirs exceptionnels sur l'ordre public. Il peut décréter l'état de siège qui se caractérise par un transfert de l'autorité civile à l'autorité militaire ou l'état d'urgence qui est caractérisé par « *le péril imminent résultant d'atteintes graves à l'ordre public* » ou « *d'événements présentant, par leur nature et leur gravité, le caractère de calamité publique* » (loi n° 55-385 du 3 avril 1955).

Le Premier ministre est le chef du gouvernement. Il propose au président de la République ses membres. Il détient le pouvoir hiérarchique sur la fonction publique d'État. Il détient, avec le président de la République, les pouvoirs réglementaires et nomme aux emplois civils et militaires. Il est le seul à disposer de l'initiative des lois et choisit l'assemblée devant laquelle sera déposé le projet de loi. Il peut de manière exceptionnelle remplacer le président de la République pour présider le Conseil des ministres.
Les ministres peuvent être de trois niveaux :
- les ministres d'État, dont le titre est honorifique, dirigent les départements ministériels ;
- les ministres « simples » dirigent l'administration placée sous leur autorité ;
- les ministres délégués auprès du Premier ministre ou d'un ministre simple.

Les secrétaires d'État peuvent être autonomes, c'est-à-dire qu'ils disposent d'un budget propre et de l'autorité sur des services ou peuvent être délégués soit auprès du Premier ministre, soit auprès d'un ministre simple. Les secrétaires d'État ne participent pas au Conseil des ministres.

- ### Le pouvoir judiciaire ou l'autorité judiciaire

Il désigne « *l'ensemble des institutions dont la fonction est de faire appliquer la loi en tranchant les litiges*[5] ».
Les tribunaux sont séparés par deux ordres juridictionnels : le judiciaire et l'administratif. Ces deux ordres sont structurés de la manière suivante :
- les juridictions de première instance ;
- les juridictions d'appel qui sont un recours des décisions prises en première instance ;
- les juridictions de cassation qui constituent le dernier recours et qui sont chargées de contrôler et d'harmoniser l'application de la loi prise par les deux juridictions précédentes.

5. www.vie-publique.fr/decouverte-institutions/justice/definition/principes/qu-est-ce-que-autorite-judiciaire.html [consulté le 15/11/2019].

Les juridictions et leurs affaires selon l'ordre judiciaire

	Ordre judiciaire (civil ou pénal)			Ordre administratif
	Civil	**Pénal**		
Juridictions de première instance	Tribunal judiciaire : remplace, depuis le 1er janvier 2020, le tribunal de grande instance et le tribunal d'instance Tribunaux d'exception : • tribunal de proximité (ancien tribunal d'instance situé en dehors de la ville où se situait anciennement le tribunal de grande instance) ; • conseil des Prud'hommes ; • tribunal de commerce ; • tribunal paritaire des baux ruraux.	Tribunal correc-tionnel Tribunal de police	Cour d'assises	Tribunaux administratifs
	Ils traitent des litiges entre les personnes privées et les droits qui en découlent en matière civile, commerciale et sociale.	Ils traitent des contra-ventions.	Elle traite des crimes et délits	Ils traitent de tout litige opposant une personne privée à une personne publique
Juridictions d'appel	Cour d'appel		Cour d'assises	Cour administrative d'appel
Juridictions de cassation	Cour de cassation			Conseil d'État

L'organisation des collectivités territoriales

Définition

Une collectivité territoriale est une structure administrative française sur un territoire donné qui prend en charge les intérêts de ses habitants.
Une collectivité territoriale est une personne morale de droit public, distincte de l'État. Elle a l'autonomie juridique et patrimoniale.
Une collectivité territoriale est gérée par un conseil ou une assemblée délibérante qui est élu(e) au suffrage universel direct. À noter : son organe exécutif peut ne pas être élu.
Les compétences d'une collectivité territoriale sont déterminées par la loi et non par la collectivité territoriale elle-même.

Les types d'organisation de collectivités territoriales

• Les communes, départements, régions et collectivités à statut particulier

Les collectivités territoriales sont organisées principalement en communes, départements, régions et collectivités à statut particulier.
En 2019, selon l'Institut national de la statistique et des études économiques (Insee)[6], il y a 34 970 communes dont 129 en outre-mer, 96 conseils départementaux dont 2 en outre-mer, 14 conseils régionaux dont 2 en outre-mer et 5 collectivités à statut particulier.
Le nombre de régions en France métropolitaine est ramené à 12 depuis la loi n° 2015-29 du 16 janvier 2015[7] relative à la délimitation des régions, aux élections régionales et départementales et modifiant le calendrier électoral.
Le découpage géographique de ces nouvelles régions a été fixé par des décrets du 28 septembre 2016.
Les sept nouvelles régions sont :
- le Grand Est regroupant l'Alsace, la Champagne-Ardenne et la Lorraine, son chef-lieu est Strasbourg ;
- la Nouvelle-Aquitaine regroupant l'Aquitaine, le Limousin et le Poitou-Charentes, son chef-lieu est Bordeaux ;
- l'Auvergne-Rhône-Alpes regroupant l'Auvergne et le Rhône-Alpes, son chef-lieu est Lyon ;
- la Bourgogne-Franche-Comté regroupant la Bourgogne et la Franche-Comté, son chef-lieu est Dijon ;

6. www.collectivites-locales.gouv.fr/collectivites-locales-chiffres-2019-0 [consulté le 15/11/2019].
7. www.legifrance.gouv.fr/affichTexte.do ?cidTexte=JORFTEXT000030109622&categorieLien=id [consulté le 15/11/2019].

- l'Occitanie regroupant le Languedoc-Roussillon et le Midi-Pyrénées, son chef-lieu est Toulouse ;
- les Hauts-de-France regroupant le Nord-Pas-de-Calais et la Picardie, son chef-lieu est Lille ;
- la Normandie regroupant la Basse-Normandie et la Haute-Normandie, son chef-lieu est Rouen.

Les cinq régions dont le découpage géographique et le chef-lieu restent inchangés sont :

- la Bretagne, le chef-lieu est Brest ;
- le Centre-Val de Loire, nouveau nom de la région Centre, le chef-lieu est Orléans ;
- l'Île-de-France, le chef-lieu est Paris ;
- les Pays de la Loire, le chef-lieu est Nantes ;
- la Provence-Alpes-Côte d'Azur, le chef-lieu est Marseille.

La région Corse devient la collectivité territoriale de Corse depuis la loi du 16 janvier 2015.
Les deux régions d'outre-mer sont la Guadeloupe et la Réunion.
La Guyane est un département d'outre-mer avec des compétences régionales. Mayotte est le deuxième département d'outre-mer.

La commune

Elle est la collectivité de base ou de proximité. Elle est créée en 1789. Le conseil municipal est élu au suffrage universel direct pour six ans. Le maire est élu par le conseil municipal. Il est le représentant de l'État. À ce titre, il gère l'état civil, organise les élections et est l'autorité de police sur son territoire. Il est chargé du recrutement du personnel communal, de l'exécution du budget et est responsable de l'organisation des services municipaux.
Les communes sont compétentes en matière d'urbanisme, logement, aide sociale, gestion des écoles maternelles et élémentaires, tourisme et sport, culture (dont les bibliothèques municipales) et patrimoine, et entretien de la voirie communale.

Le département

Il a été créé afin qu'il soit possible d'aller de chef-lieu en chef-lieu en une journée de cheval. À partir de 1871, le conseil départemental (nommé conseil général avant 2015) est élu au suffrage universel direct. Le mandat des conseillers départementaux n'est pas renouvelable. Le président du conseil départemental est élu pour trois ans renouvelables une fois. Il est chargé de l'exécution du budget et est responsable de l'organisation des services départementaux. Son président est responsable de l'exécutif depuis 1982. Auparavant, le préfet tenait ce rôle. Le département est divisé en cantons. Deux conseillers départementaux sont élus par canton.
Le département est compétent en matière d'action sociale, de grands équipements, de voirie et de transport scolaire, de gestion des collèges, d'actions culturelles et éducatives (dont les bibliothèques départementales de prêt), d'aménagement rural et de secours incendie.

Depuis 2015, ces compétences sont celles que la loi lui attribue. Il n'a plus le droit d'agir dans tous les domaines au nom de l'intérêt public local.

La région

Elle fut créée en 1982 et vraiment considérée comme collectivité territoriale une fois que son mode de scrutin fut adopté en 1985. Avant cette date et depuis 1972, on parlait d'établissements publics régionaux dotés de compétences réduites.
Les conseillers régionaux sont élus pour six ans au suffrage universel direct, au scrutin de liste à deux tours avec représentation proportionnelle et avantage à la liste qui obtient la majorité absolue au premier tour ou arrive en tête au second. Le président du conseil régional est élu à la majorité absolue par ses membres. Il est responsable de l'exécutif. Le conseil économique, social et environnemental régional a un rôle consultatif. La région est compétente en matière de développement et d'aménagement du territoire, de formation professionnelle, de gestion des lycées et des transports hors agglomération.

- Les EPCI

Selon l'Insee, « *les établissements publics de coopération intercommunale (EPCI) sont des regroupements de communes ayant pour objet l'élaboration de projets communs de développement au sein de périmètres de solidarité. Ils sont soumis à des règles communes, homogènes et comparables à celles de collectivités locales. Les communautés urbaines, communautés d'agglomération, communautés de communes, syndicats d'agglomération nouvelle, syndicats de communes et les syndicats mixtes sont des EPCI.* »
Un établissement de lecture publique est considéré comme intercommunal s'il y a : une prise de compétence sur l'équipement par l'EPCI, un transfert du personnel à l'EPCI, un budget de fonctionnement intercommunal et les mêmes conditions d'accès à toutes les bibliothèques du réseau intercommunal pour tous les habitants des communes de l'intercommunalité.

Les syndicats de communes

Par la loi du 22 mars 1890, les syndicats de communes sont créés pour une durée déterminée, ou sans limitation de durée, ou pour une opération déterminée. Ils servent les intérêts d'un regroupement de communes. Ils peuvent être à vocation unique (Sivu) ou multiple (Sivom), ou bien encore à la carte.

Les communautés de communes

Les communautés de communes sont créées par la loi du 6 février 1992. Ce sont des EPCI à fiscalité propre, c'est-à-dire qu'elles disposent de ressources fiscales propres. La communauté de communes associe des communes au sein d'un territoire commun en vue d'élaborer un projet commun de développement et d'aménagement de l'espace. La loi NOTRe du 7 août 2015 a fait passer le seuil pour constituer celles-ci de 5 000 à 15 000 habitants et prévoit qu'elles seront organisées autour de bassins de vie. Elle exerce, en lieu et place des communes membres, des compétences obligatoires et des compétences optionnelles, ainsi que des compétences supplémentaires que les communes lui transfèrent.

Les communautés d'agglomérations

Les communautés d'agglomérations sont créées par la loi du 12 juillet 1999. Ce sont des EPCI à fiscalité propre, c'est-à-dire qu'elles disposent de ressources fiscales propres. Elles regroupent plusieurs communes sur un territoire d'un seul tenant et sans enclave. Une communauté d'agglomérations doit former, lors de sa création, un ensemble de plus de 50 000 habitants, autour d'une ou plusieurs communes centres de 15 000 habitants. Elle a des compétences obligatoires (aménagement de l'espace, développement économique, équilibre social de l'habitat, politique de la ville) et des compétences optionnelles (trois à choisir parmi : voirie, assainissement, eau, cadre de vie, équipements culturels et sportifs, action sociale). Elle peut en outre exercer des compétences que les communes lui transfèrent.

Les communautés urbaines

Les communautés urbaines sont créées par la loi du 31 décembre 1966. Elles regroupent plusieurs communes d'un seul tenant et sans enclave qui forment, à la date de leur création, un ensemble de plus de 250 000 habitants. La communauté urbaine exerce les compétences qui lui sont transférées au lieu et place des communes membres. Certaines de ces compétences sont obligatoires : l'aménagement et le développement économique, social et culturel de l'espace communautaire ; l'équilibre social de l'habitat ; la politique de la ville ; la protection et la mise en valeur de l'environnement ; la politique du cadre de vie et la gestion des services d'intérêt collectif. D'autres compétences sont transférées sur décision des conseils municipaux.

La métropole

La métropole est créée par la loi du 16 décembre 2010 et modifiée par la loi du 27 janvier 2014. Elle regroupe plusieurs communes d'un seul tenant et sans enclave qui s'associent au sein d'un espace de solidarité pour élaborer et conduire ensemble un projet d'aménagement et de développement économique, écologique, éducatif, culturel et social de leur territoire afin d'en améliorer la compétitivité et la cohésion. Sans limitation de durée, peuvent devenir des métropoles les EPCI qui forment un ensemble de 500 000 habitants à la date de création, ainsi que les communautés urbaines. À sa création, la métropole se substitue de plein droit aux EPCI intégralement inclus dans son périmètre. La métropole exerce de plein droit un certain nombre de compétences, en lieu et place des communes (développement économique, politique locale de l'habitat, gestion des services d'intérêt collectif, comme l'eau et l'assainissement, les cimetières, les abattoirs, etc.), du département (transports scolaires, voirie, etc.) et de la région. Par ailleurs, par convention avec le département ou la région, elle peut recevoir des compétences en matière d'aide sociale, de collèges et de lycées, ou de développement économique. L'État peut également lui attribuer la propriété et la gestion des grands équipements et infrastructures. Sur le plan financier, les métropoles reposent sur le principe de l'unification de l'impôt foncier bâti et ont une dotation globale de fonctionnement.

Les lois de décentralisation

• L'acte I

À partir de 1982 se réalise l'acte I de la décentralisation par les lois dites lois Defferre, ministre de l'Intérieur et de la Décentralisation.

- Par la loi du 2 mars 1982 relative aux droits et libertés des communes, des départements et des régions, la région devient une collectivité territoriale de plein exercice lorsqu'elle dispose d'une assemblée élue au suffrage universel direct. L'exécutif du département et de la région est transféré à un élu, le président de leur conseil respectif, le département devient donc lui aussi une collectivité territoriale distincte de l'État.
- Les lois des 7 janvier et 22 juillet 1983 répartissent les compétences transférées de l'État vers la commune, le département et la région. La commune devient compétente en matière d'urbanisme et d'équipements de proximité, le département, sur les missions de solidarité sociale, les régions, sur l'aménagement du territoire et le développement économique. La loi du 7 janvier reconnaît aussi à ces collectivités territoriales la clause de compétence générale, c'est-à-dire qu'elles peuvent s'intéresser à l'ensemble de la vie locale, y compris les aspects n'entrant pas dans ses champs de compétences, et compense les charges de l'État vers les collectivités territoriales.
- De la loi du 26 janvier 1984 naît la fonction publique territoriale.
- La loi du 3 février 1992 apporte les premiers éléments d'un statut des élus locaux.
- La loi du 6 février 1992 amène les premières formes de démocratie locale et relance la coopération intercommunale.
- La loi du 4 février 1995 d'orientation pour l'aménagement et le développement du territoire (LOADT) dite loi Pasqua.
- La loi du 25 mai 1998 donne le droit de vote et d'éligibilité aux citoyens européens aux élections municipales.
- Le nouveau mode de scrutin régional est entériné par la loi du 19 janvier 1999.
- La loi du 19 mars 1999 fait évoluer le régime statutaire de la Nouvelle-Calédonie vers plus d'autonomie.
- La loi du 25 juin 1999 d'orientation pour l'aménagement et le développement durable du territoire, dite loi Voynet.
- La loi du 12 juillet 1999 dite loi Chevènement renforce et simplifie l'intercommunalité. Elle supprime les districts et les communautés de ville. Elle crée les communautés de communes, les communautés d'agglomération (moins de 50 000 habitants) et les communautés urbaines (plus de 500 000 habitants).

- La loi du 6 juin 2000 est relative à l'application de la parité aux mandats électoraux et fonctions électives.
- La loi du 27 février 2002 relative à la démocratie de proximité.

• L'acte II

L'acte II de la décentralisation commence en 2003 par la nomination d'un nouveau Premier ministre, Jean-Pierre Raffarin.

- La loi constitutionnelle du 28 mars 2003, relative à l'organisation décentralisée de la République, reconnaît l'expérience législative des collectivités territoriales et donne la possibilité à ces dernières de gérer des compétences communes. De plus, elle permet aux électeurs de chaque collectivité le droit de pétition, c'est-à-dire la possibilité d'inscrire à l'ordre du jour du conseil une question suite à une pétition.
- La loi du 13 août 2004 relative aux libertés et responsabilités locales (LRL) redistribue des compétences entre l'État et les collectivités territoriales : les départements renforcent leurs compétences en matière d'action sociale et de gestion des routes, de formation dans les domaines de développement économique et de formation professionnelle.

• L'acte III

L'acte III de la décentralisation, dit aussi acte I de la recentralisation, commence par une réforme adoptée par la loi du 16 décembre 2010 nommée « réforme des collectivités territoriales ». Elle permet de réaliser des économies sur la gestion des collectivités, mais aussi de réduire ce qui est dénommé comme un millefeuille territorial. Chaque commune devait rejoindre un établissement public de coopération intercommunal.
La modernisation de l'action publique territoriale a démarré en 2012.

- La loi du 17 mai 2013 relative à l'élection des conseillers départementaux, des conseillers municipaux et des délégués communautaires et modifiant le calendrier électoral.
- Les lois organiques et ordinaires relatives à la transparence de la vie publique du 11 octobre 2013 ont pour objet de prévenir les conflits d'intérêts des élus locaux et nationaux. Ces lois créent la Haute Autorité pour la transparence de la vie publique (HATVP).
- La loi du 27 janvier 2014 de modernisation de l'action publique territoriale et d'affirmation des métropoles, dite loi Maptam. Elle définit le rôle de chef de file de chaque collectivité territoriale. La région est chargée des actions communes des collectivités territoriales en matière de développement économique, d'aménagement et de développement durable du territoire, de qualité de l'air, d'énergie, de complémentarité des modes de transport et de soutien à l'enseignement supérieur et la recherche. Le département devient chef de file en matière d'action et de développement social, d'autonomie des personnes et de solidarité des territoires. Enfin, les communes sont chef de file en matière de mobilité durable, d'organisation des services publics de proximité et de développement local.
- La loi du 16 janvier 2015 redessine la carte des régions.
- La loi du 31 mars 2015 vise à faciliter l'exercice des mandats des élus locaux.
- La loi du 7 août 2015 portant sur une nouvelle organisation territoriale de la République, dite loi NOTRe, modifie en profondeur la répartition des compétences entre collectivités

territoriales. Elle confie de nouvelles compétences aux régions, notamment la compétence exclusive en matière d'aide aux entreprises, et renforce le rôle des départements en matière de solidarité. Elle enrichit les compétences partagées en matière de promotion des langues régionales et d'éducation populaire. Elle supprime cependant la clause de compétence générale aux collectivités territoriales acquise en 1983.

- La loi du 27 décembre 2019 relative à l'engagement dans la vie locale et à la proximité de l'action publique, porte sur le rééquilibrage du rôle des communes et des maires au sein des EPCI et sur le fait qu'elle rend facultative la révision des schémas départementaux de coopération intercommunale prévue par la loi NOTRe. De plus, cette loi crée un pacte de gouvernance pour régler les relations entre les intercommunalités et les maires. Elle donne à ces derniers des pouvoirs de police renforcés et encourage les citoyens à participer à la vie publique.

3. Notions sur les fonctions publiques

Les trois fonctions publiques

En France, il y a trois fonctions publiques qui sont la fonction publique d'État (FPE), la fonction publique territoriale (FPT) et la fonction publique hospitalière (FPH). C'est le ministre de l'Action et des Comptes publics qui est chargé de la gestion de la fonction publique. Selon les chiffres clés 2018 de la fonction publique édités par le ministère de l'Action et des Comptes publics, 5,48 millions de personnes (titulaires et contractuels) travaillent pour les trois fonctions publiques, dont 44,3 % pour la FPE, 34,4 % dans la FPT, et enfin 21,3 % au sein de la FPH. Le personnel travaillant pour ces fonctions publiques est réparti comme tel : 35 % de catégorie A, 20 % de catégorie B et 45 % de catégorie C.

» La fonction publique d'État

La FPE est constituée des administrations centrales de l'État (ministères), de ses services déconcentrés (préfecture, rectorats, etc.) et des établissements publics d'enseignement (collèges, lycées, universités).
Un ministère est l'ensemble des services de l'État placé sous la responsabilité d'un ministre. Chaque ministère dispose d'un cabinet et d'une administration centrale. Celle-ci est constituée par l'ensemble des services d'un ministère disposant de compétences nationales.
Les services déconcentrés de l'État sont les services qui assurent le relais, sur le plan local, des décisions prises par l'administration centrale et qui gèrent les services de l'État au niveau local. La plupart des ministères ont des services déconcentrés répartis entre plusieurs secteurs géographiques. Ils sont généralement placés sous l'autorité d'un préfet.

La fonction publique territoriale

La FPT comprend les collectivités territoriales (les communes, les départements et les régions), les structures intercommunales (communautés de communes, etc.), des établissements publics (les offices publics de HLM, etc.). Elle est constituée de trois institutions nationales :

- le Conseil supérieur de la fonction publique territoriale. C'est un organisme paritaire dont les membres sont les représentants des collectivités d'une part, et d'autre part ceux des personnels. Il est placé sous l'autorité du ministre de la Fonction publique. Ce conseil supérieur donne son avis sur les projets de lois et décrets relatifs à la FPT et remplit des missions d'études et de traitements statistiques ;
- le Centre national de la FPT (CNFPT). C'est un établissement public unique, paritaire et déconcentré. C'est un organisme dont les membres sont les représentants des collectivités d'une part, et d'autre part ceux des personnels. Il est doté d'instances nationales et locales. Le conseil d'administration (CA), instance décisionnelle, est présidé par un élu. Le Conseil national d'orientation, chargé d'assister le CA en matière de formation, est présidé par un représentant du personnel. Des conseils régionaux d'orientation ont les mêmes missions que le Conseil national sur le territoire régional. Le CNFPT est chargé de la formation et de la professionnalisation des personnels de la FPT, de l'organisation des concours et examens. De plus, il propose des services en matière d'emploi ;
- les centres de gestion sont l'échelon départemental de représentation de la FPT. Ils regroupent les collectivités ayant moins de 350 agents. Ils sont chargés de l'organisation des concours et examens et des formations des personnels de catégorie B et C.

La fonction publique hospitalière

La FPH gère les établissements d'hospitalisation publics, les maisons de retraite publiques, les établissements publics relevant de l'aide sociale à l'enfance, les établissements publics pour personnes handicapées ou inadaptées et les centres publics d'hébergement et de réadaptation sociale.

Chaque établissement public est doté :

- d'une commission administrative paritaire (CAP). Elle est composée de représentants de l'administration et de représentants des personnels. Elle est consultée sur les questions d'ordre individuel comme les promotions et avancements. La loi n° 2019-828 du 6 août 2019 de transformation de la fonction publique redéfinit les compétences des CAP, en supprimant leurs compétences en matière de mutation et de mobilité à compter du 1er janvier 2020, et en matière d'avancement et de promotion dès le 1er janvier 2021 pour les trois versants de la fonction publique. Il y a une CAP par catégorie de fonctionnaire. Pour la fonction publique d'État, il existe une CAP nationale (CAPN) qui est décisionnaire sur ces questions, les CAP des établissements préparant la CAPN ;

- d'un comité technique (CT). C'est une instance de concertation chargée de donner son avis sur les questions et projets de textes relatifs à l'organisation et au fonctionnement des services, les questions relatives aux effectifs, aux emplois et aux compétences et les projets de statuts particuliers ;
- d'un comité d'hygiène, de sécurité et des conditions de travail (CHSCT). C'est une instance de concertation chargée de contribuer à la protection de la santé physique et mentale et à la sécurité des agents dans leur travail. Il a pour mission de participer à l'amélioration des conditions de travail et de veiller à la mise en œuvre, par le chef de service ou d'établissement, des prescriptions du code du travail relatives à la santé et la sécurité au travail qui sont applicables à la fonction publique. À ce titre, il est notamment consulté sur tout projet d'aménagement important modifiant les conditions de santé, de sécurité ou les conditions de travail. Il participe également à l'analyse et à la prévention des risques professionnels par le biais, notamment, de la visite régulière des sites relevant de sa compétence et d'enquêtes menées en matière d'accident du travail, de service et de maladie professionnelle.

Les fonctionnaires

Le recrutement des fonctionnaires

Les modalités de recrutement des fonctionnaires se font soit par voie de concours, soit par accès direct (hors concours). L'accès à la fonction publique est soumis à des conditions générales :

- le candidat doit être de nationalité française ou européenne[8]. Cette condition n'est pas demandée pour un recrutement contractuel ;
- le candidat doit jouir de ses droits civiques et électoraux ;
- le candidat ne doit pas avoir fait l'objet d'une condamnation inscrite au bulletin n° 2 du casier judiciaire ;
- le candidat doit être en situation régulière au regard des obligations de service national. Cette condition n'est pas demandée pour un recrutement contractuel ;
- les concours permettant l'accès au statut de fonctionnaire sont le plus souvent soumis à un niveau de diplôme, précisé par le statut de chaque corps ou cadre d'emplois.

Par la voie des concours, il en existe trois types :

- le concours externe est organisé par chaque ministère qui fixe le nombre de postes de fonctionnaires à recruter. Ce concours est accessible sous conditions de diplômes. Pour

8. Décret n° 2010-311 du 22 mars 2010 relatif aux modalités de recrutement et d'accueil des ressortissants des États membres de l'Union européenne ou d'un autre État partie à l'accord sur l'Espace économique européen dans un corps, un cadre d'emplois ou un emploi de la fonction publique française : www.legifrance.gouv.fr/affichTexte.do ?cidTexte=JORFTEXT000022009923 [consulté le 15/11/2019].

un concours de catégorie A, il faut au minimum un diplôme de niveau bac + 3, pour un concours de catégorie B, le baccalauréat, et pour un concours de catégorie C, il faut un concours de niveau V ou VI (CAP, BEP, brevet des collèges)[9] ;

- le concours interne est accessible à un candidat qui travaille pour la fonction publique française ou européenne. Le candidat doit justifier d'une durée de services et d'un diplôme ou d'une formation définis par les statuts particuliers des corps ou cadres d'emplois visés ;
- le 3e concours est accessible au candidat qui justifie d'un certain nombre d'années, d'une ou plusieurs expériences professionnelles ou de responsable, y compris bénévole, association comprise. Les statuts particuliers des corps ou cadres d'emplois fixent la nature et la durée des activités requises.

Les concours de la FPE et de la FPH sont des concours de recrutement. Une fois admis, les candidats sont nommés fonctionnaires stagiaires. Les concours de la FPT sont des concours de réserve. Les candidats reçus sont inscrits sur une liste d'aptitude à valeur nationale pour une durée de deux ans, renouvelable deux fois sur demande de l'intéressé. Ils doivent chercher un poste en collectivité territoriale. Si le candidat n'a pas trouvé d'emploi au terme de la durée de validité de la liste d'aptitude, il perd le bénéfice du concours. À noter que la ville de Paris organise ses propres concours pour les corps des bibliothèques de catégorie B et C, ce sont des concours de recrutement. Les candidats de catégorie A sont recrutés par la FPE.

Le recrutement par accès direct[10] (hors concours) est réalisé :

- pour certains corps ou cadre d'emplois de catégorie C ;
- pour des candidats handicapés, pour des emplois réservés aux pensionnés de guerre ainsi que leur famille et les militaires ;
- par voie du parcours d'accès aux carrières de la fonction publique (Pacte) par les décrets n° 2005-902 du 2 août 2005 pour la FPE, n° 2005-904 du 2 août 2005 pour la FPT et n° 2005-900 du 2 août 2005 pour la FPH.

Les conditions générales de ce type de recrutement sont les mêmes que pour l'accès à un emploi de fonctionnaire par voie de concours. Un avis de recrutement est publié et affiché dans l'administration qui recrute et chez Pôle emploi.

La phase d'admissibilité se fait sur sélection après envoi de la part du candidat d'un *curriculum vitae* et d'une lettre de motivation. Il est alors convoqué à un entretien. Une commission décide de son aptitude à être mentionné sur une liste d'aptitude.

9. Décret n° 2007-196 du 13 février 2007 relatif aux équivalences de diplômes requises pour se présenter aux concours d'accès aux corps et cadres d'emplois de la fonction publique : www.legifrance.gouv.fr/affichTexte.do ?cidTexte=LEGITEXT000006055461 [consulté le 15/11/2019].

10. Loi n° 2007-148 du 2 février 2007 de modernisation de la fonction publique : www.legifrance.gouv.fr/affichTexte.do ?cidTexte=JORFTEXT000000465739&dateTexte=&categorieLien=id [consulté le 15/11/2019].

Le statut, le corps/cadre d'emplois, le grade et l'échelon

Le statut est l'ensemble des règles applicables en matière de recrutement, d'avancement, de promotion, de rémunération, etc., à tous les fonctionnaires membres d'un même corps ou cadre d'emplois. Le corps d'emploi pour la FPE ou le cadre d'emplois pour la FPT regroupe des fonctionnaires soumis à un même ensemble de règles, appelé statut particulier, fixé par décret. Dans ce corps ou cadre d'emplois, le fonctionnaire est titulaire d'un grade et dans ce grade, d'un échelon. Le grade permet d'occuper un certain nombre d'emplois. Chaque grade comprend plusieurs échelons qui forment la grille indiciaire. Le nombre d'échelons de chaque grade est fixé par le statut particulier. « *L'échelon détermine la rémunération principale du fonctionnaire. En effet, à chaque échelon, correspond un indice brut (dit indice de carrière) auquel correspond un indice majoré (dit indice de rémunération) auquel correspond un traitement indiciaire (ou traitement de base)*[11]. »

Droits et obligations des fonctionnaires

• Les droits des fonctionnaires

Les droits des fonctionnaires sont définis par la loi n° 83-634 du 13 juillet 1983[12] portant droits et obligations des fonctionnaires, loi dite loi Le Pors et modifiés par la loi n° 2016-483 du 20 avril 2016[13] relative à la déontologie et aux droits et obligations des fonctionnaires.
Les droits des fonctionnaires sont :

- liberté d'opinion politique, syndicale, philosophique et religieuse. « *Aucune distinction, directe ou indirecte, ne peut être faite entre les fonctionnaires en raison de leurs opinions politiques, syndicales, philosophiques ou religieuses, de leur origine, de leur orientation sexuelle ou identité de genre, de leur âge, de leur patronyme, de leur situation de famille, de leur état de santé, de leur apparence physique, de leur handicap ou de leur appartenance ou de leur non-appartenance, vraie ou supposée, à une ethnie ou une race* » (loi n° 2017-86 du 27 janvier 2017, art. 207[14]) ;
- droit de grève ;
- droit syndical ;
- droit à la formation permanente ;
- droit de participation, cela concerne l'organisation et le fonctionnement des services publics, l'élaboration des règles statutaires, l'examen des décisions individuelles relatives à la carrière des fonctionnaires ;

11. www.service-public.fr/particuliers/vosdroits/F12344 [consulté le 22/11/2019].
12. www.legifrance.gouv.fr/affichTexte.do ?cidTexte=JORFTEXT000000504704 [consulté le 22/11/2019].
13. www.legifrance.gouv.fr/affichTexte.do ?cidTexte=JORFTEXT000032433852&categorieLien=id [consulté le 22/11/2019].
14. www.legifrance.gouv.fr/affichTexte.do ?cidTexte=JORFTEXT000033934948&categorieLien=id [consulté le 22/11/2019].

- rémunération après service fait ;
- droit à la protection dans l'exercice de ses fonctions ;
- droit à la mobilité et à l'emploi ;
- droit aux congés ;
- droit à certaines conditions d'hygiène et de sécurité.

• Les obligations des fonctionnaires

Les obligations des fonctionnaires sont :

- le secret professionnel. En effet, les fonctionnaires sont dépositaires de renseignements concernant ou intéressant des particuliers. Cette obligation protège les intérêts matériels et moraux des particuliers. Cependant le secret peut être levé afin que l'agent prouve son innocence et lorsque la personne intéressée a donné son autorisation. La levée du secret est obligatoire pour dénoncer des crimes et délits ; communiquer des renseignements, pièces et documents aux autorités de justice ; témoigner en justice et communiquer à des juges des éléments nécessaires à l'enquête ;
- l'obligation de discrétion professionnelle d'information au public. « *Les fonctionnaires doivent faire preuve de discrétion professionnelle pour tous les faits, informations et documents dont ils ont connaissance dans l'exercice ou à l'occasion de l'exercice de leurs fonctions* » (article 26 de la loi n° 83-634 du 13 juillet 1983 portant sur les droits et obligations des fonctionnaires) ;
- l'obligation d'information au public. Par la loi n° 78-753 du 17 juillet 1978[15] portant diverses mesures d'amélioration des relations entre l'administration et le public, modifiée par la loi n° 79-587 du 11 juillet 1979[16] relative à la motivation des actes administratifs et à l'amélioration des relations entre l'administration et le public, dispose que « *le droit de toute personne à l'information est garanti en ce qui concerne la liberté d'accès aux documents administratifs de caractère non nominatif* » ;
- l'obligation d'effectuer les tâches confiées ;
- l'obligation d'obéissance hiérarchique ;
- l'obligation de réserve, le fonctionnaire doit faire preuve de discrétion sur ses opinions dans le service ;
- l'obligation de désintéressement qui est liée à une interdiction en principe de toute activité lucrative professionnelle autre que son service. Toutefois le fonctionnaire peut, *via* le régime du cumul d'activités dans la fonction publique, bénéficier de certaines dérogations par la loi n° 2016-483 du 20 avril 2016 – chapitre II.

Tout manquement à une obligation professionnelle d'une gravité suffisante peut être sanctionné et être considéré comme faute disciplinaire. En effet, une faute disciplinaire est

15. www.legifrance.gouv.fr/affichTexte.do ?cidTexte=JORFTEXT000000339241 [consulté le 22/11/2019].
16. www.legifrance.gouv.fr/affichTexte.do ?cidTexte=JORFTEXT000000518372 [consulté le 22/11/2019].

commise chaque fois que le comportement d'un fonctionnaire entrave le bon fonctionnement du service ou porte atteinte à la considération du service dans le public. Toutefois, l'insuffisance professionnelle, les comportements imputables à un état pathologique et les faits couverts d'amnistie ne sont pas considérés comme faute.
Les sanctions sont classées en quatre groupes :
- le premier comprend l'avertissement et le blâme ;
- le deuxième : la radiation du tableau d'avancement, l'abaissement d'échelon, l'exclusion temporaire de fonctions d'une durée maximale de 15 jours et le déplacement d'office ;
- le troisième : la rétrogradation et l'exclusion temporaire de trois mois à deux ans ;
- le quatrième : la mise à la retraite d'office et la révocation.

Les positions administratives du fonctionnaire

Le fonctionnaire est placé dans une des positions administratives suivantes :
- en activité, l'agent est mis à disposition hors de son administration d'origine ;
- en détachement, le fonctionnaire exerce ses fonctions hors de son administration d'origine ou hors fonction publique. Il continue cependant à bénéficier des droits à avancement et retraite ;
- en disponibilité, le fonctionnaire cesse temporairement toute fonction dans la fonction publique. Il cesse d'être rémunéré et perd ses droits à avancement et retraite ;
- en congé parental, ce congé est non rémunéré.

Le personnel des bibliothèques

Le personnel des bibliothèques d'État par catégorie

• Les agents de catégorie C : les magasiniers de bibliothèques

Le corps des magasiniers des bibliothèques est à vocation interministérielle relevant du ministre chargé de l'Enseignement supérieur. Il comporte trois grades : le corps des magasiniers des bibliothèques, le corps des magasiniers des bibliothèques principaux de 2ᵉ classe et le corps des magasiniers des bibliothèques principaux de 1ʳᵉ classe.
Les missions des magasiniers évoluent selon le grade :
- accueil, information et orientation du public ;
- participation au classement et à la conservation des collections de toute nature en vue de leur consultation sur place et à distance ;
- équipement et entretien matériel des collections ainsi que celui des rayonnages ;
- veille à la sécurité des personnes ainsi qu'à la sauvegarde et à la diffusion des documents ;
- tâches de manutention nécessaires à l'exécution du service.

« *Les magasiniers principaux et, à titre exceptionnel, les magasiniers peuvent être responsables d'une équipe de magasiniers. Dans cette situation, ils organisent le travail de l'équipe ; ils participent à l'exécution des tâches qui sont confiées aux membres de l'équipe et en suivent la réalisation* », comme le mentionne le décret relatif aux dispositions statutaires.
Seul le recrutement des magasiniers des bibliothèques principaux 2e classe fait l'objet d'un recrutement par voie de concours.

- **Les agents de catégorie B : les bibliothécaires assistants spécialisés**

Le corps, de catégorie B, des bibliothécaires assistants spécialisés est à vocation interministérielle relevant du ministre chargé de l'Enseignement supérieur. Il comprend trois grades : la classe normale, la classe supérieure et la classe exceptionnelle.
Les bibliothécaires assistants spécialisés exercent principalement leurs missions dans les bibliothèques, services ou établissements publics relevant du ministère chargé de l'Enseignement supérieur et, le cas échéant, dans d'autres départements ministériels ou leurs établissements publics.
Les missions des bibliothécaires assistants spécialisés évoluent selon le grade.
Les bibliothécaires assistants spécialisés :

- effectuent des tâches spécialisées dans le domaine du traitement et de la conservation des collections de toute nature ainsi que dans celui de leur gestion documentaire ;
- mettent les ressources documentaires à la disposition du public ;
- accueillent, renseignent et informent les usagers ;
- peuvent être chargés de la gestion des magasins, des lieux accessibles au public et des matériels, notamment des matériels d'accès à l'information ;
- ont vocation à encadrer les personnels chargés du magasinage ;
- peuvent se voir confier des fonctions touchant à la sécurité des personnes, des locaux et des collections.

Les bibliothécaires assistants spécialisés de classe supérieure et ceux de classe exceptionnelle ont vocation à effectuer des tâches spécialisées exigeant une qualification professionnelle particulière. Les bibliothécaires assistants spécialisés de ces deux classes :

- peuvent notamment assurer le signalement et l'indexation des documents, effectuer des recherches bibliographiques et documentaires, coordonner les travaux techniques courants ;
- participent à l'accueil des utilisateurs, à leur formation et à la formation professionnelle dans leur domaine de compétence ;
- participent à des tâches liées à l'action culturelle et à la valorisation des fonds ;
- participent à l'accueil du public.

- **Les agents de catégorie A : les bibliothécaires et les conservateurs**

Les bibliothécaires
Le corps des bibliothécaires est à vocation interministérielle. Il relève du ministre chargé de l'Enseignement supérieur.

Les bibliothécaires peuvent exercer leurs fonctions dans les services techniques et les bibliothèques relevant du ministère chargé de l'Enseignement supérieur ou d'autres départements ministériels.
Les missions des bibliothécaires sont les suivantes :
- participation à la constitution, à l'organisation, à l'enrichissement, à l'évaluation, à l'exploitation et à la communication au public des collections de toute nature des bibliothèques ;
- contribution aux tâches d'animation et de formation au sein de leur établissement ;
- contribution à des tâches d'encadrement.

Les conservateurs

Les corps des conservateurs ont une vocation interministérielle. Ils relèvent du ministère de l'Enseignement supérieur.
Les conservateurs et conservateurs généraux peuvent exercer des fonctions de direction et d'encadrement des bibliothèques de l'État et de ses établissements publics. Ils peuvent, par voie de détachement ou de mise à disposition, assurer ces mêmes fonctions au sein des bibliothèques municipales classées (BMC) et des bibliothèques départementales (BD).
Les missions des conservateurs sont les suivantes :
- constitution, organisation, enrichissement, évaluation, exploitation et responsabilité des collections des bibliothèques ;
- organisation de l'accès aux collections, responsabilité de l'établissement des catalogues des collections, diffusion des documents à des fins de recherche, d'information ou de culture ;
- participation à la formation des professionnels et du public sur les thèmes des bibliothèques, de la documentation et de l'information scientifique et technique liés à ces domaines.

Le décret portant statut particulier du corps des conservateurs des bibliothèques et du corps des conservateurs généraux des bibliothèques mentionne les missions des conservateurs en chef. Elles sont liées à des responsabilités particulières « *en raison de l'importance des collections ou des missions scientifiques ou administratives qui leur sont confiées. Ils peuvent être chargés de fonctions d'encadrement et de coordination ainsi que d'études et de conseil comportant des responsabilités particulières* ».
Ils peuvent se voir confier des missions d'inspection.

Le personnel des bibliothèques de la fonction publique territoriale

• Les agents de catégorie C : les adjoints du patrimoine

Le cadre d'emplois des adjoints territoriaux du patrimoine comporte trois grades : adjoint territorial du patrimoine de 2e classe, adjoint territorial du patrimoine de 1re classe, adjoint territorial du patrimoine principal de 2e classe.

Le programme commun aux deux concours

Selon le décret portant statut particulier du cadre d'emplois des adjoints territoriaux du patrimoine, les adjoints territoriaux du patrimoine peuvent occuper les emplois suivants : magasinier des bibliothèques, magasinier d'archives, surveillant de musée et de monuments historiques, surveillant des établissements d'enseignement culturel et surveillant de parcs et jardins.

Les missions des adjoints territoriaux de 2e classe en tant que magasinier des bibliothèques sont :

- la participation à la mise en place et au classement des collections et l'obligation d'assurer leur équipement, leur entretien matériel ainsi que celui des rayonnages ;
- la réalisation des tâches de manutention nécessaires à l'exécution du service ;
- la veille sur la sécurité des personnes.

Les missions des adjoints territoriaux du patrimoine de 1re classe sont :

- l'encadrement des adjoints du patrimoine de 2e classe placés sous leur autorité ;
- la charge de tâches qui nécessitent une pratique et une dextérité particulières ;
- la charge de fonctions d'aide à l'animation, d'accueil du public et notamment des enfants ;
- la promotion de la lecture publique ;
- la participation à la sauvegarde, à la mise en place et à la diffusion des documents ;
- la réalisation des travaux administratifs courants.

Les adjoints territoriaux du patrimoine principaux de 2e classe assurent le contrôle hiérarchique et technique des adjoints territoriaux du patrimoine de 2e classe et de 1re classe. Des missions particulières peuvent leur être confiées. Ils peuvent être chargés de tâches d'une haute technicité. Les adjoints territoriaux du patrimoine principaux de 1re classe assurent le contrôle hiérarchique et technique des adjoints territoriaux principaux du patrimoine de 2e classe et des adjoints territoriaux du patrimoine de 2e et 1re classes. Des missions particulières peuvent leur être confiées. Ils peuvent être chargés de tâches d'une haute technicité.

• Les agents de catégorie B : les assistants de conservation du patrimoine et des bibliothèques

Le cadre d'emplois des assistants territoriaux de conservation du patrimoine et des bibliothèques comporte trois grades : assistant de conservation, assistant de conservation principal de 2e classe et assistant de conservation principal de 1re classe. Les deux premiers grades sont recrutés *via* des concours externe, interne et de 3e concours. Le grade d'assistant de conservation principal de 1re classe est accessible par voie interne qui consiste en un examen professionnel d'avancement de grade.
Selon le décret portant statut particulier du cadre d'emplois des assistants territoriaux de conservation du patrimoine et des bibliothèques, les assistants territoriaux de conservation du patrimoine et des bibliothèques sont affectés, en fonction de leur formation, à un service

ou établissement correspondant à l'une des spécialités suivantes : musées, bibliothèques, archives ou documentation.

Les missions des assistants territoriaux de conservation du patrimoine et des bibliothèques sont :
- la contribution au développement d'actions culturelles et éducatives ;
- la participation, sous l'autorité d'un supérieur hiérarchique, aux responsabilités dans le traitement, la mise en valeur, la conservation des collections et la recherche documentaire ;
- la possibilité d'être chargés du contrôle et de la bonne exécution des travaux confiés aux fonctionnaires appartenant aux cadres d'emplois de la catégorie C ainsi que de l'encadrement de leurs équipes ;
- lorsqu'ils sont affectés dans les bibliothèques, ils participent à la promotion de la lecture publique.

Les titulaires des grades d'assistant de conservation principal de 2e classe et d'assistant de conservation principal de 1re classe ont vocation à occuper des emplois qui, relevant des spécialités mentionnées, correspondent à un niveau particulier d'expertise. Leurs missions peuvent être :
- la participation à la conception, au développement et à la mise en œuvre des projets culturels du service ou de l'établissement ;
- la direction des services ou des établissements lorsque la direction de ces derniers par un agent de catégorie A n'apparaît pas nécessaire ;
- dans les services ou établissements dirigés par des personnels de catégorie A, ils ont vocation à être adjoints au responsable du service ou de l'établissement et à participer à des activités de coordination.

• Les agents de catégorie A : les bibliothécaires et les conservateurs

Les bibliothécaires

Le cadre d'emplois des bibliothécaires territoriaux comporte deux grades : celui de bibliothécaire et celui de bibliothécaire principal.

Selon le décret portant statut particulier du cadre d'emplois des bibliothécaires territoriaux, les bibliothécaires territoriaux sont affectés, en fonction de leur formation, dans un service ou établissement correspondant à l'une des spécialités suivantes : bibliothèques ou documentation.

Les missions des bibliothécaires territoriaux sont :
- la participation à la constitution, l'organisation, l'enrichissement, l'évaluation et l'exploitation des collections de toute nature des bibliothèques, à la communication de ces dernières au public ainsi qu'au développement de la lecture publique ;
- la participation aux tâches d'animation au sein des établissements où ils sont affectés ;

- la réalisation de la recherche, la constitution, le classement, la conservation, l'élaboration, l'exploitation et la diffusion de la documentation nécessaire aux missions des collectivités territoriales et de leurs établissements publics ;
- la possibilité d'être nommés aux emplois de direction des services de documentation et des établissements contrôlés ;
- la possibilité de remplir les fonctions d'adjoint du conservateur de bibliothèques ou de diriger l'un des secteurs d'activité de l'établissement, dans les services ou établissements dirigés par un conservateur de bibliothèques.

Les conservateurs

Le cadre d'emplois des conservateurs territoriaux comporte deux grades : celui de conservateur et celui de conservateur en chef.

Selon le décret portant statut particulier du cadre d'emplois des conservateurs territoriaux de bibliothèques, « *ils exercent leurs fonctions dans les bibliothèques municipales classées et les bibliothèques départementales de prêt. Ils peuvent également exercer leurs fonctions dans les bibliothèques contrôlées ou services en dépendant qui remplissent la condition d'être implantés dans une commune de plus de 20 000 habitants ou dans un établissement public local assimilé à une commune de plus de 20 000 habitants* ».

« *Les conservateurs en chef assument des responsabilités particulières en raison de l'importance des collections ou des missions scientifiques ou administratives qui leur sont confiées. Ils exercent leurs fonctions dans les bibliothèques implantées dans une commune de plus de 40 000 habitants ou un établissement public local assimilé à une commune de plus de 40 000 habitants [...]. Ils peuvent en outre exercer leurs fonctions dans les autres communes ou établissements, sous réserve que la bibliothèque soit inscrite, en raison de la richesse de son fonds patrimonial, sur une liste établie par le préfet de région.* »

Leurs missions sont de :

- constituer, organiser, enrichir, évaluer et exploiter les collections de toute nature des bibliothèques ;
- assurer la responsabilité de ce patrimoine et du développement de la lecture publique ;
- organiser l'accès du public aux collections et la diffusion des documents à des fins de recherche, d'information ou de culture ;
- assurer la responsabilité de l'établissement des catalogues de collections ;
- participer à la formation de professionnels et du public dans le domaine des bibliothèques, de la documentation et de l'information scientifique et technique ;
- exercer des fonctions de direction dans les bibliothèques contrôlées ou services en dépendant dans les autres communes ou établissements, sous réserve que la bibliothèque soit inscrite, en raison de la richesse de son fonds patrimonial, sur une liste établie par le préfet de région.

4. Les administrations centrales

Les administrations centrales ont un rôle de pilotage : elles participent à l'élaboration des projets de lois ou de décrets, elles pilotent les services déconcentrés et veillent à l'application des décisions du gouvernement. Ce sont les différents ministères dont les sièges sont à Paris.

Le ministère de l'Enseignement supérieur, de la Recherche et de l'Innovation

Ses missions

L'enseignement supérieur, la recherche, la technologie, l'espace, l'innovation, les universités, les sciences forment le cœur de la mission du ministère de l'Enseignement supérieur, de la Recherche et de l'Innovation (Mesri). Celui-ci est en charge de la préparation et de la mise en œuvre de la politique du gouvernement relative au développement de l'enseignement supérieur, à la recherche et à la technologie.
Le Mesri est compétent concernant la politique de l'espace, la définition des projets pédagogiques des établissements d'enseignement supérieur, l'attribution des ressources et des moyens alloués par l'État dans le cadre de la mission interministérielle « Recherche et enseignement supérieur », la définition et la mise œuvre du programme des investissements d'avenir, la politique en matière d'innovation, la préparation des décisions du gouvernement relatives à la constitution d'universités de recherche à rayonnement international, la promotion des sciences et des technologies, la diffusion de la culture scientifique, technologique et industrielle et enfin le développement et la diffusion des usages du numérique dans la société et l'économie.
Pour mener ses missions, le Mesri peut s'appuyer sur une Inspection générale unifiée sur le champ de la jeunesse, du sport et des bibliothèques, organisée en cinq collèges : le collège Expertise disciplinaire et pédagogique, le collège Établissements, territoires et politiques éducatives, le collège Jeunesse, sports et vie associative, le collège Enseignement supérieur, recherche et innovation et le collège Bibliothèques, documentation, livre et lecture publique.

Le ministre a autorité sur trois directions générales : la Direction générale de l'enseignement supérieur et de l'insertion professionnelle (Dgesip), la Direction générale de la recherche et de l'innovation (DGRI) et la Direction générale de l'enseignement scolaire (Dgesco). Le Mesri a également autorité, conjointement avec le ministère de l'Éducation nationale, sur le médiateur de l'Éducation nationale et de l'enseignement supérieur, sur le haut fonctionnaire de défense et de sécurité (HFDS) et sur la mission ministérielle d'audit interne.

Le ministre peut aussi faire appel à d'autres administrations comme la Direction générale des médias et des industries culturelles, la Direction générale des entreprises ou le Conseil général de l'économie, de l'industrie, de l'énergie et des technologies. Le Mesri assure la tutelle des établissements d'enseignement supérieur (grandes écoles, universités et IUT, Cnous et Crous) ainsi que des organismes de recherche (EPST, Epic, EPCA, GIP, fondations).

L'actuelle ministre de l'Enseignement supérieur, de la Recherche et de l'Innovation est Frédérique Vidal.

L'enseignement supérieur en France

• Les organes consultatifs et les instances du Mesri

Les organes consultatifs sont la Conférence des présidents d'université (CPU), la Conférence des directeurs des écoles françaises d'ingénieurs (CDEFI), le Conseil national de l'enseignement supérieur et de la recherche (Cneser), le Conseil national de la culture scientifique, technique et industrielle (CNCSTI) et le Conseil stratégique de la recherche. La CPU est une association loi 1901 qui rassemble les dirigeants exécutifs des universités et établissements d'enseignement supérieur et de recherche afin de porter la voix et les valeurs des universités dans le débat public. La CDEFI a pour mission de représenter les écoles d'ingénieurs et les universités de technologie auprès de l'État, de l'Union européenne et des organisations internationales. Le Cneser assure la représentation des établissements publics à caractère scientifique, culturel et professionnel (EPSCP). Les personnels et les étudiants sont élus au scrutin secret et par collèges distincts. Le Conseil veille également aux grands intérêts nationaux, notamment éducatifs, culturels, scientifiques, économiques et sociaux, dont les représentants sont nommés par arrêté conjoint du ministre chargé de l'Enseignement supérieur et de la Recherche. Le Conseil comprend cent membres. Le Cneser donne notamment son avis sur les stratégies nationales de l'enseignement supérieur et de la recherche et les rapports biennaux au Parlement ; les bilans établis par l'État, à destination des institutions européennes, sur la mise en œuvre des stratégies européennes d'enseignement supérieur et de recherche ; la répartition des emplois et des moyens entre les différents établissements ; les projets de réformes concernant l'organisation de la recherche et celles relatives à l'emploi scientifique ; le cadre national des formations, la liste des diplômes nationaux ainsi que les modalités et demandes d'accréditation ; la carte des formations supérieures et de la recherche ; la création, la suppression ou le regroupement d'établissements ou de composantes et la liste des formations. Le CNCSTI est chargé de l'élaboration et du suivi de la Stratégie nationale de la culture scientifique, technique et industrielle. Le Conseil stratégique de recherche (CSR) définit les grandes orientations de l'agenda stratégique, France Europe 2020, pour la recherche, le transfert et l'innovation. Il réunit des scientifiques et experts français et internationaux de très haut niveau et des personnalités du monde socio-économique et politique.

Des instances se prononcent sur des mesures individuelles. Le Conseil national des universités (CNU) est une instance nationale qui se prononce sur les mesures individuelles relatives à la qualification, au recrutement et à la carrière des professeurs des universités et des maîtres de conférences. Les commissions administratives paritaires nationales (CAPN) sont les instances de représentation des personnels de l'enseignement supérieur. Elles traitent des sujets relatifs aux carrières individuelles (pour certains corps et certaines situations, titularisation ou prolongation de stage ; mutation ; promotion ; détachement et intégration dans un autre corps ou cadre d'emplois ; information en cas d'intégration dans un autre corps ou cadre d'emplois ; licenciement pour insuffisance professionnelle). Les représentants du personnel y sont élus pour quatre ans.

- **Le Haut Conseil de l'évaluation de la recherche et de l'enseignement supérieur**

Le Haut Conseil de l'évaluation de la recherche et de l'enseignement supérieur (HCERES) est une autorité administrative indépendante. Il est chargé d'évaluer les établissements d'enseignement supérieur et leurs regroupements, les organismes de recherche, les fondations de coopération scientifique et l'Agence nationale de la recherche ou, le cas échéant, de s'assurer de la qualité des évaluations conduites par d'autres instances ; d'évaluer les unités de recherche à la demande de l'établissement dont elles relèvent, en l'absence de validation des procédures d'évaluation ou en l'absence de décision de l'établissement dont relèvent ces unités de recourir à une autre instance ou, le cas échéant, de valider les procédures d'évaluation des unités de recherche par d'autres instances. Le Haut Conseil comporte également un Observatoire des sciences et techniques (OST) chargé de conduire des études et analyses stratégiques.

- **La Comue**

La loi n° 2013-660 du 22 juillet 2013 relative à l'enseignement supérieur et à la recherche est la première loi d'orientation qui englobe l'ensemble des questions relatives à l'enseignement supérieur et à la recherche. Parmi les objectifs qu'elle vise, le renforcement de la coopération entre tous les acteurs et la réduction de la complexité institutionnelle doivent offrir de meilleures chances de réussite à tous les étudiants et une meilleure visibilité nationale et internationale à la recherche. La loi offre aux établissements de l'enseignement supérieur et de la recherche différentes modalités, combinables, pour organiser ces regroupements et coordonner leurs politiques : celle de la fusion, de la participation à une communauté d'universités et établissements (Comue) ou de l'association à l'établissement en charge de la coordination du site. Les regroupements coordonnent l'offre de formation ainsi que la stratégie de recherche et de transfert des acteurs présents sur le territoire. Ils élaborent un schéma d'amélioration de la qualité de la vie étudiante à l'échelle de leur territoire avec les Crous.

Au-delà de ces compétences que leur confère la loi, ils définissent celles que les établissements s'accordent à partager et celles qu'ils transfèrent à l'établissement porteur du regroupement. Les Comue ont ainsi des compétences qui varient en fonction de celles qui leur sont transférées par les établissements membres de la communauté et que définissent leurs statuts. Certaines Comue portent l'accréditation du doctorat, voire de certains masters et licences. La plupart portent un pôle pour étudiants pour l'innovation, le transfert et l'entrepreneuriat. Certaines lancent et soutiennent des programmes de recherche, mettent en place une structure d'appui à la recherche internationale pour permettre de mieux répondre aux appels à projets européens, etc. Les regroupements concluent avec le ministère un contrat de site pluriannuel qui comporte un volet commun et des volets spécifiques à chaque établissement. Les Comue sont composées de tous les établissements publics d'enseignement supérieur sous tutelle du ministère de l'Enseignement supérieur et de la Recherche amenés à se regrouper et à se coordonner à l'échelle de leur territoire. En fonction de leur présence dans les différents territoires, les organismes de recherche peuvent participer à ces regroupements. Les établissements d'enseignement supérieur relevant de la tutelle d'autres ministères et des établissements privés concourant aux missions du service public de l'enseignement supérieur ou de la recherche peuvent également participer à ce regroupement. Début 2018, 19 Comue sont présentes sur le territoire français, elles correspondent au périmètre d'une ou plusieurs académies.

- **L'université**

L'université est réformée avec la loi Faure (1968) suite au mouvement étudiant de mai 1968, selon le modèle d'établissement à caractère scientifique et culturel (EPSC). Le caractère professionnel est introduit par la loi Savary de 1984, les universités deviennent des EPSCP et sont organisées en unités de formation et de recherche (UFR) et comprennent des instituts universitaires de technologie (IUT). La loi relative aux libertés et aux responsabilités des universités, dite LRU de 2007, élargit les pouvoirs du président d'université, au service d'une autonomie renforcée qui trouve son aboutissement avec le passage aux compétences élargies, attribuant aux universités la maîtrise de leurs moyens et de leur budget. La loi ESR de 2013 vise le renforcement de la coopération entre tous les acteurs et la réduction de la complexité institutionnelle, notamment par la création des communautés d'universités et établissements (Comue)

Le président de l'université est élu par le CA pour quatre ans, mandat renouvelable une fois. Il préside le CA, prépare et exécute ses délibérations, il a autorité sur l'ensemble du personnel et il est responsable du maintien de l'ordre. Le CA détermine la politique de l'université. Il approuve le contrat quinquennal de l'établissement, vote le budget et approuve les comptes, approuve les accords et les conventions signés par le président, adopte le règlement intérieur de l'université, fixe la répartition des emplois qui lui sont alloués, approuve le rapport annuel d'activité, approuve le bilan social et adopte le schéma directeur pluriannuel en matière de politique du handicap proposé par le conseil académique. Le conseil académique regroupe les membres de la commission de la recherche et de la commission de la formation et de la vie universitaire (CFVU). Il se regroupe en formation plénière et restreinte. Lorsqu'il est en formation plénière, il est consulté par exemple sur les orientations des politiques de formation, de recherche, de diffusion de la culture scientifique, technique et industrielle et de documentation scientifique et technique ; le contrat d'établissement ; toutes les mesures visant à garantir l'exercice des libertés universitaires et des libertés syndicales et politiques des étudiants. Lorsqu'il est en formation restreinte aux enseignants-chercheurs, il est l'organe compétent pour l'examen des questions individuelles relatives au recrutement, à l'affectation et à la carrière des enseignants-chercheurs. La commission de la recherche est chargée de répartir l'enveloppe des moyens destinée à la recherche, fixe les règles de fonctionnement des laboratoires, est consultée sur les conventions avec les organismes de recherche, etc. La commission de la formation et de la vie universitaire participe à l'élaboration de l'offre de formation et contribue à l'amélioration de la vie universitaire. Elle adopte les règles relatives aux examens et d'évaluation des enseignements, traite de l'accueil et de l'orientation des étudiants, de l'organisation des activités culturelles, associatives, sportives et de santé aux étudiants, etc. Le conseil universitaire des relations internationales (Curi) promeut une approche globale et cohérente de l'activité internationale de l'université. Il émet un avis sur la répartition des crédits relatifs aux projets de coopération, sur l'attribution des aides à la mobilité étudiante de l'université et sur les aides accordées aux étudiants étrangers.

La direction générale des services coordonne et organise l'ensemble des directions et services administratifs, financiers et techniques de l'université. Elle participe à l'élaboration de la politique de l'établissement, dont elle assure la mise en œuvre opérationnelle, le cadrage réglementaire et la gestion courante.
Des services de l'université sont dédiés à ses usagers et personnels comme le service universitaire d'information et d'orientation (SUIO), le service universitaire de médecine préventive et de la promotion de la santé (SUMPPS), le service commun de la documentation (SCD), le comité du personnel, etc.

- **Les formations et diplômes dans le système d'enseignement supérieur**

Le LMD

Dans le cadre de l'harmonisation des cursus d'enseignement supérieur européens, le cursus universitaire français s'organise autour de trois diplômes nationaux : la licence, le master et le doctorat. Cette organisation, dite LMD, permet d'accroître la mobilité des étudiants européens, la mobilité entre disciplines et entre formations professionnelles et générales. En France, le diplôme national de licence se prépare en six semestres. À l'issue de la licence, les étudiants peuvent préparer le diplôme de master qui sanctionne des parcours types de formation initiale ou continue répondant à un double objectif : préparer les étudiants, *via* les études doctorales, à se destiner à la recherche et leur offrir un parcours menant à une qualification et une insertion professionnelle de haut niveau. Il se prépare en quatre semestres et correspond à un diplôme bac + 5. À l'issue du cursus master, les étudiants peuvent s'inscrire en vue de préparer un doctorat. Tous les étudiants titulaires du grade de master peuvent se porter candidats à une inscription en thèse de doctorat.

qu'ils aient obtenu un diplôme de master, ou qu'ils soient titulaires d'un titre d'ingénieur ou d'un diplôme d'école supérieure de commerce conférant le grade de master. La durée de préparation du doctorat est en règle générale de trois ans. Il correspond à un diplôme bac + 8.

Les formations universitaires sont organisées en semestres. L'année universitaire en France se décompose en deux semestres qui se répartissent ainsi : le premier semestre court de septembre à janvier et le second semestre, de février à juin. Chaque semestre d'études est affecté de 30 crédits ou ECTS (European Credit Transfert System), communs à de nombreux pays européens : en licence, 6 semestres validés, soit au total 180 crédits ; en master, 4 semestres validés, soit au total 120 crédits soit 300 crédits en capitalisant avec la licence. Chaque enseignement du semestre reçoit un nombre de crédits proportionnel au temps que l'étudiant doit y consacrer, et qui inclut le travail personnel. Dans le cadre de leur contrat pédagogique, les étudiants peuvent acquérir des crédits dans des établissements d'enseignement supérieur à l'étranger. Les crédits sont également transférables d'un parcours à l'autre, sous réserve d'acceptation de l'équipe pédagogique.

Les autres formations et diplômes

Le système français d'enseignement supérieur comporte plusieurs formations et diplômes. En plus de l'organisation LMD, plusieurs parcours de formations existent :

- le brevet de technicien supérieur (BTS) se prépare en section de technicien supérieur dans un lycée. Cette formation accessible après le baccalauréat ou équivalent dispense des enseignements spécialisés. Elle est accompagnée d'un ou de plusieurs stages en entreprise. Elle permet d'obtenir un diplôme professionnalisé en deux ans ;
- les classes préparatoires aux grandes écoles préparent, en deux ans, les étudiants aux concours d'entrée dans les grandes écoles et les écoles d'ingénieurs. Ces classes, situées dans les lycées, sont accessibles avec un baccalauréat ou un niveau équivalent, après acceptation du dossier par le chef d'établissement ;
- la filière expertise comptable est structurée par trois diplômes : le diplôme de comptabilité et de gestion (DCG), le diplôme supérieur de comptabilité et de gestion (DSCG), et le diplôme d'expertise comptable (DEC) ;
- le diplôme universitaire de technologie (DUT) est une formation professionnalisée en deux ans accessible après le baccalauréat ou équivalent. L'enseignement est assuré dans 24 spécialités dont 15 relèvent du secteur de la production, par exemple : science et génie des matériaux, génie mécanique et productique, et 9 relèvent du secteur des services, par exemple : information – communication (infocom) ; gestion des entreprises et des administrations (GEA) ;
- les écoles supérieures qui assurent des formations en commerce et gestion sont diverses. L'enseignement supérieur est libre, cependant l'État est le seul à délivrer les grades et des titres universitaires, aussi, les établissements d'enseignement privés ne peuvent pas délivrer des diplômes nationaux. Cependant, dès lors qu'elles sont reconnues par l'État, les écoles de commerce peuvent délivrer des diplômes visés par le ministère de

l'Enseignement supérieur et de la Recherche après une évaluation par une instance nationale, la Commission d'évaluation des formations et diplômes de gestion (CEFDG), créée à cet effet. Elle a pour mission de contrôler la qualité des formations qui sont proposées et, par ses évaluations, propose au ministre l'autorisation de délivrer un diplôme visé. Les diplômes visés de niveau bac + 5 peuvent se voir conférer le grade de master ;

- les études de santé ont une première année commune, études qui se déroulent à l'université pour les filières médecine, pharmacie et odontologie. Les études de sage-femme se déroulent en école de sages-femmes. À la rentrée 2020, la première année commune aux études de santé (Paces) et le nombre de places disponibles selon le rang d'admission (*numerus clausus*) disparaissent. Les études de santé seront accessibles selon deux parcours : des licences dites classiques de différentes disciplines comprenant une option Accès santé (LAS) et un Parcours spécifique santé (Pass). Les Pass seront proposées uniquement dans les universités avec une faculté de médecine. Ce parcours permet dès la deuxième année d'accéder aux filières Médecine maïeutique odontologie pharmacie (MMOP). Chaque université fixera un quota de places par filière. En LAS, les étudiants pourront se présenter aux filières MMOP à deux reprises durant leur cursus universitaire ;
- les instituts nationaux supérieurs du professorat et de l'éducation (Inspé) forment à des masters Métiers de l'enseignement, de l'éducation et de la formation (Meef) dans le cadre d'un cursus de deux années d'études post-licence. La formation repose sur un équilibre entre enseignements, stages et périodes d'alternance. Ces formations intègrent notamment une initiation à la recherche, une ouverture sur l'international et un volet numérique. Les Inspé, ex-ESPE, sont issus de la loi du 28 juillet 2019 pour « une école de la confiance » ;
- le diplôme d'ingénieur fait suite à cinq années d'études après le baccalauréat, dont les trois dernières en cycle d'ingénieur. Les parcours sont variés. La majorité des écoles offrent aux apprentis un choix de près de 200 diplômes d'ingénieur sur les 500 formations existantes. Les ingénieurs diplômés représentent près des deux tiers des diplômés obtenant le grade de master dans les formations scientifiques et techniques de l'enseignement supérieur français.

L'Inspection générale IGÉSR

La création d'une Inspection générale de l'éducation, du sport et de la recherche (IGÉSR), au 1er octobre 2019, se veut un gage de cohérence dans le contrôle, l'évaluation et le suivi des politiques publiques. La diversité des expertises rassemblées au sein de l'Inspection générale de l'éducation, du sport et de la recherche permet ainsi d'articuler les politiques publiques à l'école, de la maternelle au doctorat, touchant aussi bien l'éducation, la formation et l'épanouissement de la jeunesse, l'engagement des élèves et des étudiants dans le sport, la vie associative ou encore la lecture publique, avec les politiques contribuant au lien social et à l'équilibre des territoires.

Ses missions

La première mission de l'IGÉSR est de garantir la qualité des services publics par l'évaluation des politiques mises en œuvre et par le contrôle régulier. Par des constats objectifs et étayés, nourris de sa connaissance des situations et des personnels, des résultats de la recherche et des comparaisons internationales, l'IGÉSR veut renforcer la confiance envers l'État, tant de la part des familles que des acteurs eux-mêmes qui reconnaissent la légitimité d'une inspection fondée sur l'expérience, la rigueur et l'impartialité. Elle accompagne et conseille les collectivités territoriales au travers du contrôle scientifique et technique de leurs bibliothèques.

L'IGÉSR a également vocation à accompagner les réformes et à aider à la transformation, par sa présence au cœur du service public et au croisement de champs différents qui, tous, concourent à l'éducation. Elle joue un rôle de pivot, en lien avec le monde de la recherche, les universités, l'administration centrale, les opérateurs, les instances des ministères, et collabore avec les inspections étrangères.

L'IGÉSR est placée sous l'autorité directe et conjointe des ministres chargés de l'Éducation, de l'Enseignement supérieur, de la Recherche et de l'Innovation, de la Jeunesse et des Sports. Elle assure des missions d'évaluation, d'expertise, de contrôle, d'appui et de conseil dans les domaines de l'éducation, de l'enseignement supérieur, de la recherche, de la jeunesse et des sports. Elle intervient également dans le domaine de la lecture publique, de la documentation et des bibliothèques.

Ces missions sont diligentées à la demande des ministres chargés de l'Éducation, de l'Enseignement supérieur, de la Recherche et de l'Innovation, de la Jeunesse et des Sports ou effectuées en application du programme d'activité de l'Inspection générale. La partie du programme de travail ainsi que les missions portant sur la lecture publique, la documentation et les bibliothèques peuvent également être arrêtées à la demande du ministre chargé de la Culture.

L'IGÉSR peut recevoir des missions du Premier ministre. Elle peut être autorisée par l'un des ministres sous l'autorité desquels elle est placée à effectuer des missions à la demande d'autres ministres, d'organismes publics, de collectivités territoriales ou de leurs groupements, de fondations ou d'associations, d'États étrangers, d'organisations internationales ou de l'Union européenne.

Le chef de l'IGÉSR dirige l'activité du service ; à ce titre, il répartit les missions entre les membres de l'Inspection générale et fait connaître aux ministres intéressés les conclusions de leurs travaux. Il assure la gestion du corps et peut proposer aux ministres, en tant que de besoin, les mesures relatives à l'organisation et au fonctionnement du service. Il s'entoure d'inspecteurs généraux exerçant les responsabilités particulières de chefs de collège, responsables de mission et chefs de pôle. Cette équipe constitue le comité de direction de l'IGÉSR.

L'organisation en collèges

L'IGÉSR est organisée en cinq collèges.

- **Le collège Expertise disciplinaire et pédagogique**

Il a pour vocation d'apporter aux directions liées au ministère de l'Éducation nationale et de la Jeunesse et à celui de l'Enseignement supérieur et de la Recherche une expertise disciplinaire et pédagogique dans le champ scolaire et dans celui du post-bac des lycées. Le collège Expertise disciplinaire et pédagogique (EDP) coordonne par ailleurs, en liaison avec les autorités académiques, l'action de tous les corps d'inspection territoriaux à compétence pédagogique du second degré.
Il est organisé pour mener à bien ses missions en 12 groupes disciplinaires et de spécialité, chacun coordonné par un doyen, nommé parmi les inspecteurs généraux du groupe, pour une durée de deux ans renouvelable deux fois.
Ces groupes visent à mener, entre autres : un état et un suivi de la discipline et de son enseignement ; une analyse et une réflexion prospective sur la contribution de la discipline aux grands enjeux pédagogiques et éducatifs ; des missions de suivi et d'accompagnement des politiques publiques dans le domaine pédagogique, comme l'appui à la conception et à la mise en œuvre des programmes ou la contribution à l'analyse et aux suites à donner aux résultats des évaluations des élèves ; des missions d'expertise à la demande des directions dans le domaine des ressources humaines : concours de recrutement, mouvements spécifiques, etc.

- **Le collège Établissements, territoires et politiques éducatives**

Le collège Établissements, territoires et politiques éducatives (ETPE) couvre toutes les questions relatives aux politiques éducatives (hors contenus d'enseignement), leurs organisations, leurs modalités de fonctionnement et leurs moyens d'action dans le domaine scolaire, dont le climat et la vie scolaire, l'orientation, l'accompagnement éducatif.
Ses champs d'expertise et d'observation vont des établissements, de la maternelle aux lycées, aux services déconcentrés et à l'administration centrale, dans les directions et services en charge de ces questions, et peuvent s'étendre aux relations avec les collectivités territoriales et le monde associatif. L'expertise du collège s'étend au suivi et à l'accompagnement des élèves ainsi qu'aux questions touchant au climat et à la vie scolaire, l'action éducative, sportive et culturelle, dont les ressources documentaires en lien avec le collège Bibliothèques, documentation, livre et lecture publique.
Les missions du collège sont l'évaluation des politiques publiques relevant de son champ d'expertise, qu'elles soient ministérielles ou interministérielles ; le suivi et l'accompagnement du fonctionnement des services de l'administration centrale, des services déconcentrés, des territoires académiques, des écoles et des établissements du second degré et le suivi de leur évaluation ; tout particulièrement, la mise en place d'une évaluation systématique des établissements scolaires en travaillant en lien avec les équipes académiques d'une

part et avec le conseil de l'évaluation de l'école d'autre part ; les inspections et contrôles, y compris dans le cadre de dysfonctionnements, dans les services administratifs ou les établissements scolaires ; l'aide à la décision sur les réformes que les ministres souhaitent engager et toute expertise demandée par les directions d'administration centrale ou le cabinet des ministres.

- **Le collège Jeunesse, sports et vie associative**

Le collège Jeunesse, sports et vie associative (JSVA) se voit confier une mission de contrôle, d'évaluation, d'appui et d'audit interne de la mise en œuvre des politiques publiques dans les domaines qui sont les siens. Les membres du corps de l'IGÉSR sont notamment chargés de missions de contrôle et d'inspection des personnels et de l'activité des services centraux et déconcentrés dépendant des ministres chargés de la Jeunesse et des Sports ainsi que des établissements publics et organismes relevant de leur tutelle. Elles ont pour objet l'évaluation et le contrôle des services et établissements.
Les inspecteurs généraux sont amenés à participer au recrutement des personnels de l'administration jeunesse et sports et au suivi de leur formation professionnelle et initiale. Ils peuvent également être autorisés par les ministres à intervenir à la demande d'autres ministères, de collectivités territoriales, de gouvernements étrangers ou organisations internationales, pour toute mission entrant dans leur champ de compétences.

- **Le collège Enseignement supérieur, recherche et innovation**

Le collège Enseignement supérieur, recherche et innovation (Esri) a vocation à couvrir toutes les questions relatives à l'enseignement supérieur.
Le collège a vocation à développer dans son champ de compétence, et à la demande des ministres, les missions suivantes : l'évaluation des politiques publiques ministérielles et interministérielles ; le suivi des établissements d'Esri et des politiques de site ; l'accompagnement des établissements qui rencontrent des difficultés ou qui souhaitent bénéficier d'un audit spécifique sur une partie de leurs activités ; la réalisation d'audits préalables à la décision ministérielle ; l'aide à la décision dans la perspective des réformes que les ministres souhaitent engager ; le suivi du fonctionnement des services de l'administration centrale, des services déconcentrés et des établissements et, à la demande des ministres, leur évaluation ; l'accompagnement des services académiques ; le contrôle des établissements, services et personnels concernés, y compris en cas de dysfonctionnement.

- **Le collège Bibliothèques, documentation, livre et lecture publique de l'IGÉSR**

Les missions du collège Bibliothèques, documentation, livre et lecture publique (BD2L) s'inscrivent dans le cadre général de l'évaluation des politiques publiques de la lecture. Elles ont trait au suivi des bibliothèques conformément aux dispositions réglementaires, notamment celles relatives au contrôle technique et scientifique des bibliothèques des collectivités territoriales et à l'inspection des services communs de la documentation des universités.

Les missions d'inspection donnent lieu à des rapports qui ne sont pas rendus publics. Le collège conduit en outre des missions thématiques d'étude ou de prospective, inscrites dans le programme annuel. Ces études sont publiées, après accord du ou des cabinets concernés. Le collège assure la présidence des jurys des concours de recrutement des personnels de la filière bibliothèque de l'État et participe à d'autres jurys. Il participe aux commissions administratives paritaires nationales des personnels de bibliothèques en tant que représentant de l'administration ou expert. Le collège identifie un vivier de personnels susceptibles de prendre des responsabilités supérieures et participe à des jurys de recrutement aux postes de direction de bibliothèques ou d'organismes documentaires, sur invitation des établissements d'enseignement supérieur ou des collectivités territoriales. Les inspecteurs du collège BD2L assurent le contrôle des bibliothèques des universités. Ils remplissent à leur égard un rôle d'évaluation et de conseil. L'inspection exerce le contrôle technique de l'État sur les bibliothèques publiques (bibliothèques municipales, bibliothèques départementales de prêt). Cette mission permanente est menée en liaison étroite avec le service du livre et de la lecture du ministère de la Culture et de la Communication. Par décision des ministres de l'Éducation nationale, de l'Enseignement supérieur et de la Recherche ou du ministre de la Culture, ces missions de contrôle, d'évaluation et de conseil peuvent être étendues à d'autres organismes documentaires relevant de leur autorité. Les membres du collège peuvent être chargés par décision conjointe du ministre chargé de l'Enseignement supérieur et des ministres compétents de missions de contrôle, d'évaluation et d'étude concernant des bibliothèques relevant d'autres départements ministériels.

L'Inspection générale est compétente en matière de bibliothéconomie, de patrimoine écrit et graphique, d'organisation documentaire, de promotion du livre et de développement de la lecture, ainsi qu'aux conseils de grands établissements documentaires.

Le collège BD2L fait suite à l'Inspection générale des bibliothèques (IGB), créée en 1822, qui disparaît avec la création de l'IGÉSR.

» Ses missions transversales

L'IGÉSR a trois missions transversales : la mission enseignement primaire, la mission des correspondants académiques et la mission d'audit interne.

La mission enseignement primaire, en lien avec les collèges EDP et ETPE, assure en particulier des missions de suivi, d'expertise, d'évaluation et de contrôle sur tous les territoires, de la mise en œuvre de la politique nationale concernant le premier degré et de la qualité des enseignements et de l'action éducative à l'école primaire. Cela requiert une attribution à chacun de ses membres d'un territoire cohérent.

La mission des correspondants académiques, qui sont au nombre de deux par académie, est une mission d'expertise. Ces correspondants sont amenés à rédiger des rapports à destination des ministres.

La mission d'audit interne est l'évaluation de l'effectivité et de l'efficacité du contrôle interne. À ce titre, il est rattaché au plus haut niveau de l'organisation afin d'assurer son indépendance vis-à-vis des fonctions opérationnelles.

- **Son organisation**

L'IGÉSR a six pôles organisationnels : le pôle Coordination des missions, le pôle Affaires juridiques et contrôle, le pôle Affaires internationales, le pôle Voie professionnelle et apprentissage, le pôle Ressources humaines et formations, et le pôle Coordination des groupes d'échanges et d'information.

Le ministère de la Culture

Ses missions

Le ministère de la Culture (nommé ministère de la Culture et de la Communication – MCC – jusqu'en 2017) a pour mission de promouvoir la création artistique dans toutes ses composantes et de permettre la démocratisation et la diffusion des œuvres culturelles. Le ministère de la Culture a pour mission de rendre accessible au plus grand nombre les œuvres capitales de la France et de l'humanité dans les domaines du patrimoine, de l'architecture, des arts plastiques, des arts vivants, du cinéma et de la communication. Il favorise le développement des œuvres artistiques dans toutes leurs composantes dans les territoires et de par le monde. Il est le garant des enseignements artistiques.

Le ministère de la Culture intervient dans la politique de préservation et dans la valorisation du patrimoine culturel et la politique de l'architecture, la définition de la politique concernant les arts du spectacle vivant et les arts plastiques, la gestion du Centre national du cinéma et de l'image animée ainsi que le développement de l'éducation artistique et culturelle des enfants et des jeunes adultes tout au long de leurs cycles de formation.

Le ministère participe à la définition et à la mise en œuvre de la politique du gouvernement en développant les liens entre les politiques culturelles de l'État et celles des collectivités territoriales. Il est présent en région par le biais des directions régionales des affaires culturelles (Drac). Il participe aussi au développement de la culture française dans le monde en assurant le rayonnement de la francophonie et de la création artistique française en s'appuyant notamment sur l'Institut français et l'Alliance française.

Le ministère de la Culture est composé d'une administration centrale et dispose d'établissements et services déconcentrés. L'actuelle ministre de la Culture est Roselyne Bachelot.

Les grandes entités dépendant du ministère de la Culture

Au sein de l'administration centrale, le ministre de la Culture a autorité sur plusieurs grandes entités :

- la direction générale des patrimoines est divisée en quatre services qui sont l'architecture, les archives, les musées et le patrimoine. Sa mission générale est de protéger les biens culturels par une politique de conservation et de restauration des patrimoines matériels et immatériels ;
- la direction générale de la création artistique définit la politique artistique concernant les arts plastiques (peinture, sculpture, etc.) et le spectacle vivant (danse, musique, théâtre) ;
- la direction générale des médias et des industries culturelles (DGDMIC) conduit la politique du gouvernement dans le domaine de la communication et des médias ;
- les directions régionales des affaires culturelles (Drac) sont chargées de mettre en œuvre, sous l'autorité du préfet de région et des préfets de département, la politique culturelle définie par le gouvernement ;
- la délégation générale à la langue française et aux langues de France a pour mission la préservation et la valorisation du français à travers le monde.

Le service du livre et de la lecture est un service de la direction des médias et des industries culturelles. Il a pour mission d'élaborer, coordonner et évaluer l'action du ministère de la Culture dans le domaine du livre et de la lecture ; de veiller à l'équilibre entre les différents acteurs qui interviennent dans le domaine du livre et de la librairie et au développement du secteur de l'édition ; de suivre les questions économiques, juridiques et sociales intéressant la création, l'édition, la diffusion, la distribution et la promotion du livre ; de mettre en œuvre la tutelle sur les opérateurs relevant de son domaine de compétences ; de favoriser le développement de la lecture et de procéder à l'évaluation des politiques dans le domaine de la lecture publique. Il contribue à la modernisation des bibliothèques et des médiathèques, et notamment au renforcement des réseaux et services de coopération. Il veille à la conservation, à l'enrichissement et à la valorisation de leur patrimoine ; à exercer le contrôle technique de l'État sur les bibliothèques et les médiathèques des collectivités territoriales et enfin à réaliser des enquêtes concernant le livre et la lecture.

Le Centre national du livre

Les missions du Centre national du livre sont placées sous la tutelle du ministère de la Culture et plus particulièrement du service du livre et de la lecture. Il a pour mission de soutenir et encourager l'activité littéraire des écrivains, des illustrateurs et des traducteurs, par l'attribution de bourses de création et de résidence ; de soutenir l'édition d'œuvres littéraires jugées primordiales par le biais de subventions à destination des éditeurs français ; d'encourager tous les modes d'expression littéraire et de concourir à la diffusion, sous toutes ses formes, d'œuvres littéraires en langue française ; de contribuer, par l'aide aux entreprises d'édition et de librairie, au développement économique du secteur du livre ainsi qu'au maintien et à la qualité des réseaux de diffusion du livre et de la lecture ; de participer à la défense et à l'illustration de la langue et de la culture françaises ; de favoriser la traduction d'œuvres étrangères en français et d'œuvres françaises en langues étrangères ; d'accompagner les manifestations construites autour d'un projet littéraire permettant la rencontre et

la rémunération des auteurs en s'adressant au plus large public ; d'intensifier les échanges littéraires en France et à l'étranger, et de concourir à toutes les actions de promotion du livre et de la lecture susceptibles de contribuer à la diffusion et au rayonnement du livre français, et enfin de soutenir les bibliothèques, les établissements culturels et les librairies, en France et à l'étranger, qui commandent des ouvrages de langue française présentant un intérêt culturel, scientifique, technique ou touchant à la francophonie.
Les membres du conseil d'administration interviennent dans la définition des grandes options de la politique de l'établissement. Le président du Centre national du livre (CNL), nommé par décret sur proposition du ministre de la Culture, est actuellement Vincent Monadé.

5. L'environnement administratif

La fonction Ressources humaines

La fonction des ressources humaines au sein de la fonction publique gère des agents issus de filières différentes.
Pour les bibliothèques de la FPE, ils peuvent être issus des filières : bibliothèques ; ingénieurs, techniciens de recherche et de formation (ITRF) ; administration de l'Éducation nationale et de l'Enseignement supérieur (Aenes). Pour les bibliothèques de la FPT, les agents viennent des filières : culturelle, administrative et animation.
Des outils d'aide à la gestion des compétences et des forces de travail sont mis en place, dont les principaux sont : la gestion prévisionnelle des emplois et des compétences (GPEC), les référentiels métiers, les procédures d'évaluation et les plans de formation. La GPEC est un outil qui permet à une bibliothèque de faire corréler les besoins en matière de fonctions et objectifs avec les compétences des agents, et ainsi de faire un état prospectif de ses besoins. Pour cela elle peut s'appuyer sur les fiches de poste qui sont réalisées en adéquation avec les référentiels métiers ; les entretiens annuels d'évaluation professionnelle qui permettront d'analyser des évolutions, des changements de poste et des formations ; les mouvements prévisibles des personnels (départ en retraite, mutation, disponibilité) et les tableaux de bord permettant de lister les fonctions et missions attribuées à chaque établissement.

Le Rifseep

Au sein de la FPE, le décret n° 2014-513 du 20 mai 2014 met en œuvre le nouveau régime indemnitaire des fonctionnaires, le régime indemnitaire tenant compte des fonctions, des sujétions, de l'expertise et de l'engagement professionnel (Rifseep), qui est le nouvel outil indemnitaire de référence remplaçant la plupart des primes et indemnités existantes dans la FPE, dans le but d'une meilleure lisibilité des primes et d'un levier pour la mobilité des fonctionnaires. Les régimes indemnitaires de la FPT sont adossés sur ceux de la FPE. Ainsi, est déterminé pour chaque cadre d'emplois de la FPT un corps de référence de la FPE. Si un corps de référence de la FPE bénéficie du Rifseep, alors chaque employeur territorial peut également le mettre en place pour le cadre d'emplois correspondants, par une décision de l'assemblée délibérante.

Les types de management

Ils sont au nombre de quatre. Il s'agit du management directif, du management persuasif, du management participatif et du management délégatif.

- Le management directif est centré sur le résultat avec forte implication du manager. Il limite les initiatives et repose sur de nombreuses procédures en surveillant et contrôlant. La confiance du manager en ses collaborateurs est limitée. Sa communication est descendante. C'est probablement le type de management qui génère le plus de comportements hostiles de la part des collaborateurs, mais aussi des problèmes relationnels et un mal-être au travail. Son avantage est l'obtention rapide de résultats, cependant les collaborateurs seront peu motivés. Il peut être appliqué en situation d'urgence.
- Le management persuasif dit aussi management paternaliste est centré sur le relationnel avec forte implication du manager. Il est autoritaire, communique beaucoup, fédère et encourage. Il est plus tourné vers les collaborateurs, il leur apportera assistance si besoin, cependant ils disposent de peu d'autonomie, mais peuvent donner leur avis. Le manager place un peu de confiance en ceux-ci, cependant il essaie de créer un groupe dont il serait le modèle avec moins de procédures et de règles, il valorise les résultats positifs et est très sensible aux paramètres motivants ou démotivants. Son avantage est le sentiment d'appartenance à un groupe, cependant le sentiment d'ouverture sur l'extérieur sera au *minima*.
- Le management participatif est centré sur le relationnel avec implication moindre du manager, c'est un management d'ouverture. Il repose sur la construction d'une relation de confiance entre le manager et ses collaborateurs et adopte peu de comportements organisationnels. Ceux-ci sont fortement impliqués dans la prise de décisions, disposent d'une grande autonomie. Le manager s'intègre à l'équipe, la responsabilise et l'encadre plus qu'il ne la dirige. Ses avantages sont la motivation et la participation des collaborateurs, par contre son inconvénient est qu'il nécessite un réel engagement, une grande capacité d'autonomie et une forte dose de créativité de chaque collaborateur.
- Le management délégatif, dit aussi management consultatif, est centré sur le résultat avec implication moindre du manager. Il repose sur la confiance envers les collaborateurs qui sont fréquemment consultés pour la prise de décision, et sur l'esprit d'équipe. Chacun des membres de l'équipe est responsabilisé et impliqué. Les résultats attendus et les

méthodes sont définis par l'ensemble du système et la communication, tant verticale qu'horizontale. Ses avantages sont la responsabilisation et implication des collaborateurs qui créent une bonne ambiance de travail ; en revanche, son inconvénient est le manque de structures qui peut dériver sur un management copain qui laisse faire et qui ne formule pas d'encouragements.

Le budget

Définition

Les règles budgétaires et comptables de l'État ont subi un processus de transformation important avec la loi organique relative aux lois de finances (Lolf), du 1er août 2001. C'est une réforme de la gestion de l'État tout entière, c'est-à-dire la façon dont l'argent public est utilisé par chaque ministère. Cette réforme vise à instaurer une gestion plus démocratique et plus efficace des dépenses publiques. Des moyens sont alloués en vue d'une action précise et la totalité du budget est examinée avec un vote. Les parlementaires sont également en mesure de contrôler l'efficacité des dépenses publiques. Chaque année, l'administration doit rendre compte de son action qui est évaluée par des indicateurs précis. Pour une politique donnée, l'État se fixe des objectifs précis à atteindre, avec des moyens alloués pour atteindre ces objectifs, qui, s'ils sont atteints ou approchés, définissent une politique publique performante. La réforme budgétaire responsabilise davantage les gestionnaires publics. Des responsables de programme doivent définir, chacun à leur niveau, les objectifs, les stratégies et les indicateurs de performances des politiques publiques dont ils sont chargés. Ils disposent d'une plus grande liberté dans la gestion des moyens alloués en contrepartie d'un engagement sur des objectifs de performance. Les gestionnaires ont l'obligation de rendre compte de leur gestion pour expliquer les éventuels écarts entre prévision et réalisation.

Les principes du budget

Un budget public est l'ensemble des éléments en vertu desquels l'État ou les collectivités, d'une part, anticipent leurs recettes et leurs besoins financiers pour l'année suivante et, d'autre part, sont autorisés juridiquement à les mettre en œuvre. Le budget n'est pas un document comptable. La comptabilité vise à retracer l'exécuté, et elle servira, une fois l'exercice clos, à comparer le réel au prévisionnel. Il existe quatre grands principes budgétaires : l'annualité, la spécialité, l'unité et l'universalité. Le principe d'annualité correspond à l'autorisation budgétaire donnée à l'exécutif pour collecter les recettes publiques et mettre en œuvre les dépenses, cette autorisation est par principe annuelle. Le deuxième grand principe budgétaire est la spécialité, qui correspond à une nomenclature budgétaire, c'est-à-dire que l'exécutif doit utiliser les crédits ouverts selon leur destination. Le troisième principe, l'unité, indique que le budget d'un établissement doit figurer sur un document unique pour une meilleure lisibilité et une meilleure transparence. Enfin, le quatrième et dernier principe budgétaire est l'universalité : le budget doit décrire, pour la durée de l'exercice, l'ensemble des dépenses et des recettes.

Le budget est préparé par l'exécutif qui s'appuie sur un état prévisionnel préparé par les différents services, il est voté par les assemblées délibérantes (conseil d'administration, conseil municipal, etc.). Il doit se présenter en deux sections : le fonctionnement et les investissements. Son exécution est liée à quatre phases. Les trois premières sont sous la responsabilité de l'ordonnateur, ce sont : l'engagement (le fait de passer commande), la liquidation de la dépense (l'autorisation du paiement de la dépense) et l'ordonnancement (l'ordonnateur donne l'ordre au comptable de payer la dépense). La quatrième et dernière phase, réalisée par l'agent comptable, est le paiement. En cours d'année, le budget peut faire l'objet de modifications proposées par l'exécutif et votées par l'assemblée délibérante. À la fin de l'année écoulée, les services financiers établissent le compte administratif qui retrace l'ensemble des recettes et des dépenses et qui fait apparaître l'excédent ou le déficit. L'agent comptable établit le compte de gestion qui retrace toutes les opérations budgétaires. Ces deux comptes, administratif et de gestion, doivent être de même présentation et de même résultat.

La révision générale des politiques publiques

La révision générale des politiques publiques (RGPP) lancée en juillet 2007 avait pour but de diminuer la dépense publique tout en renforçant l'efficacité et la qualité de l'action publique qui vient appuyer la Lolf. La première vague de la RGPP a consisté en des réformes structurelles (réorganisation de l'administration centrale et des services extérieurs de l'État) et une simplification des procédures administratives. La seconde vague, lancée en 2010, visait en priorité les fonctions supports de l'État ainsi que l'amélioration du service rendu à l'usager. À partir de 2012, la modernisation de l'action publique (Map) est mise en place pour une simplification de l'administration, l'accélération de la transition numérique et une évaluation quinquennale de la Map. En 2017 est lancé le programme Action publique 2022 qui a trois objectifs :

- l'amélioration de la qualité de service en développant la relation de confiance entre les usagers et l'administration ;
- un environnement de travail modernisé aux agents publics en les impliquant pleinement dans la définition et le suivi des transformations ;
- un accompagnement de la baisse de la dépense publique.

Le marché public

Pour répondre à ses besoins en matière de travaux, de fournitures et de services, un établissement public doit conclure un marché public avec un fournisseur ou un entrepreneur. Les règles qui s'appliquent à ces contrats sont définies par la législation relative aux marchés publics (ordonnance n° 2015-899 du 23 juillet 2015 relative aux marchés publics). Un marché public est un contrat administratif conclu à titre onéreux entre un organisme public et un fournisseur ou un prestataire. Les marchés qui répondent à un besoin dont la valeur estimée est égale ou supérieure à 25 000 euros hors taxe doivent être conclus par écrit. Un appel d'offres est réalisé afin de respecter la liberté d'accès à la commande publique, l'égalité de traitement des candidats et la transparence des procédures. Le respect de l'égalité de traitement interdit notamment toute discrimination et s'étend à tous les stades de la procédure de la rédaction du cahier des charges qui doit être objective et ne pas orienter le choix, jusqu'à l'examen de toutes les offres arrivées dans le délai demandé, quelles que soient la nationalité ou l'implantation du candidat, en passant par une information de même niveau pour tous les candidats. De plus, si l'un d'entre eux pose une question complémentaire, l'acheteur public doit répondre à tous les candidats. Dans les procédures formalisées, les critères de choix sont portés à la connaissance des candidats dès la publicité de l'offre. Ces critères doivent permettre à l'acheteur public de choisir l'offre économiquement la plus avantageuse. Enfin, tout soumissionnaire qui voit son offre rejetée doit en être informé et les motifs de ce rejet doivent lui être précisés.

Les procédures de passation de marchés publics varient en fonction de leur objet : marché de travaux pour la réalisation d'ouvrage, de travaux du bâtiment ; marché de fournitures pour l'achat de matériels, de mobilier ou de produits ; marché de services pour l'achat de services matériels (comme l'entretien des locaux) ou immatériels (conseil juridique, projet informatique, etc.). La procédure change également en fonction de la valeur estimée du marché : si la valeur estimée du marché est inférieure au seuil de procédures formalisées, l'organisme public peut recourir à une procédure adaptée dont il détermine librement les modalités. Au-delà, il doit respecter une procédure formalisée pour passer son marché. Pour les marchés d'une valeur inférieure à 25 000 euros hors taxe, l'acheteur public a pour seule obligation de choisir une offre pertinente, de faire une bonne utilisation des deniers publics et de ne pas contracter systématiquement avec un même fournisseur lorsqu'il y a plusieurs offres susceptibles de répondre à son besoin. À partir de 144 000 euros pour l'État et ses établissements publics et à partir de 221 000 euros pour les collectivités et les établissements publics de santé pour un marché de fournitures ou de services et de 5 548 000 euros pour les travaux, la procédure sera formalisée. Et enfin, la procédure peut changer en fonction de l'acheteur concerné : collectivité territoriale, services de l'État, etc.

2 L'histoire du livre, de la presse, de l'édition et de l'audiovisuel

1. L'histoire du livre

L'apparition du livre

L'apparition du livre est liée à l'apparition de l'écriture ainsi qu'à chaque civilisation. Chacune adopte des matières, des formes et techniques qui sont liées à leur culture. En Inde et en Asie du Sud-Est où la feuille de palmier a été longtemps utilisée, l'écriture est apparue vers le IVe siècle av. J.-C. En Chine, les ventres de tortue ont été les premiers supports sur lesquels étaient consignés les oracles. Le bronze, le bambou et la soie furent également des supports d'écriture. Les supports en bambou et en soie prirent forme de rouleaux. Le papier y fut inventé au IIIe siècle av. J.-C., il fut créé à partir de nids de guêpes qui contiennent de la cellulose. Moins cher, il remplaça les rouleaux de soie, qui toutefois perdurèrent jusqu'au Ve siècle. Son usage se répandit en Asie centrale puis atteignit l'Occident : en Espagne et en Sicile au VIIe siècle, en Italie au XIIIe siècle et au milieu du XIVe siècle en France (1348). Les tablettes d'argile à l'écriture cunéiforme apparurent en Mésopotamie au IVe siècle av. J.-C. La bibliothèque d'Alexandrie en Égypte fut fondée en 295 av. J.-C. Les tablettes furent remplacées par des rouleaux en papyrus (*volumen*) puis en parchemin (peau de mouton ou de chèvre), apparu au IIe siècle, qui a une meilleure conservation et permet d'effacer le texte (palimpseste). Le parchemin fut utilisé jusqu'au IXe siècle au Proche-Orient et durant tout le Moyen Âge en Occident. Il donne naissance au codex qui est un livre formé de feuilles pliées et assemblées en cahier. Il s'impose au IVe siècle en Occident et au Ve siècle dans l'Empire byzantin.

L'imprimerie

L'imprimerie est née au milieu du XVe siècle, le procédé est créé par Gutenberg en Allemagne vers 1456. Le manuscrit est né. La première presse française est installée au collège de la Sorbonne en 1470. Un incunable est un livre imprimé sous presse à l'aide de caractères mobiles fondus en métal avant la fin du XVe siècle. L'imprimerie permet à ses débuts de diffuser les textes originaux de l'Antiquité puis des ouvrages pédagogiques et des livres de prière. Le princeps est la première édition imprimée d'un texte. Vers 1530-1550, le livre imprimé trouve sa forme actuelle.
Jusqu'en 1850, le papier dit « à la cuve » est produit à partir de chiffons de plus ou moins bonne qualité, puis, vu sa raréfaction, le bois râpé le remplace. Un tournant est effectué tant

au niveau technique que qualitatif à la fin du XVIIIe siècle. En effet, la lithographie, technique d'impression sur pierre calcaire, apparaît en 1796, le papier continu en 1798 et la presse métallique en 1800.

2. L'histoire de la presse

C'est sous une forme de suite chronologique de dépêches venues d'Europe qu'apparaissent vers 1631 les premiers périodiques français. La presse se développe lentement, car elle est sous contrôle du pouvoir royal. Elle connaît à l'époque des Lumières un premier essor avec le premier quotidien d'information, *Le Journal de Paris* (1777), destiné à la bourgeoisie laborieuse parisienne. La Révolution française amène la libre communication des pensées et la liberté d'imprimer ses opinions. En 1791, l'Assemblée constituante réglemente la liberté de la presse, lui donnant son plein essor. La censure se durcit sous la Terreur et se prolonge plus modérément sous le Directoire et l'Empire. Le XIXe siècle est celui où la presse devient le canal d'information de masse. La presse devient le « 4e pouvoir ». Lors de la Première Guerre mondiale, elle se voit refuser l'accès au front et est accusée de propagandisme. La débâcle de juin 1940 entraîne la disparition de grands titres nationaux et le succès de la presse résistante. À la Libération, la presse obtient un statut garantissant son indépendance vis-à-vis du pouvoir. Parallèlement à la presse d'information se développe une presse spécialisée illustrée. Le succès des journaux provient des reportages à caractère social et politique dans les années 1960. Mai 1968 voit la création de titres satiriques comme *Hara-kiri*, d'une nouvelle presse militante et de journaux issus de la contre-culture tels que *Libération*. Cependant, le tirage des quotidiens diminue et de grands titres disparaissent. À la fin du XXe siècle, la presse généraliste s'installe sur Internet. Au début des années 2000, les quotidiens gratuits financés par la publicité ont un grand succès. Certains titres choisissent le tout numérique (*Médiapart*) et d'autres le reportage, tel *XXI*.

3. L'histoire de l'édition

Selon Jean-Yves Mollier dans son *Autre histoire de l'édition française*, « *l'histoire de l'édition française ne commence vraiment qu'à la toute fin du XVIIIe siècle et ne s'autonomise qu'après 1815 ou 1820, au moment où les premiers représentants de commerce sillonnent les régions et les inondent de prospectus et de catalogues* ». Un arrêt d'août 1777 reconnaît la propriété de l'auteur sur son texte et la première loi sur la propriété littéraire de 1793 fait naître l'édition moderne. De la naissance de l'imprimerie jusqu'aux années 1830, la fonction éditoriale a été assurée soit par des imprimeurs, soit par des libraires. Le XIXe siècle est le grand siècle de l'édition, faisant apparaître une véritable fonction éditoriale du fait que l'imprimerie est en plein essor, que le lectorat augmente ainsi que le nombre d'auteurs. Des libraires deviennent éditeurs tels que Hachette ou Flammarion, des imprimeurs également, comme l'Imprimerie nationale et même des auteurs : Pierre Larousse et Paul Robert. Les éditions Gallimard sont, elles, issues de la presse. Des groupes de communication et des financiers investissent dans l'édition. Actuellement, ces grands groupes détiennent une grande part du secteur de l'édition. La loi sur le prix unique du livre (1981) permet de maintenir un réseau de librairies de qualité représentant les grandes maisons d'édition, mais également les éditions indépendantes.

4. L'histoire de l'audiovisuel

Selon une étude de G. Delavaud, professeur en sciences de l'information à l'université Paris-8, le terme « audiovisuel » apparaît dans la langue française en 1947 sous cette définition : « *Audiovisuel : se dit d'une méthode pédagogique, qui joint le son à l'image (notamment dans l'apprentissage des langues).* » À l'époque, les formes audiovisuelles existantes étaient les auxiliaires auditifs (phonographes, radio), les auxiliaires visuels (projections fixes, films muets) et les moyens proprement audiovisuels (films sonores et télévision). Actuellement, sous cette notion sont regroupés le téléphone, la radio, le cinéma, la télévision, la photographie, la vidéo et le multimédia.

En 1876, le téléphone est inventé par Alexander Graham Bell et le concept de la télévision naît. Le phonographe voit le jour en 1877 et son créateur, Edison, réfléchit à un concept équivalent pour l'image. Les premiers brevets de télévision sont déposés en 1884. 1891 est l'année du premier brevet portant sur l'animation d'images photographiques et la fabrication d'une première caméra argentique. La photographie se développe également au XIXe siècle. En 1956 naît le premier magnétoscope.

3 Les bibliothèques, services et réseaux documentaires

1. Histoire des bibliothèques

Les premières bibliothèques

Dès l'apparition de l'écriture, certains documents ont été conservés dans différents lieux jusqu'à l'apparition de l'espace bibliothèque. Le terme *bibliothèkè* (de *biblio*, « livre », et de *thèkè*, « dépôt ») est mentionné pour la première fois sur un texte datant de la seconde moitié du IVe siècle av. J.-C. en Grèce. La plus célèbre bibliothèque de cette époque est celle de Ptolémée Sôter (322-283 av. J.-C.), la bibliothèque d'Alexandrie, au sein d'un musée, qui se définissait à l'époque comme une communauté de gens de lettres servant les muses. En parallèle, une science bibliothéconomique se développa tant sur l'organisation des collections que sur les conditions de conservation. L'Antiquité était la période où coexistaient le volumen (manuscrits en rouleau) et le papyrus. Au Moyen Âge, ces deux supports, par leur fragilité, furent remplacés par le codex (ouvrage en feuilles pliées) et le parchemin. Les grandes invasions conduisirent à la sauvegarde des collections au sein des clergés qui devinrent des centres non seulement de conservation, mais aussi de copie et d'étude. De la civilisation byzantine sont venus de grands textes philosophiques, juridiques et scientifiques qui furent un point de développement des bibliothèques au XIIe siècle. Des bibliothèques d'étude se développèrent, dont celle de la Sorbonne (1257). Le prêt des ouvrages et des usuels fit son apparition. Charles V, roi de France, fit traduire en français les œuvres les plus importantes conservées par le clergé. C'est l'Italie qui impulsa la création des bibliothèques publiques qui furent ouvertes aux lettrés. Les premières recommandations sur la constitution d'un fonds idéal pour la création d'une bibliothèque naissaient. Le retour des papes d'Avignon encouragea la création de la bibliothèque du Vatican (1475).

L'invention de l'imprimerie et les bibliothèques

À la fin du XVe siècle, les bibliothèques se sont beaucoup développées et les livres étaient présents dans les foyers, notamment en Allemagne, ce qui incita la création de l'imprimerie. En France, la Bibliothèque royale naquit en 1483, des grandes bibliothèques firent leur apparition à Blois, à Fontainebleau, où François Ier nomma comme directeur Guillaume Budé qui rassembla les premiers principes en bibliothéconomie. Dans son sillage, Gabriel Naudé publia son *Advis pour dresser une bibliothèque* (1627). La règle du dépôt légal fut instituée par l'ordonnance de Montpellier en 1537. Les livres étaient reliés avec des revêtements luxueux. Les guerres religieuses ont dispersé les fonds des bibliothèques, notamment en Allemagne, où ces fonds remis aux villes constituèrent le noyau des bibliothèques municipales. Le protestantisme aux Pays-Bas et en Angleterre développa les bibliothèques au sein des universités. Le livre étant considéré comme une arme dans les pays ecclésiastiques, les bibliothèques eurent un nouvel essor. En France, « *les cardinaux-ministres Richelieu et Mazarin, ainsi que le chancelier Séguier, soucieux d'asseoir leur prestige, recherchaient les livres aussi bien que les œuvres d'art. Désormais ceux-ci se trouvent alignés au long de somptueuses galeries, sur des espaces rythmés par les bustes de personnages et d'auteurs célèbres. Là se retrouvaient les écrivains liés au maître du lieu, qui contribuaient à orienter l'opinion au sein de la république des lettres*[17]. » Au XVIIe siècle, ces lieux devinrent publics, des magistrats créèrent leurs bibliothèques. Colbert, voulant réhabiliter la Bibliothèque royale, l'installa rue de Vivienne où travailla Nicolas Clément, qui créa un système de classification qui porte son nom (la cotation Clément). Au début du XVIIe siècle, la bibliothèque fut divisée en départements, implantée dans l'ancien palais de Mazarin, dotée de personnels qualifiés. Elle fut un temps la plus riche et la mieux organisée du Vieux Continent. En Europe, de grandes bibliothèques se développèrent à Munich, à Vienne, à Stockholm, à Saint-Pétersbourg et à Londres où naquit le British Museum (1753). À l'époque des Lumières, de plus en plus de public voulait accéder aux bibliothèques. En Grande-Bretagne et aux États-Unis naquirent des bibliothèques de prêt et des cabinets de lecture firent leur apparition au sein des librairies en France. L'édition de livres facilement transportables se développa. L'émergence de l'idée de droit d'auteur et de propriété littéraire se fit grâce à Beaumarchais.

Suite à la Révolution française et aux confiscations des fonds des bibliothèques du clergé qu'elle avait entraînées, l'État, devenu propriétaire de ces fonds, les transféra à la bibliothèque royale devenue la bibliothèque nationale. D'autres bibliothèques en furent bénéficiaires : la bibliothèque Mazarine, Sainte-Geneviève, la bibliothèque de l'Institut, etc. En province, les fonds confisqués furent mis sous la responsabilité des municipalités pour intégrer les fonds des bibliothèques existantes. Le décret fixant la création des bibliothèques municipales fut signé en 1803 dans un but d'éducation du peuple. De nouvelles techniques virent le jour telles que la stéréotypie, la lithographie et la photogravure, puis vint la création de la rotative qui permettait à la presse un essor considérable ainsi que la naissance des romans populaires de Dickens par exemple. En 1881, c'est la loi sur la liberté de la presse, c'est également l'époque de l'apparition des éditeurs tels que Hachette, etc. Le roman le plus populaire de l'époque fut le *Tour de France par deux enfants* d'Augustine Fouillée. En 1862, une bibliothèque dans chaque école primaire, la Ligue de l'enseignement de Jean Macé militait pour l'essor des bibliothèques populaires et le réseau des Bibliothèques pour tous fut créé par l'Église.

17. Henri-Jean Martin, « Bibliothèques », *Encyclopédie universalis*, www.universalis-edu.com/encyclopedie/bibliotheques [consulté le 06/03/2020].

Les bibliothèques universitaires

L'université d'État napoléonienne fut créée sans livres contrairement à ses homologues germaniques et britanniques. Durant la seconde moitié du XIXe siècle, il fut décidé de créer des bibliothèques au sein des universités en province, bibliothèques à petits budgets qui se développèrent relativement peu. En 1879, le certificat d'aptitude à la fonction de bibliothécaire au sein des bibliothèques universitaires fut créé et l'Inspection générale des bibliothèques vit le jour en 1822. Au sein de la IIIe République, des bibliothèques publiques émergèrent pour disparaître peu après. En France, l'interprétation des textes religieux fut laissée aux membres du clergé. Aussi, les bibliothèques étaient liées à l'État et perçues comme éloignées de la vie quotidienne, ce qui n'empêcha pas l'Association des bibliothécaires français (ABF, 1906), les Heures joyeuses, bibliothèque jeunesse, et les bibliothèques d'entreprise, dans les années 1930, de voir le jour. La loi de 1931 fit naître le statut de bibliothèque municipale classée (BMC).
Les pays anglo-saxons firent appel au don d'anciens élèves afin de subventionner leurs bibliothèques universitaires et, par leur culture anglicane qui sacralise la lecture individuelle, les bibliothèques municipales se développèrent, parallèlement, de manière associative, puis financées par un impôt spécifique. Leur essor aida à la création de l'American Library Association (1876) qui donna naissance à l'International Federation of Library Associations and Institutions – Ifla (1927). À New York furent créées plusieurs écoles de bibliothécaires sous l'impulsion de Melvil Dewey, bibliothécaire au sein de l'université de Columbia qui inventa la classification (1876) portant son nom, encore utilisée de nos jours au sein des bibliothèques. Ensuite, le libre accès aux collections vit le jour et devint la règle au sein des pays anglo-saxons.
Au lendemain de la Seconde Guerre mondiale se développèrent la démocratisation de la culture, l'accès à l'éducation pour tous. L'État français se dota alors d'une direction des bibliothèques et de la lecture publique (1945) dépendant du ministère de l'Éducation nationale qui prit la responsabilité des bibliothèques universitaires ainsi que celle des grands établissements. Quant au ministère de la Culture, sa direction du livre obtint la responsabilité des bibliothèques municipales, des bibliothèques centrales de prêt (créées en 1945), et de la Bibliothèque nationale (1975). Le Centre national du livre vit le jour en 1946.
Les bibliothèques d'études et de recherche se développèrent au Royaume-Uni par la création de grandes bibliothèques universitaires ainsi qu'aux États-Unis qui, de leur côté, firent appel aux dons privés. En France, l'afflux des étudiants entraîna une refonte du système d'enseignement supérieur avec la création d'universités et de bibliothèques jusqu'en 1970 et, en 1962-1963, le libre accès devint la règle. Les moyens financiers ne furent pas à la hauteur des besoins. Des bibliothèques de laboratoire, d'UFR, de proximité par rapport à leurs usagers, se développèrent et leur gestion fut quelque peu anarchique. En parallèle, des bibliothèques et centres de documentation développèrent des bases de données de dépouillement de périodiques et s'équipèrent de systèmes informatiques

de gestion de bibliothèques (SIGB). En 1963 fut créée l'École nationale supérieure des bibliothèques (ENSB) qui devient par la suite l'École nationale supérieure des sciences de l'information et des bibliothèques (Enssib).

Les bibliothèques départementales

Le droit à la lecture est inscrit dans la Constitution française de 1947, les usagers des bibliothèques les fréquentent pour s'instruire, mais aussi pour trouver une information sur leur environnement territorial, d'où la nécessité pour les grandes villes d'organiser leur réseau de bibliothèques en fonction de ces usages. Le réseau des bibliothèques municipales s'oriente vers une bibliothèque centrale à caractère patrimonial et des annexes de quartier. En campagne, les bibliothèques centrales de prêt (BCP) sont créées, une par département est prévue, mais l'État donne priorité à la création et au développement des bibliothèques universitaires, aussi, la création de l'ensemble des BCP est étendue dans le temps. Vu le succès de ce nouveau maillage, tant urbain que rural, des nouvelles sections telles que la section jeunesse et des animations culturelles voient le jour.
En 1968, suite à un rapport sur la lecture publique en France qui pointe sa situation catastrophique, Georges Pompidou lance le plan de développement de la lecture publique qui entraîne la création de 34 BCP, et plus de 200 bibliothèques sont créées entre 1969 et 1975. La bibliothèque publique d'information naît en 1977, introduisant l'usage de l'audiovisuel et d'un catalogue automatisé. La crise économique qui suit ralentit l'essor des bibliothèques. Puis une reprise se réalise à partir de 1981, où 17 BCP voient le jour. Les lois de décentralisation ont transféré les compétences en matière des bibliothèques aux villes pour les bibliothèques municipales et aux départements qui se voient confier la gestion des BCP avec l'aide de la Drac. La coopération territoriale fait que les attentes des usagers deviennent le cœur du métier des bibliothécaires, qui se regroupent afin de mutualiser leurs compétences, tant au point de vue bibliothéconomique que du point de vue informatique. En 1992, les BCP deviennent les bibliothèques départementales de prêt (BDP) et sont renommées, depuis 2017, bibliothèques de prêt.

Les services communs de la documentation

Les services communs de la documentation sont nés de la loi Savary en 1984. Le rapport Miquel (1989) sur l'état des bibliothèques universitaires amène la mise en place par l'État du schéma Université 2000 avec un programme important de création et de rénovation des bibliothèques universitaires (BU) en les informatisant. La même année du rapport est créé le Conseil supérieur des bibliothèques (CSB) qui a autorité sur l'ensemble des bibliothèques et qui rédige en 1991 la Charte des bibliothèques, texte essentiel à la profession. En 1994, l'Agence nationale de l'enseignement supérieur naît avec comme mission de mettre en œuvre le catalogue collectif des BU françaises, le Sudoc (système universitaire de documentation). La même année est créé le Centre technique du livre afin de permettre aux BU parisiennes de désengorger leurs collections et de les y transférer.

La BnF

Le rôle des bibliothèques nationales s'est accru du fait de l'explosion de la production des produits culturels. La mission de conservation est alors partagée par d'autres établissements, des nouveaux bâtiments furent construits dont, en 1988, le site François-Mitterrand pour la Bibliothèque nationale de France (BnF), qui abrite toutes les collections d'imprimés et audiovisuelles, et le site Richelieu qui conserve toutes les collections des départements spécialisés. En 1997, Gallica, la bibliothèque numérique de la BnF, voit le jour dans l'esprit d'un accès sous toutes ses formes aux collections.

2. Bibliothèques : tutelles, typologie et organisation

Les bibliothèques relevant du ministère de la Culture

» La BnF

La BnF a pour mission de collecter, conserver, enrichir et communiquer le patrimoine documentaire national, comme le stipule son décret de création n° 94-3 du 3 janvier 1994.
Elle collecte, catalogue et conserve le patrimoine national *via* le dépôt légal instauré en 1537 et enrichit ses collections par des acquisitions afin de constituer une collection de référence dans le domaine étranger. Cela passe par des acquisitions prestigieuses et patrimoniales, par des dons, legs et dations puis par des échanges. La BnF, en tant qu'agence bibliographique nationale, assure un catalogage de référence pour l'identification des documents édités ou diffusés en France.
La BnF a pour mission d'assurer l'accès du plus grand nombre aux collections sur place ou à distance, elle assure celle-ci par ses horaires d'ouverture à hauteur de 71 heures par semaine sur cinq sites : la bibliothèque François-Mitterrand, le site « Richelieu, bibliothèques, musée, galeries », la bibliothèque de l'Arsenal (histoire et littérature), la bibliothèque musée de l'Opéra et la maison Jean-Vilar (arts du spectacle, située à Avignon), en mettant à disposition du public des collections encyclopédiques d'imprimés, audiovisuelles et numériques sur place et à distance. Elle met en place une programmation culturelle et pédagogique riche, gratuite ou payante et concourt à la valorisation du patrimoine et à l'éducation

artistique et culturelle. En ligne, la BnF déploie une offre importante et répondant, comme dans les espaces physiques, à des besoins et à des publics divers.
La BnF développe également la coopération nationale et internationale. Sur le plan national, la politique de coopération de la bibliothèque s'appuie sur le réseau des pôles associés de dépôt légal imprimeur et des pôles associés documentaires, sur le Catalogue collectif de France (CCFr), outil de coopération en matière de signalement des collections et de mise en réseau, et sur Gallica, qui donne aujourd'hui accès aux documents numérisés de plus de 300 bibliothèques partenaires et constitue une véritable bibliothèque numérique de France. La BnF contribue par son action internationale à la politique culturelle extérieure de la France, la valorisation et l'accroissement des capacités d'expertise et d'innovation. Enfin, par sa contribution à l'élaboration de normes, par la diffusion de ses données dans les grandes bases internationales, elle contribue à la construction de la société mondiale de la connaissance, et plus particulièrement de l'Europe de la culture et de l'innovation.
Enfin, la BnF soutient la recherche en conduisant des programmes de recherche en relation avec le patrimoine qu'elle conserve et en lien étroit avec sa mission de classification et d'organisation des savoirs et en mettant en œuvre des programmes de recherche collectifs (plan quadriennal de la recherche, programmes ANR, programmes européens...) et des accueils de chercheurs individuels recrutés par le biais d'appels à chercheurs et, pour certains, financés par des bourses de recherche.

Le président de la BnF est nommé par décret sur proposition du ministre de la Culture. Son actuelle présidente est Laurence Engel. Les 19 membres du conseil d'administration sont des représentants des tutelles, des personnalités extérieures, des représentants du personnel et des représentants des lecteurs. Il délibère sur les orientations de l'établissement, son budget, son compte financier et l'affectation du résultat de l'exercice, son rapport d'activités, l'organisation des services, la politique tarifaire, les propositions de dons et legs, etc. Le conseil scientifique est composé de 17 membres, dont des représentants des personnels scientifiques de l'organisation et des personnalités qualifiées extérieures. Il est consulté sur les questions relatives aux orientations de l'établissement et à ses activités de recherche et fait des propositions relatives à la politique scientifique de la BnF.

La BnF est organisée en 14 départements de collections qui rassemblent des documents autour d'un thème ou d'un support et qui sont répartis sur cinq sites physiques. Le site François-Mitterrand est consacré aux documents imprimés et audiovisuels, tandis que le site Richelieu abrite les autres documents : manuscrits, estampes, etc. Deux modalités d'accès aux salles de lecture sont proposées au public : la bibliothèque d'étude, dite du Haut-de-jardin, site François-Mitterrand, est ouverte à tous à partir de 16 ans, et met à disposition des collections encyclopédiques en accès libre et la Bibliothèque de recherche, sur ce site et les autres, permet l'accès, sur accréditation, aux collections patrimoniales. Les 14 départements sont : les Arts du spectacle, l'Audiovisuel, les Cartes et plans, le département Droit, économie, politique, les Estampes et la photographie, Littérature et art, le département des Manuscrits, le département des Monnaies, médailles et antiques, le département de la Musique, le département de l'Orientation et de la recherche bibliographique, le département Philosophie, histoire, sciences de l'homme, la Réserve des livres rares et le département Sciences et techniques.

La BPI

La Bibliothèque publique d'information (BPI) a des missions qui sont fixées par le décret du 27 janvier 1976 : offrir à tous, et dans la mesure du possible en libre accès, un choix constamment tenu à jour de collections françaises et étrangères de documents d'information générale et d'actualité ; constituer un centre de recherche documentaire, en liaison avec les autres centres, bibliothèques et établissements culturels, et participer aux activités culturelles de l'ensemble culturel du centre Georges-Pompidou. La BPI a également une importante mission de coopération : favoriser par différents programmes d'actions la mutualisation des bonnes pratiques entre les bibliothèques publiques françaises ainsi que développer leur représentation internationale.
La BPI s'est organisée en fonction de trois grands principes : le libre accès gratuit en mettant l'accent sur tout ce qui favorise l'autonomie du lecteur, l'actualité des informations, grâce à une veille constante et à un renouvellement permanent des collections, et la recherche des moyens les plus adaptés et innovants pour l'accès aux œuvres et aux informations, y compris à distance. La BPI n'est ni une bibliothèque de prêt, ni une bibliothèque de conservation.
La BPI est gérée par un conseil d'administration dirigé par le président du centre Georges-Pompidou, qui est actuellement Serge Lasvignes. Elle est dirigée par un conservateur nommé par décret sur proposition du ministre de la Culture, après avis du président.

Les bibliothèques relevant du ministère de l'Enseignement supérieur

Les bibliothèques relevant du ministère de l'Enseignement supérieur et de la Recherche sont les bibliothèques des grands établissements, les BU avec les centres d'acquisition et de diffusion de l'information scientifique et technique (Cadist) et la Bibliothèque nationale et universitaire de Strasbourg (Bnus).

Les bibliothèques des grands établissements

Un grand établissement est un établissement public à caractère scientifique, culturel et professionnel (EPSCP). Il dispose d'une autonomie administrative, pédagogique, scientifique et financière renforcée. Ce type d'établissement relève du ministère de l'Enseignement supérieur et de la Recherche. Les bibliothèques de ces grands établissements sont historiquement six : la bibliothèque de l'Institut de France, la bibliothèque de l'Académie nationale de médecine, celle du Muséum d'histoire naturelle, du musée de l'Homme, la bibliothèque Mazarine et la bibliothèque byzantine du Collège de France.

- La bibliothèque de l'Institut de France regroupe les fonds de l'Académie française, de l'Académie des inscriptions et des belles lettres, de l'Académie des beaux-arts, de l'Académie des sciences morales et politiques et de l'Académie des sciences. Elle est placée sous l'autorité du chancelier de l'Institut de France. Le personnel et le budget pour la documentation sont affectés à la bibliothèque par le ministère.
- La bibliothèque de l'Académie nationale de médecine est une bibliothèque spécialisée dans l'histoire de la médecine.
- La bibliothèque du Muséum d'histoire naturelle est Cadist (centre d'acquisition et de diffusion de l'information scientifique et technique) en zoologie, biologie végétale et animale et en paléontologie.
- La bibliothèque du musée de l'Homme (ou bibliothèque de recherche Yvonne-Oddon) est Cadist en ethnologie et préhistoire. Elle réunit un fonds documentaire majeur en préhistoire, en anthropologie biologique, écologie humaine et ethnobiologie. D'autres thématiques sont également représentées comme la muséologie, l'ethnomusicologie, la génétique des populations, la primatologie, la patrimonialisation de la nature, etc. La bibliothèque est au service des chercheurs, des étudiants, des concepteurs d'expositions, mais également de toutes les personnes extérieures justifiant d'un intérêt pour les domaines concernés.
- La bibliothèque Mazarine est rattachée à l'Institut de France. Les mazarinades sont des images et pamphlets hostiles au cardinal Mazarin.
- La bibliothèque byzantine du Collège de France possède un fonds sur la civilisation byzantine et plus particulièrement sur l'archéologie et l'art paléochrétiens et byzantins, l'histoire et la littérature byzantines, l'histoire de l'Église orthodoxe, la liturgie, l'art et l'histoire des pays de rayonnement de la civilisation byzantine, ainsi que sur l'art et la littérature coptes.

D'autres grands établissements prestigieux ont des bibliothèques, tels que l'Institut national d'histoire de l'art (INHA), le musée du Quai-Branly-Jacques-Chirac, le Conservatoire national des arts et métiers (Cnam), l'Observatoire de Paris, l'École pratique des hautes études, la Fondation nationale des sciences politiques, l'Institut français de l'éducation, la fondation Maison des sciences de l'homme et les Inspé.

Les bibliothèques universitaires

Les BU sont organisées en majorité en SCD (service commun de la documentation). Cependant elles peuvent également être regroupées en service interétablissements de coopération documentaire (SICD). Des bibliothèques de recherche peuvent être associées ou intégrées au SCD. Celui-ci est placé sous l'autorité du président de l'université, le SICD fonctionne *via* une convention de coopération et est attaché à une université qui en assure la gestion. Le projet d'établissement fixe le niveau de contractualisation avec l'État. Leurs sources de financement sont les subventions accordées par l'État, les crédits universitaires (une part des droits de scolarité payés par les étudiants) et les collectivités territoriales. Les missions des bibliothèques des SCD sont d'accompagner et de soutenir les activités d'enseignement et de recherche, de mettre à disposition des étudiants, des enseignants-chercheurs des ressources documentaires multisupports sur place ou à distance et de former à l'utilisation de ces ressources. Les SCD fonctionnent en réseau grâce à l'Agence bibliographique de l'enseignement supérieur (Abes), le système universitaire de documentation (Sudoc) et les Cadist. Les SCD sont 96 sur l'ensemble du territoire français. Leurs enjeux soutenus par le ministère sont :

- faciliter l'accès à l'information, par l'extension des horaires d'ouverture, le développement du libre accès et de l'accès à distance aux collections ;
- développer les ressources numériques (manuels pédagogiques, revues scientifiques, bases de données, documents numérisés) ;
- diffuser la production pédagogique et scientifique de l'université (thèses, publications scientifiques, ressources pédagogiques, etc.)
- former les étudiants et enseignants-chercheurs à la recherche et à l'exploitation de l'information.

Le directeur du SCD est nommé par le ministre de l'Enseignement supérieur et de la Recherche sur proposition du président de l'université. Il a compétence sur les questions budgétaires, la politique documentaire et la gestion de son service. Un SCD est administré par un conseil documentaire dont le rôle est consultatif. Il est constitué de 20 à 30 membres, des enseignants-chercheurs, des personnels, des étudiants et personnalités extérieures et du président de l'université ou de son représentant. Il est consulté sur le règlement intérieur, sur le budget, la politique documentaire, les partenariats et les projets du service.

Les Cadist et les CollEx

Les Cadist sont un réseau de bibliothèques spécialisées dans un domaine de connaissance. Ils sont gérés par des BU ou des grands établissements de recherche. Ils doivent acquérir l'exhaustivité de la production en langue française et étrangère sur un domaine précis. Plus de 20 ans après leur création, leur organisation ne permet toutefois plus de répondre entièrement aux besoins nouveaux qui ont émergé, avec le développement des offres numériques et la restructuration du paysage de l'enseignement supérieur et de la recherche.

CollEx-Persée, infrastructure de recherche, vise à rénover le réseau Cadist en mettant les services aux chercheurs au cœur des projets de collections. CollEx-Persée, CollEx pour collections d'excellence pour la recherche, est organisée de manière distribuée entre de grandes bibliothèques de recherche, une plate-forme nationale (Persée), la BnF et des opérateurs nationaux en information scientifique et technique (Abes, le Centre technique du livre de l'enseignement supérieur dit CTLes et l'Institut national de l'information scientifique et technique, l'Inist). Fin 2020 démarre le troisième appel à projets des CollEx, continuant ainsi la rénovation et le remplacement des Cadist.

La BNU

La Bibliothèque nationale et universitaire de Strasbourg (BNU) est un établissement sous tutelle du ministère de l'Enseignement supérieur et de la Recherche. Elle est rattachée à l'université de Strasbourg et est gérée par un conseil d'administration présidé par un conservateur nommé par décret ministériel. Le conseil d'administration définit la politique documentaire, se prononce sur les questions budgétaires et les partenariats et vote le règlement intérieur. La BNU a deux missions principales, la conservation et la coopération. Elle gère le dépôt légal imprimeur pour l'Alsace. Elle est Cadist en sciences religieuses et en langues, littératures et civilisation germaniques, et est un des pôles associés de la BnF.

La BSI

La Bibliothèque des sciences et de l'industrie (BSI) a la particularité d'avoir une double tutelle. Elle est placée sous tutelle du ministère de la Culture et de celle du ministère de l'Enseignement supérieur et de la Recherche. Elle est une composante de l'établissement public Universcience, qui est issu de la fusion du Palais de la découverte avec la Cité des sciences et de l'industrie. Ses missions sont la médiation scientifique, la valorisation de la démarche scientifique, la diffusion nationale et internationale et l'activité de recherche scientifique. La majorité du personnel est sous contrat de droit privé, car la Cité des sciences et de l'industrie est un établissement public à caractère industriel et commercial qui recrute son personnel sur ce type de contrat.

Les bibliothèques relevant du ministère de l'Éducation nationale

Les bibliothèques relevant du ministère de l'Éducation nationale sont de deux types : les centres de documentation et d'information (CDI) et les bibliothèques centres documentaires (BCD).

Les CDI

Les CDI sont les bibliothèques des collèges et lycées. Ils sont obligatoires depuis 1974. Ils sont gérés par des professeurs documentalistes certifiés. Chaque établissement scolaire est doté d'un CDI dont le budget est alloué par le conseil d'administration. Les missions d'un CDI sont relatives à l'initiation à la recherche documentaire, au développement de la culture de l'information, à l'encouragement à la lecture et aux informations sur l'orientation professionnelle. Les collèges et lycées sont financés par le conseil départemental et le conseil régional, aussi, ces derniers ont également une responsabilité sur les CDI.

Les BCD

Les bibliothèques centres documentaires (BCD) sont les bibliothèques des écoles primaires. Elles sont officialisées en 1984, mais ne sont pas obligatoires. Elles se caractérisent « *par une mise en situation autonome et active de l'enfant dans son rapport à l'écrit et par l'insertion de l'école dans la vie culturelle du quartier de la ville* » (circulaire n° 84-360 du 1er octobre 1984). La gestion de la BCD est laissée à la bonne volonté des enseignants ou des parents d'élèves qui peuvent être secondés par un professionnel du réseau territorial de lecture publique. Les écoles primaires sont financées par la commune et des intercommunalités, qui ont aussi une responsabilité sur les moyens donnés aux BCD.

Les bibliothèques relevant des collectivités territoriales

Les bibliothèques dites de lecture publique relèvent des compétences des collectivités territoriales. Ces compétences sont obligatoires dans le cadre de la commune, du département et de la région. Elles sont optionnelles pour les formes d'intercommunalités (communautés de communes, communautés urbaines, etc.). L'État peut soutenir leur développement par le biais du service du livre et de la lecture, de la Drac et du CNL. Le collège bibliothèques, documentation, livre et lecture publique (BD2L) de l'IGÉSR assure le contrôle technique des bibliothèques relevant des collectivités locales. Ces dernières dépendent directement du directeur général des services d'une collectivité ou d'une direction responsable de la culture.
En 2015, plus de 16 000 établissements de lecture publique ont été recensés sur le territoire national dont 7 000 bibliothèques et 8 000 points d'accès au livre. 36 % des communes françaises proposent l'accès à une bibliothèque communale ou intercommunale et 27 % des communes disposent d'un point d'accès au livre. 77 % des communes de plus de 2 000 habitants sont couvertes par une bibliothèque. Le taux pour les communes en deçà de ce seuil est de moins de 30 %. Par contre, pour les communes de plus de 20 000 habitants, le taux atteint 90 à 100 %. En cumulant bibliothèques et points d'accès au livre, 89 % de la population française a un accès à un établissement de lecture publique (chiffres 2015, Observatoire de la lecture publique, ministère de la Culture).

Les bibliothèques municipales

Les bibliothèques municipales (BM) relèvent des compétences de la ville. Leur budget, leur fonctionnement sont soumis au vote du conseil municipal et sont à la charge de la commune. Leur politique et leurs orientations sont fixées par les élus avec les avis de professionnels. Une BM peut être organisée en réseau avec une bibliothèque centrale, des annexes et des bibliobus.

Le réseau des bibliothèques de la ville de Paris est constitué de bibliothèques municipales de prêt, mais aussi de bibliothèques spécialisées telles que la bibliothèque Forney, spécialisée dans les métiers d'art et les arts décoratifs, la bibliothèque Marguerite-Duras dont la spécialité est l'histoire des femmes et du féminisme. Ces bibliothèques spécialisées ne prêtent pas de document. 57 bibliothèques de prêt et 15 bibliothèques patrimoniales et spécialisées font partie du réseau (chiffres 2018). Leurs missions sont de faciliter l'accès au livre et à la documentation sous toutes ses formes, promouvoir la lecture, répondre aux besoins d'information, de loisirs, d'éducation des habitants.
En dehors des BM classiques, deux types de BM existent : les bibliothèques municipales classées et les bibliothèques municipales à vocation régionale (BMVR). Les BMC (loi du 31 juillet 1931) sont nommées ainsi car elles sont dépositaires d'un fonds patrimonial appartenant à l'État. Ce fonds est en général issu des confiscations révolutionnaires ou des fonds ecclésiastiques conservés après la séparation de l'Église et de l'État (1905). Elles sont sous contrôle permanent de l'IGÉSR, sont dirigées par un conservateur relevant de la fonction publique d'État et sont au nombre de 54. Les BMVR (loi du 13 juillet 1992) soutiennent et accompagnent des actions et projets de coopération régionale. Elles sont situées dans des communes de plus de 100 000 habitants, disposent d'un fonds minimum de 250 000 documents multisupports et sont dotées d'une surface de 10 000 m² pour les villes de plus de 200 000 habitants. Elles sont au nombre de 12.

Les bibliothèques départementales

Les bibliothèques départementales (BD), anciennement bibliothèques départementales de prêt (BDP), relèvent des compétences du département depuis les lois de décentralisation de 1986. Ce sont les têtes de réseau de la politique du livre et de la lecture d'un département. Elles sont chargées de mettre en œuvre la politique des conseils départementaux en matière de développement de la lecture et d'animation culturelle liée à la lecture publique. Elles ont pour mission principale de desservir un service de lecture publique dans les communes de moins de 10 000 habitants à l'aide de bibliobus ou par l'intermédiaire de dépôts dans les communes, elles ne sont pas ouvertes au public. Les BD sont conseillères auprès des collectivités qui veulent construire une bibliothèque, notamment au niveau des recommandations professionnelles, sur le nombre de mètres carrés, les collections, les services et le personnel. Elles peuvent également participer au financement du projet de construction et recherchent des subventions en ce sens. Les BD prêtent aussi des collections, fournissent des animations aux bibliothèques des petites communes du département et conseillent sur les équipements informatiques. Elles participent à la formation du personnel salarié et bénévole du réseau départemental. Elles ont un rôle social important, car elles peuvent intervenir dans les maisons de retraite, les hôpitaux, les maisons d'arrêt, les établissements scolaires, etc. Elles sont 96 sur l'ensemble du territoire national.

Les autres types de bibliothèques

Des bibliothèques pour des publics spécifiques se sont développées depuis les années 1980 pour un accès à la culture pour tous. Ce sont les bibliothèques de comités d'entreprise, des établissements pénitentiaires, des établissements de santé et les bibliothèques associatives. Les Drac et la Fédération interrégionale du livre et de la lecture (Fill) jouent un rôle important pour dynamiser et fédérer leurs actions.

Les bibliothèques des comités d'entreprise

Les comités d'entreprise ont en charge les activités sociales et culturelles de l'entreprise, ils disposent également d'un budget. Les bibliothèques de comités d'entreprise (BCE) offrent les services d'une bibliothèque classique : un fonds encyclopédique multisupport en libre accès, des prêts avec un personnel qualifié et une programmation culturelle. Elles sont gérées par des élus des salariés de l'entreprise et sont ouvertes aux salariés et à leur famille. L'Association des bibliothécaires français a signé une charte pour le développement de la lecture en entreprise (1992) avec cinq confédérations syndicales.

Les bibliothèques des établissements pénitentiaires

Les bibliothèques des établissements pénitentiaires sont au cœur des préoccupations de l'administration pénitentiaire. Leur existence est inscrite dans le code de procédure pénale. La lecture est reconnue comme un droit qui contribue à la formation et à la réinsertion. Elles offrent des services similaires aux bibliothèques classiques avec une programmation d'ateliers d'écriture et de lecture et sont gérées par des détenus qui ont parfois reçu une formation. Leur développement dépend de chaque établissement et des partenaires locaux. Toutefois, sur la fiche technique n° 4 de la circulaire d'application du 3 mai 2012, des préconisations inspirées des recommandations de l'Ifla sont inscrites en matière d'espaces, de collections et d'accès au sein de ces bibliothèques.

Les bibliothèques des établissements de santé

Les bibliothèques des établissements de santé sont situées au sein des hôpitaux, des maisons de retraite, des instituts spécialisés, etc. Elles sont gérées en majorité par des bénévoles. Elles sont ouvertes aux personnes hospitalisées, à leur famille et au personnel de l'établissement. Elles peuvent être gérées par du personnel de l'établissement, en charge de la lecture publique de la collectivité territoriale, par des bénévoles ou par des salariés. Les bibliothèques territoriales sont en général partenaires. L'Ifla, la fédération internationale des associations et institutions de bibliothèques, a établi des recommandations vers ces bibliothèques.

Les bibliothèques associatives

Les bibliothèques associatives complètent l'offre d'accès à la culture *via* la lecture publique sur le territoire français. Elles sont de proximité en général. Leur personnel peut être soit salarié, soit bénévole.

3. Les missions des bibliothèques et leurs textes de référence

Les missions

Les missions principales d'une bibliothèque, quelle que soit sa nature, sont l'accueil du public, la communication de la documentation, le traitement physique et intellectuel des collections, la conservation et la valorisation des collections, l'accès à l'information pour tous ainsi que la formation des publics. La conservation des collections est l'une des missions principales de la BnF, des BMC, des BM, de certaines BU et des bibliothèques des grands établissements.
« *Les bibliothèques et les services d'information jouent un rôle clé dans l'accès aux ressources documentaires indispensables. Leur action favorise le développement économique et social, contribue au maintien de la liberté intellectuelle, à la préservation des valeurs démocratiques et des droits civils. Les bibliothèques et les services d'information accueillent leurs utilisateurs sans distinction d'âge, de sexe, de statut professionnel ou économique, de degré d'alphabétisation, d'aptitudes techniques, mentales ou physiques, quelle que soit leur origine culturelle ou ethnique, leur appartenance religieuse ou politique, leur préférence sexuelle. Elles favorisent l'intégration sociale et sont situées géographiquement à proximité des communautés locales qu'elles desservent ou auxquelles elles sont connectées grâce aux TIC* » (*Rôle des bibliothèques dans la société de l'information*, Ifla, 2014).
Selon son manifeste, l'Ifla définit ainsi la raison d'être d'une bibliothèque : « *Le libre accès à l'information est essentiel à la liberté, l'égalité, la compréhension mondiale et la paix. La liberté intellectuelle est un droit pour chaque individu : avoir une opinion et pouvoir l'exprimer, rechercher l'information et la recevoir est la base de la démocratie. C'est la raison d'être de la bibliothèque. Tout peut présenter de l'intérêt, tout est savoir ou culture offert au monde. Les bibliothèques et les services d'information ont […] l'obligation de servir tous les membres de leurs communautés, sans considération d'âge, de race, de nationalité, de religion, de culture, d'affiliation politique, de handicaps physiques ou autres, de genre ou d'orientation sexuelle ou quoi que ce soit d'autre* » (*Manifeste pour Internet*, 2002).

Les textes de référence

Aucun texte de loi n'existe sur le rôle des bibliothèques, aussi bien dans la diffusion de l'information que sur ses missions propres. Aussi, les référentiels fondateurs sont des textes, des déclarations, des manifestes, des chartes réalisés par des associations de bibliothécaires et autres structures professionnelles. Ces écrits rassemblent ce qu'est l'essence, ce que doit être une bibliothèque dans la diffusion de l'information.

La Charte des bibliothèques

Parmi eux, la Charte des bibliothèques rédigée en 1991, par le Conseil supérieur des bibliothèques (CSB), qui indique : « *Pour exercer les droits à la formation permanente à l'information et à la culture reconnus par la Constitution tout citoyen doit pouvoir, tout au long de sa vie, accéder librement aux livres et aux autres sources documentaires [article 1]. La bibliothèque doit assurer l'égalité d'accès à la lecture et aux sources documentaires pour permettre l'indépendance intellectuelle de chaque individu et contribuer au progrès de la société [article 3].* »

Le manifeste de l'Unesco sur la bibliothèque publique

Le manifeste de l'Unesco sur la bibliothèque publique mis à jour par l'Ifla (1994) mentionne ce que doit être la bibliothèque publique : « *La bibliothèque publique est la clé du savoir à l'échelon local. La bibliothèque publique est par excellence le centre d'information local. Elle doit être à la fois reflet des tendances du moment et de l'évolution de la société, et mémoire de l'entreprise et de l'imagination humaines* » et dans ce but, elle doit « *assurer l'accès de la population à toutes sortes d'informations communautaires ; fournir des services d'information appropriés aux entreprises, associations, et groupes d'intérêt locaux ; faciliter l'acquisition des compétences dans le domaine de l'information et de l'informatique* ».

La Déclaration de Glasgow

En 2002, la Déclaration de Glasgow sur les bibliothèques, les services d'information et la liberté intellectuelle de l'Ifla affirme : « *Les bibliothèques et les services d'information doivent sans tenir compte des frontières et grâce à la diversité des médias rendre accessibles l'information, les opinions et les créations. Ces ouvertures sur le monde du savoir, de la connaissance, de la pensée et de la culture sont les garants des choix librement effectués, du développement culturel, de la recherche et de la formation continue offerts à la fois aux individus et aux collectivités. Les bibliothèques et les services d'information contribuent au développement et au maintien de la liberté intellectuelle tout en préservant les valeurs démocratiques et les droits civils universels. Leur vocation est donc d'offrir, sans restriction aucune, à leurs usagers l'accès à toutes les ressources et à tous les services nécessaires, et de lutter contre toute forme de censure.* »

Le code de déontologie du bibliothécaire

L'ABF a rédigé en 2003, le code de déontologie du bibliothécaire qui mentionne : le bibliothécaire « *s'engage à assurer la fiabilité des informations, œuvrer à leur mise à jour permanente ; organiser l'accès aux sources d'information pour les rendre disponibles, y compris à distance ; faciliter la libre circulation de l'information* ». L'ABF réaffirme, en 2015, par sa Charte du droit fondamental des citoyens à accéder à l'information et les savoirs par les bibliothèques, le droit d'accéder librement et sans discrimination à toutes les cultures et à une information plurielle : « *Les collections, ressources et contenus disponibles dans ou par les bibliothèques reflètent la pluralité et la diversité de la société et doivent être exemptes de toutes formes de censure idéologique, politique, religieuse ou de pressions commerciales. La neutralité de l'Internet est une condition de l'exercice de ce droit* », ainsi que le droit à un accompagnement attentif et compétent, respectueux des attentes du citoyen « *dans un monde saturé d'informations, les bibliothèques contribuent par leur médiation et leur accompagnement à promouvoir les œuvres, à mettre des contenus en perspectives, à évaluer les ressources et à fournir les clefs de compréhension* ».
« *Le patrimoine documentaire est le reflet de la diversité des langues, des peuples et des cultures. Il est le miroir du monde et sa mémoire* » (Programme Mémoires du monde, Unesco, créé en 1992).

Le rôle des bibliothèques dans la diffusion du livre et de l'information

L'Ifla indique dans sa Déclaration de Glasgow que « *les bibliothèques et les services d'information s'appliqueront à acquérir, conserver et diffuser les documents les plus variés reflétant le pluralisme de la société. Les choix en matière d'achat et de diffusion seront effectués selon des critères professionnels et non selon des considérations politiques, morales ou religieuses* ». L'ABF insiste, dans son code de déontologie, que le bibliothécaire s'engage dans ses fonctions à « *ne pratiquer aucune censure, garantir le pluralisme et l'encyclopédisme intellectuel des collections ; offrir aux usagers l'ensemble des documents nécessaires à la compréhension autonome des débats publics, de l'actualité, des grandes questions historiques et philosophiques* ». Enfin, le CSB, dans l'article 7 de sa Charte, mentionne : « *Les collections des bibliothèques des collectivités publiques doivent être représentatives, chacune à son niveau ou dans sa spécialité, de l'ensemble des connaissances, des courants d'opinion et des productions éditoriales.* »
Par ces écrits et attentes, le rôle des bibliothèques dans la diffusion du livre est vu comme primordial, elles doivent veiller en constituant ses collections à ce que ces dernières soient représentatives de l'ensemble de la société, mais aussi représentatives du monde éditorial. L'enjeu des bibliothèques est alors double pour le support livre : ses contenus intellectuels doivent non seulement représenter le pluralisme et l'encyclopédisme, mais aussi le pluralisme et la richesse des collections des maisons éditoriales. Pour cela, les bibliothécaires

chargés des acquisitions veilleront à s'entourer de libraires locaux qui maîtrisent l'actualité éditoriale et les attentes de leurs publics. Comme le CNL soutient les auteurs et petites maisons d'édition, les bibliothèques offriront à leurs lecteurs une diversité et une richesse éditoriale. Pour l'édition numérique, le ministère de la Culture a donné en 2014 des recommandations pour une diffusion du livre numérique par les bibliothèques publiques et, par ce biais, il recommande que les bibliothèques publiques aient accès aux mêmes catalogues des éditions numériques que les particuliers, sous conditions tarifaires et d'utilisation.

4. Les grands organismes documentaires

Les grands organismes documentaires sont des établissements et services en lien avec l'information scientifique et technique. Ce sont l'Abes, le Centre technique du livre de l'enseignement supérieur (CTLes), le Centre informatique national de l'enseignement supérieur (Cines), l'Institut de l'information scientifique et technique (Inist) et les ateliers nationaux de reproduction des thèses (ANRT).

L'Abes

L'Abes est créée en 1994 par décret interministériel afin de mettre en œuvre le système universitaire de documentation, le Sudoc, catalogue collectif des bibliothèques de l'enseignement supérieur. L'établissement est situé à Montpellier. Son directeur est David Aymonin. L'Abes est administrée par un conseil d'administration dont le président est nommé par le ministre chargé de l'Enseignement supérieur. Ses orientations s'appuient sur un conseil scientifique. Cette instance consultative a pour vocation d'émettre des avis et recommandations sur les orientations de l'Abes, dans une démarche prospective. Sa coopération avec les établissements documentaires de l'enseignement supérieur se fait *via* la commission « Signalement et systèmes d'information » de l'Association des directeurs des bibliothèques universitaires (ADBU). L'Abes veille à la qualité des métadonnées, au signalement des ressources, à la dissémination des données *via* des licences libres, à la valorisation des ressources, à l'expertise et l'innovation et à l'accompagnement des réseaux par la documentation, la formation et l'assistance. Elle s'assure également de la mutualisation financière *via* des achats sécurisés, des marchés négociés et des subventions, et enfin elle développe des partenariats et des coopérations interinstitutionnelles. Ses missions sont principalement la gestion des catalogues et le catalogage collectif *via* le Sudoc, le Calames (le catalogue des manuscrits et archives de l'enseignement supérieur), l'IdRef (référentiel des autorités Sudoc), theses.fr (moteur de recherche des thèses françaises)

et Bacon (base de connaissance nationale). Lui sont confiées également des missions sur la normalisation documentaire avec le programme « Transition bibliographique » qu'elle gère avec la BnF, la conversion rétrospective des catalogues et le signalement des thèses. Elle est l'opérateur national pour les thèses et à ce titre gère trois applications : Star (signalement, dépôt et archivage pérenne des thèses électroniques), Step (signalement des thèses en préparation) et theses.fr (moteur de recherche des thèses françaises).
Elle gère le portage financier pour l'achat des ressources électroniques dans deux cadres. Le premier est celui du groupement de commandes de ressources électroniques négociées par le consortium Couperin qui est un consortium unifié des établissements universitaires et de recherche pour l'accès aux publications numériques. Le deuxième cadre est l'Istex, l'information scientifique et technique d'excellence, socle de la bibliothèque scientifique numérique mondiale, à ce titre l'Abes gère la négociation et l'achat de documentation électronique mise à disposition sous forme de licences nationales. Ces acquisitions de corpus de ressources documentaires portent sur des collections rétrospectives de revues et livres électroniques.

Le CTLes

Le CTLes, établissement public créé en 1994, assure la collecte, la conservation et la communication des livres et autres documents imprimés d'intérêt patrimonial et scientifique que lui confient en dépôt temporaire ou lui cèdent les bibliothèques des universités et autres établissements d'enseignement supérieur d'Île-de-France. Il abrite également pour de courtes périodes les collections de bibliothèques en travaux ou confrontées à un problème momentané de conservation. Le CTLes est un opérateur national pour la fourniture des documents originaux dans le cadre du prêt entre bibliothèques, et pour la mutualisation des ressources imprimées, notamment dans le cadre des plans de conservation partagée. Cet établissement ne reçoit pas de public. Il est implanté à Bussy-Saint-Georges. Il est administré par un conseil d'administration et dirigé par un directeur, Guillaume Niziers, nommé par le ministre de l'Enseignement supérieur.

Le Cines

Le Cines est situé à Montpellier. Il a trois missions statutaires nationales stratégiques en synergie : la conservation à long terme des données et documents numériques, le calcul de haute performance et l'hébergement des plates-formes stratégiques de partenaires publics d'envergure nationale tels que le ministère de l'Enseignement supérieur et de la Recherche, l'Abes, l'ISSN, etc.

L'Inist

L'Inist, unité propre de service du CNRS localisée à Nancy, facilite l'accès, l'analyse et la fouille de l'information scientifique et valorise la production scientifique (publications et données de recherche). L'accès à l'information scientifique vise à permettre aux chercheurs de se documenter en accédant facilement à la production scientifique internationale. L'Inist a développé et gère BibCNRS, portail multidisciplinaire de ressources électroniques courantes. Il a créé avec l'Abes et le consortium Couperin la plate-forme Istex. L'Inist participe également au développement d'outils permettant la mesure des usages et la production de tableaux de bord chiffrés pouvant servir pour les négociations, mais aussi aider à construire une véritable politique nationale de documentation. L'analyse et la fouille de la production scientifique textuelle permettent de répondre aux besoins de pilotage scientifique et d'extraction de connaissances, formulés par des structures institutionnelles, fonctionnelles ou des opérateurs de la recherche. Afin de répondre aux critères d'intégrité, de reproductibilité et aux principes FAIR, qui visent à rendre les données faciles à trouver, accessibles, interopérables, réutilisables, l'Inist propose un ensemble d'outils et de services dédiés ainsi qu'un dispositif d'accompagnement de la communauté de l'enseignement supérieur et de la recherche, au travers d'actions de formation et d'une plate-forme e-learning. L'Inist forme à la science ouverte, à l'analyse et la fouille de l'information, à la valorisation des données de la recherche et à l'accès à l'information scientifique, il apporte un appui linguistique en matière de traduction et de relectures de documents scientifiques et enfin, il informe en continu sur l'actualité de l'information scientifique et technique.

L'ANRT

L'ANRT, créé en 1971, est situé à Villeneuve-d'Ascq. Il reproduit, sous différents supports (imprimés, microfiches et électroniques) les thèses soutenues en France dans toutes les disciplines, et assure leur diffusion tant institutionnelle que commerciale en France et à l'international. Le catalogue général reprend toutes les thèses reproduites depuis la création de l'ANRT et disponibles sous forme de microfiches. Le catalogue « Thèse à la carte » reprend 7 000 titres qui peuvent être commandés en format livre.

5. Les réseaux de coopération documentaire

Définition

Un réseau documentaire est « *un ensemble d'entités qui s'associent selon des critères variés (proximité géographique, thèmes d'intérêt, fonctions assurées, etc.) afin de collaborer à des*

objectifs communs, comme un catalogue collectif, une banque de données établie par plusieurs producteurs, un dispositif de prêt entre bibliothèques, un réseau de lecture publique, un catalogue d'adresses électroniques sur le réseau Internet, etc. » (définition de l'Association des documentalistes et bibliothécaires spécialisés – ADBS). C'est un enrichissement mutuel pour ce qui est des procédures, des outils, du développement des connaissances et de la formation.
Ce sont des associations de professionnels, des entités avec un but précis comme les acquisitions des ressources numériques *via* le consortium Couperin, de ressources de références *via* le label des CollEx ; le signalement des collections *via* le CCFr, le Sudoc ; leurs conservations et leurs diffusions (PEB) ; les services virtuels de renseignement à distance comme les réseaux Ubib, Eurêkoi, etc.

Les grandes associations internationales

Les associations de professionnels sont nombreuses au sein des sciences de l'information et des bibliothèques, métiers de coopération. Elles sont essentielles au devenir de la profession et à son environnement de travail. Elles sont d'envergure internationale comme l'Ifla, et européenne pour Eblida et Liber.

La **Fédération internationale des associations et institutions de bibliothèques** (Ifla – International Federation of Library Associations and Institutions) est fondée en 1971. Elle est la principale organisation représentant les intérêts des bibliothèques et des services d'information et de leurs usagers. Au niveau mondial, elle est le porte-parole de la profession des bibliothèques et de l'information. L'Ifla est un organisme indépendant, international, non gouvernemental et sans but lucratif. En 2012, l'Ifla est à l'origine d'un code international de déontologie des bibliothécaires Code of Ethics for Librarians and other Information Workers[18].

Eblida (European Bureau of Library, Information and Documentation Associations ou le Bureau européen des associations de bibliothèques, de l'information et de la documentation), est créée en 1992. Eblida est une association indépendante d'associations et d'institutions de bibliothèques, d'information, de documentation et d'archives en Europe. Ses préoccupations sont les questions relatives à la société de l'information européenne, y compris le droit d'auteur et les licences, la culture et l'éducation. Eblida encourage l'accès en toute liberté à l'information à l'ère numérique et le rôle des archives et des bibliothèques dans la réalisation de cet objectif.

18. www.Ifla.org/news/Ifla-code-of-ethics-for-librarians-and-other-information-workers [consulté le 13/03/2020].

Née en 1971, **Liber**, la Ligue des bibliothèques européennes de recherche, regroupe plus de 400 bibliothèques nationales, universitaires, ainsi que des partenariats ciblés avec d'autres organisations en Europe et au-delà. Elle œuvre pour des règles communes de la propriété intellectuelle en Europe et à la numérisation de revues scientifiques.

Les grandes associations nationales

Les grandes associations nationales de professionnels de la documentation sont la Fill, l'ADBS, l'ABF.

La **Fédération interrégionale du livre et de la lecture** (Fill) a été créée en 1985. La Fill rassemble au sein d'un réseau national des structures régionales pour le livre, des collectivités territoriales, des institutions nationales, des associations et des personnes qualifiées afin d'accompagner les professionnels du livre, de la lecture et de la documentation. La Fill veille au développement équilibré de l'accès au livre et à la lecture, à l'évaluation et à l'optimisation des politiques culturelles autour de quatre missions principales : la mise en valeur au niveau national des politiques régionales du livre et de la lecture ; la création et l'enrichissement d'un dialogue entre les élus en charge de la culture, les services culturels des régions, des départements et de l'État, les institutions nationales, les organismes culturels, et l'ensemble des professionnels du secteur ; la création et l'animation de débats sur l'accès au livre et à la lecture en proposant des solutions pragmatiques et innovantes, ainsi que la fédération des acteurs de la filière. Par sa connaissance des territoires, elle propose des évaluations et orientations nationales, accélère la diffusion des idées et des débats et elle accompagne les expérimentations et les négociations nécessaires.

L'**Association des bibliothécaires de France** (ABF) est fondée en 1906 et reconnue d'utilité publique en 1969. L'ABF est l'association de tous les bibliothécaires professionnels et bénévoles qui réfléchissent, débattent, se forment et promeuvent le rôle des bibliothèques dans la société. L'ABF a des commissions ouvertes à tous sur les relations internationales, le handicap, la formation, les bibliothèques hybrides, la construction de soi, et lutte contre les stéréotypes, la communication, la jeunesse, les comités d'entreprise, les établissements pénitentiaires, les ressources humaines, etc. Elle a rédigé des documents de références comme le code de déontologie du bibliothécaire, le manifeste des bibliothèques publiques. Son forum AgoraBib[19] est très actif et permet aux professionnels de la documentation d'échanger sur leurs préoccupations.

Créée en 1963, l'**Association des professionnels de l'information et de la documentation** ou ADBS a pour mission d'accompagner ses adhérents dans leur employabilité, de

19. www.agorabib.fr/ [consulté le 13/03/2020].

promouvoir les métiers du management de l'information et de permettre aux professionnels de se maintenir au meilleur niveau. Elle est présente au niveau national, mais également au niveau régional.

Des associations sectorielles

Les associations sectorielles sont, par exemple, l'ADBGV, l'ABD et l'ADBU.
Créée en 2002, l'ADBGV est l'Association des directrices et directeurs des bibliothèques municipales et groupements intercommunaux des villes de France. Cette association a pour buts :
- l'échange, la capitalisation et la diffusion d'informations, d'expériences et de savoir-faire ;
- la réalisation d'études et d'enquêtes ;
- la réalisation ou le référencement d'outils répondant à des besoins communs ;
- la prospective sur l'évolution des missions ; l'ouverture sur les expériences étrangères ;
- la représentation des directeurs des bibliothèques municipales et intercommunales des grandes villes de France auprès de tout partenaire institutionnel, public ou privé.

Fondée en 1987, l'**Association des bibliothécaires départementaux** (ABD), est née de la nécessité de créer un lieu de concertation pour les directeurs des bibliothèques départementales de prêt, alors que celles-ci avaient été placées depuis le 1er janvier 1986, sous l'autorité des conseils départementaux. L'association a pour but de promouvoir le rôle joué par les bibliothèques dans l'accès de tous à l'information, à l'éducation, à la culture et aux loisirs. L'association fait valoir en particulier le rôle que jouent les bibliothèques départementales dans le développement de la lecture publique sur l'ensemble du territoire français. L'ordonnance n° 2017-650 du 27 avril 2017 modifiant le livre III du code du patrimoine renomme les « bibliothèques départementales de prêt » en « bibliothèques départementales ». L'ADBDP change de nom et de statut lors de son congrès le 20 septembre 2017 à Strasbourg. Elle devient l'ABD. Peuvent en être membres tous les agents travaillant dans un « service départemental de lecture publique ».

Née en 1970, l'**Association des directeurs et personnels de direction des bibliothèques universitaires et de la documentation** ou ADBU a pour objet de promouvoir et de développer la documentation et les bibliothèques d'enseignement supérieur et de recherche françaises dans l'économie du savoir et de l'information ainsi que d'offrir un espace de dialogue, de mutualisation, de veille et d'échange sur les bonnes pratiques, les évolutions et l'organisation nationale et internationale de l'information scientifique et technique.

Les organismes de formation

Les quatre grands organismes de formation au sein des réseaux des bibliothèques et de la documentation sont l'Enssib, les centres régionaux de formation aux carrières des bibliothèques (CRFCB) au sein desquels Médiadix a une place particulière, le CNFPT, l'Institut national des études territoriales (Inet) et les unités régionales de formation à l'information scientifique et technique (Urfist).

Née en 1992, l'**Enssib** est un établissement public placé sous la tutelle du Mesri. Elle est administrée par un conseil d'administration et un conseil scientifique. Elle offre des formations universitaires, réalise les formations post-concours des conservateurs d'État et de la ville de Paris ainsi que celles des bibliothécaires d'État et de la ville de Paris, et enfin elle dispense des stages dans le cadre de la formation continue pour les professionnels de l'information et des bibliothèques. Elle est située à Villeurbanne.

Nés en 1986, les **CRFCB** proposent, à toutes les catégories de personnels des bibliothèques universitaires et territoriales, des stages de formation continue, des journées et voyages d'étude, des préparations aux concours des bibliothèques d'État et territoriales ainsi que des formations longues. Les CRFCB accompagnent les professionnels pour l'adaptation à un poste, l'acquisition de compétences tout au long de leur vie professionnelle, l'évolution dans leur carrière, leur projet d'orientation, d'insertion ou de reconversion professionnelle, la réflexion et la veille sur l'évolution des métiers de bibliothèques et de la documentation. Ils sont au nombre de 12 et sont présents sur tout le territoire français. Médiadix est le centre de formation pour Paris et la région parisienne.

Fondé en 1972, le **CNFPT** est un établissement public au service des collectivités territoriales et de leurs agents. Sa mission principale est de construire et délivrer les formations obligatoires, qui bénéficient à l'ensemble des agents territoriaux, de toutes catégories, tout au long de leur vie professionnelle : les formations d'intégration, de professionnalisation et celles réglementées et adaptées aux exigences et contraintes de certains métiers. Le CNFPT conçoit et dispense également des formations qui, non obligatoires pour l'agent, lui permettent d'être acteur de sa promotion : les formations de perfectionnement, les formations diplômantes ou certifiantes, les préparations aux concours et examens professionnels de la fonction publique territoriale. Le CNFPT organise plusieurs concours de la fonction publique territoriale. Il propose également un accompagnement à la validation des acquis de l'expérience (VAE) et organise la reconnaissance de l'équivalence des diplômes (RED). Enfin, il assure la publicité de tous les emplois de cadres de direction et accompagne les fonctionnaires pris en charge.

L'**Inet** est la grande école qui forme les hauts fonctionnaires des grandes collectivités territoriales : conseils régionaux, conseils départementaux, métropoles, communautés urbaines, communautés de communes et grandes villes. Au sein du CNFPT, l'Inet est dédié aux cadres et futurs cadres des équipes de direction des grandes collectivités : les lauréats des concours de cadres de direction : administrateurs territoriaux, ingénieurs en chef territoriaux, conservateurs territoriaux des bibliothèques, conservateurs territoriaux du patrimoine ; les cadres supérieurs ou en devenir des collectivités territoriales de plus de 40 000 habitants de toutes filières : administrative, technique, culturelle, ou encore médico-sociale. L'Inet forme post-concours pendant 18 mois les conservateurs territoriaux des bibliothèques sur trois axes de formation : management territorial et politique publique ; management d'équipe et de projets ; expertise scientifique et technique.

Le réseau **Urfist** est né en 1982. Les Urfist sont au nombre de sept, implantés sur l'ensemble du territoire français. Ils sont chargés de développer la maîtrise de l'information scientifique et technique (IST) dans l'enseignement supérieur et la recherche. Leurs missions sont la formation, la veille, l'expertise et la production pédagogique et scientifique dans les domaines suivants : culture informationnelle et formation à l'information scientifique et technique ; l'identification des ressources d'IST pour l'enseignement supérieur et la recherche ; méthodes et techniques de recherche, d'analyse et d'exploitation de l'IST ; production, édition, communication et diffusion scientifiques. Les actions de formation des Urfist s'adressent aux publics de l'enseignement supérieur et de la recherche, parmi lesquels en priorité : les enseignants-chercheurs ; les formateurs à la maîtrise de l'IST (ingénierie de formation et pédagogie) ; les professionnels de l'information et de la documentation ; les doctorants (notamment CIES) ; les étudiants avancés (à compter du master 2).

4 Les documents

1. Les différents types de documents

Les documents imprimés

Le livre

Un livre est un « *volume reliant des feuilles comportant des signes graphiques* » (*Encyclopédie universalis* en ligne [consultée le 14/02/2020]). Plusieurs éléments constituent un livre : la couverture ; la quatrième de couverture qui donne en général des informations sur l'auteur et un descriptif de l'ouvrage ; la page de titre sur laquelle sont mentionnés le nom de l'auteur, le titre de l'ouvrage ainsi que l'éditeur ; le verso de la page de titre sur lequel est mentionné le copyright, c'est-à-dire la date d'édition ; l'achevé d'imprimer qui se situe à la dernière page du livre qui est constitué de la date d'impression du document, le nom de l'imprimeur et la date du dépôt légal ; l'ISBN (International Standard Book Number) qui est attribué à chaque ouvrage, et enfin le prix du livre.
Les livres peuvent être de différents types : les incunables, les livres contemporains, livres en gros caractères, livres d'artistes, pop-up, livres animés, etc. Ils peuvent être également en braille et sous forme audio.

Les périodiques

Un périodique est une publication en série, qui est dotée d'un titre dont le contenu est un ensemble d'articles répertoriés en sommaire, écrits par plusieurs auteurs et qui sont publiés à des intervalles réguliers. Un périodique est identifié par l'ISSN (International Standard Serial Number) qui renseigne le type de publication (revue, collection de livres, etc.). Les ISSN sont établis par le centre international ISDS (International Serial Data System) et sont attribués par les centres nationaux, la BnF pour la France. À noter qu'un ISSN et un ISBN peuvent cohabiter dans le cadre d'une collection de livres. Les périodiques sont la presse quotidienne, nationale ou régionale ; la presse magazine à caractère en général thématique et enfin les revues qui sont plus spécialisées.

Les publications en série

Une publication en série est un imprimé ou non qui paraît de façon régulière, en fascicules ou en volumes qui s'enchaînent de façon numérique et chronologique, pendant une durée non définie à l'avance. Une publication en série est une œuvre collective. Différentes périodicités de parution existent : quotidien, hebdomadaire (une fois par semaine), mensuel (une fois par mois), bimensuel (deux fois par mois), bimestriel (tous les deux mois), trimestriel (tous les trois mois), semestriel (tous les six mois), annuel (une fois par an), etc. Les journaux, les revues, les annuaires, les collections de monographies sont des publications en série.

Les manuscrits

Les manuscrits sont des documents antérieurs à l'invention de l'imprimerie (avant 1440). Ce sont aussi les documents écrits de la main de l'auteur.

Les thèses

Une thèse est un document qui fait suite à un travail universitaire qui permet d'obtenir le grade de docteur. Son dépôt est obligatoire sous forme électronique. L'ensemble des thèses soutenues depuis 1985 ainsi que les thèses en préparation sont signalés sur theses.fr, base réalisée par l'Agence bibliographique de l'enseignement supérieur (Abes).

La littérature grise

La littérature grise regroupe, selon l'Agence française de normalisation (Afnor), tout « *document dactylographié ou imprimé, souvent à caractère provisoire, reproduit et diffusé à un nombre d'exemplaires inférieur au millier, en dehors des circuits commerciaux de l'édition et de la diffusion* ». Ce sont les rapports, des actes de conférences, de colloques, les brevets, les normes, les circulaires, des documents internes d'une entreprise, d'une administration, etc.

Les autres types de documents

Les autres types de documents sont les documents sonores (phonogrammes), les documents audiovisuels, les documents graphiques (estampes et photographies), les supports optiques, les documents électroniques, les œuvres d'art et les jeux.

Les documents sonores ou phonogrammes

Ce sont les vinyles et les disques compacts (CD). Les vinyles sont des disques noirs microsillons. Les collections de documents sonores se nomment des discothèques.

Les documents audiovisuels ou vidéogrammes

Ce sont les DVD, des pellicules de films sous plusieurs formats dont les plus fréquents sont de 16 et 35 millimètres. Les images animées sont : les films de fiction, les documentaires et les films d'animation. Les collections sont nommées vidéothèques.

Les documents graphiques

Ce sont des images fixes comme les estampes, les cartes et plans, les affiches, les photographies, les cartes postales, les dessins. L'estampe est une œuvre d'art obtenue par impression d'une plaque gravée de métal ou de bois. Par ce procédé, elle peut être reproduite plusieurs fois. En général, son tirage est numéroté. Plusieurs techniques produisent ainsi des estampes : la xylogravure ou la gravure sur bois, la gravure sur cuivre, la gravure sur cuivre à l'eau-forte où la plaque, une fois gravée, est plongée dans un acide qui creuse la gravure, la lithographie réalisée à partir d'une pierre de calcaire et la sérigraphie qui utilise la technique du pochoir sur bois ou sur verre. Les cartes et plans sont dits documents cartographiques qui comprennent aussi les globes, des photographies aériennes, des guides topographiques, etc. Les affiches et les cartes postales font partie des documents iconographiques au même titre que les cartes de vœux, les almanachs, etc.

Les documents électroniques

Ce sont les contenus qui se présentent sous forme virtuelle : les sites Internet, les revues numériques, livres ou e-books, bases de données. Une ressource dans un environnement numérique sera identifiée par un DOI (Digital Object Identifier) qui est une numérotation internationale équivalente à l'ISBN d'un livre pour les ressources numériques.
Les supports dans l'édition numérique sont divers et touchent tous les types de documents, qu'ils soient imprimés, musicaux ou audiovisuels. Cependant, ils peuvent être divisés en deux grandes notions, celle de « document numérique » et celle de « base de données ».
Un document numérique est une « *unité d'information à contenu défini, numérique ou numérisé, qui a été créée ou numérisée par la bibliothèque ou acquise sous forme numérique dans le cadre de la collection de la bibliothèque*[20] ».
Une base de données est une « *collection de notices descriptives ou d'unités de contenu (y compris les faits, les textes, les images et le son) stockées électroniquement avec une interface utilisateur commune et un logiciel pour la récupération et la manipulation des données* ». Ce sont les archives ouvertes ; les catalogues des bibliothèques, des archives ; les bibliothèques numériques ; les répertoires de sites et les plates-formes éditeurs qui donnent accès aux revues et livres numériques.

20. Information and documentation, Library performance indicators, ISO 11620, 3e éd. International Organization for Standardization, 2014.

Le livre numérique est un livre édité et diffusé en version numérique sous la forme d'un fichier qui peut être lu *via* un écran. Aujourd'hui, la plupart des éditeurs proposent à l'achat la version numérique de leurs ouvrages. Le prix de vente est en général moins élevé que la version imprimée.
Les quotidiens et revues ont également développé leur plate-forme numérique soit *via* un abonnement direct, soit *via* un abonnement sur une plate-forme. Des plates-formes peuvent proposer aussi bien l'accès à des livres numériques qu'à des revues électroniques. Les revues scientifiques françaises et étrangères sont très présentes en version numérique. Un bouquet est un ensemble de titres de revues comprenant des titres très prisés et des titres peu diffusés. Le contenu du bouquet n'est en général pas négociable.
Couperin, consortium unifié des établissements universitaires et de recherche pour l'accès aux publications numériques, est une association à but non lucratif financée par les cotisations de ses membres et subventionnée par le ministère de l'Enseignement supérieur et de la Recherche. Ses missions sont d'évaluer, négocier et organiser l'achat de ressources documentaires numériques au bénéfice de ses membres ; recueillir et analyser leurs besoins documentaires ; développer un réseau national de compétences et d'échanges en matière de documentation électronique, notamment concernant les politiques d'acquisition, les plans de développement de collections, les systèmes d'information, les modèles de facturation des éditeurs, l'ergonomie d'accès, les statistiques d'usage ; contribuer à clarifier et à faire évoluer les relations contractuelles avec les éditeurs ; contribuer au développement d'une offre de contenu francophone ; œuvrer à l'amélioration de la communication scientifique et favoriser la mise en place de systèmes non commerciaux de l'IST par le développement d'outils adéquats et enfin favoriser la coopération nationale, européenne et internationale dans le domaine de la documentation et des publications électroniques. Le consortium Couperin a porté le projet Istex (l'information scientifique et technique d'excellence), qui est devenu la Bibliothèque scientifique numérique nationale. Au 31 décembre 2019, elle offre un accès à plus de 23 millions de documents provenant de 26 corpus de littérature scientifique dans toutes les disciplines, soit plus de 9 279 revues et 345 369 e-books du XVe siècle à nos jours. Istex résulte d'un partenariat entre le CNRS, l'Abes, le consortium Couperin et l'université de Lorraine.

Les monnaies et médailles

Ce sont des collections représentées en bibliothèque et notamment à la BnF qui y consacre un département. Ce département peut comprendre des objets variés non monétaires : des camées, intailles, plombs, verres, bronzes, etc.

Les œuvres d'art

Les artothèques sont présentes en bibliothèques municipales essentiellement. Elles sont apparues dans les années 1980, elles correspondent à une volonté du ministère de la

Culture qui veut établir une médiation plus directe entre l'art et un public fréquentant peu les musées, tout en soutenant la production artistique.

» Les jeux/jouets

Ils sont présents dans des bibliothèques municipales ou universitaires, ce sont des jeux éducatifs ou non. Ils peuvent être empruntés ou non.

2. La production et la diffusion des documents

Le circuit du document

Le circuit du livre représente ce que devient le livre de l'éditeur vers son point de vente. Les acteurs de la chaîne du livre sont les éditeurs, les diffuseurs et distributeurs, les libraires et autres points de vente, les bibliothèques et les lecteurs.

La loi Lang

Depuis la loi Lang du 10 août 1981, le prix du livre est fixe. Cette loi poursuit trois objectifs : l'égalité des citoyens devant le livre, le maintien d'un réseau très dense de points de vente du livre et le soutien du pluralisme dans la création et l'édition. L'éditeur fixe le prix du livre. Le prix doit apparaître sur la quatrième de couverture de chaque ouvrage. Une remise générale maximale de 5 % du prix TTC est autorisée en magasin. Le modèle du prix unique du livre a été reproduit dans l'univers du livre numérique par la loi du 26 mai 2011.

Le droit de prêt

Une remise spéciale existe pour l'État, les collectivités territoriales, les établissements d'enseignement, les bibliothèques, qui leur permet d'acheter les livres avec une remise qui ne peut excéder 9 % du prix du livre. Ce taux plafonné de remise est inclus dans la loi du 18 juin 2003 dite du « droit de prêt » qui inclut également la rémunération des auteurs et des éditeurs à ce titre, et au prêt des documents en bibliothèque. 6 % du prix du livre doivent être reversés par les points de vente à la Sofia qui est une société civile de perception et de répartition des droits chargée de reverser aux auteurs et aux éditeurs leur part et de prendre en charge une partie des cotisations des auteurs au titre de leur retraite complémentaire. Par cette loi du droit de prêt, l'État verse une somme forfaitaire aux bibliothèques par usager inscrit : 1,50 euro pour les bibliothèques publiques, 1 euro pour les bibliothèques universitaires.

3. La politique documentaire

Définition

Selon l'Enssib, la politique documentaire recouvre au sein d'une bibliothèque l'ensemble des processus visant à contrôler le développement des collections. Elle recouvre la politique d'acquisition, la politique de conservation (incluant le désherbage) et la politique d'accès (incluant les modalités d'organisation et de communication des collections). Une définition extensive, utilisée particulièrement dans les universités, considère la politique documentaire comme l'ensemble des objectifs et processus pilotant la gestion de l'information, incluant non seulement les activités des bibliothèques, mais également la formation des étudiants à la maîtrise de l'information et les flux des ressources documentaires qui irriguent les composants de l'université.

Mettre en place une politique documentaire, c'est réfléchir à ses publics, évaluer ses collections, acheter de manière raisonnée et gérer les collections de manière prospective en réseaux. La politique documentaire fixe les objectifs et les grands principes qui dictent le choix des documents pour la constitution et le développement des collections.

La politique documentaire d'un établissement doit refléter ses exigences envers ses usagers en leur proposant des collections adaptées à leurs besoins, le tout doit correspondre aux missions de l'établissement. Elle doit comprendre la liste des actions à mener, les objectifs poursuivis par chacune, les échéances et les moyens d'évaluation afin de faire évoluer cette politique au fur et à mesure des changements sociétaux, structurels impactant sur sa formalisation.

La charte documentaire et le plan de développement des collections

Une politique documentaire doit définir une charte documentaire et un plan de développement des collections.

La charte documentaire

Une charte documentaire est un document qui formalise les grands axes de développement des collections. C'est un document interne, mais aussi un document externe qui sert à communiquer sur la politique d'acquisition d'un établissement. Une version publique peut alors être adaptée pour être un outil de communication vers sa tutelle et ses publics. Elle procède de la mise en œuvre du projet porté par un établissement au service d'une communauté en adéquation avec la production éditoriale. Ce projet répond aux missions statutaires, aux publics accueillis et à la richesse des collections. Elle répond également aux démarches de coopération à l'échelle locale, régionale ou nationale. Elle définit la politique générale documentaire d'un établissement qui fut élaborée de manière concertée avec les personnes chargées des acquisitions sur chaque domaine intellectuel. La charte documentaire d'un établissement définit les principes et les règles, les méthodes d'acquisition pour chaque segment de ses collections, proportionnellement à son importance au sein de l'ensemble des collections. Elle peut également transcrire les principes et règles pour le désherbage et la préservation des collections.

Le plan de développement des collections

C'est un outil pragmatique portant sur l'ensemble des collections d'une bibliothèque. C'est l'application concrète de la charte documentaire. C'est la réalisation d'un tableau de bord. Chacune des collections est reprise avec des objectifs d'acquisition, de désherbage en établissant des priorités. Il est le document des personnes chargées des acquisitions pour chacun des segments documentaires. C'est un outil de pilotage pour développer, conserver ou éliminer. Il prévoit les coûts et permet une gestion financière raisonnée.

4. L'accroissement des collections

Les accroissements à titre gratuit

Les accroissements à titre gratuit sont les dons, les legs, la dation et le dépôt légal. Ils sont réalisés sans contrepartie.
Un **don** est l'action de donner, de céder quelque chose que l'on possède à une institution, une œuvre. En général, un agent de la bibliothèque est responsable des dons. Dans l'idéal,

le donateur doit fournir une liste des documents mentionnant le titre, l'auteur, l'éditeur et l'année d'édition. Ainsi, la bibliothèque peut choisir sur liste les documents qui l'intéressent. La multiplication des dons et le manque fréquent d'espaces disponibles obligent les établissements à appliquer cette demande, voire à refuser des dons.

Le **legs** est un acte testamentaire qui permet à une personne de transmettre son patrimoine à un établissement, une institution. Les dispositions du légataire peuvent être restrictives quant à l'exécution du legs et peuvent prévoir des conditions d'exécution comme la conservation des collections dans un espace particulier, une cotation propre, des modes de communication exceptionnels, etc.

La **dation** est une opération juridique par laquelle, en règlement de tout ou partie du montant de sa dette, un débiteur cède la propriété d'un bien, d'un ensemble de biens ou de droits, lui appartenant (loi n° 68-1251 du 31 décembre 1968 pour favoriser la conservation du patrimoine artistique).

Le dépôt légal

Le dépôt légal est conçu comme la mémoire du patrimoine culturel diffusé sur le territoire national et englobe donc des œuvres étrangères éditées, produites ou diffusées en France. Institué en 1537 par François Ier, il permet la collecte, la conservation et la consultation de documents de toute nature, afin de constituer une collection de référence : imprimés (1537), estampes, cartes et plans (1648), partitions musicales (1793), photographies et phonogrammes (1925), affiches (1941), vidéogrammes et documents multimédias composites (1975), multimédias, logiciels, bases de données (1992) et Internet (2006).
Le dépôt légal est l'obligation pour tout éditeur, imprimeur, producteur, importateur de déposer chaque document qu'il édite, imprime, produit ou importe en France à la BnF ou auprès de l'organisme habilité à recevoir le dépôt en fonction de la nature du document. La BnF a pour mission de collecter au titre du dépôt légal, dès lors qu'ils sont mis à la disposition d'un public, les documents imprimés, graphiques, photographiques, sonores, audiovisuels, multimédias, quel que soit leur procédé technique de production, d'édition ou de diffusion, ainsi que les logiciels et bases de données, quelle que soit la nature de leur support. Il en est de même pour les signes, signaux, écrits, images, sons ou messages de toute nature faisant l'objet d'une communication au public par voie électronique (Internet). Inscrite dans le code du patrimoine, l'obligation de dépôt légal est l'obligation pour tout éditeur, imprimeur, producteur, importateur, de déposer chaque document qu'il édite, imprime, produit ou importe, à l'un des organismes dépositaires du dépôt légal : la Bibliothèque nationale de France, l'Institut national de l'audiovisuel (INA), le Centre national du cinéma et de l'image animée (CNC) et les bibliothèques habilitées par arrêté du ministre

chargé de la Culture. Le dépôt légal est lié à un support plutôt qu'à la notion d'œuvre. Ainsi, une même œuvre peut être déposée plusieurs fois sur différents supports.
Le dépôt légal d'un document à la BnF permet d'assurer sa collecte et sa conservation, la constitution et la diffusion de notices bibliographiques, sa consultation en bibliothèque de recherche et l'enrichissement des fonds de bibliothèques partenaires pour les documents imprimés. Le dépôt légal est une source d'accroissement des collections des bibliothèques habilitées à recevoir le dépôt légal imprimeur.

Les accroissements à titre onéreux

Les accroissements à titre onéreux sont les échanges et les achats. Ils sont réalisés avec une contrepartie en nature ou monétaire.
Les acquisitions se réalisent selon la politique documentaire de l'établissement. Des outils d'aide à la décision existent, comme Électre, base de données bibliographique, pour les monographies ; les sites entrevues.org, la base de données des Nouvelles messageries de la presse parisienne nmpp.fr, Ebsco pour les périodiques ; l'Adav (Atelier de diffusion pour l'audiovisuel), le CVS et Colaco pour les documents audiovisuels.

5. Les catalogues de bibliothèque

Définition

Un catalogue de bibliothèque est la liste des documents physiques et virtuels que possède une bibliothèque. Le catalogue permet de les localiser, vérifier leur disponibilité et réaliser une recherche documentaire selon des critères. Il est très souvent informatisé et disponible sur le Web.
Un catalogue dit collectif est un catalogue partagé par plusieurs bibliothèques, qu'elles soient territoriales tel qu'un réseau des bibliothèques d'une ville ou universitaires. Il peut être de différentes envergures : régionale, nationale, européenne ou mondiale par exemple. Il permet une mutualisation des tâches et un partage des coûts ainsi qu'une visibilité plus importante des ressources documentaires.
Chaque document est décrit sur une notice bibliographique sur laquelle sont mentionnés les éléments descriptifs dudit document et des accès, de différentes natures, dotés d'hyperlien renvoyant à d'autres notices. La notice bibliographique est complétée par une notice d'exemplaire où sont mentionnées la localisation (dans quelle bibliothèque, quel étage, quelle salle, se situe le document décrit) et la cote du document.

Les types de catalogues

Définition

Il existe deux grands types de catalogue : les catalogues sur fiches et les catalogues informatisés.
Les catalogues sur fiches apparaissent pendant la Révolution au dos de cartes à jouer, ils avaient une fonction d'inventaire et étaient classés en général par auteur. À la fin du XIXe et au XXe, ils se multiplient et deviennent de vrais outils professionnels, une fiche est réalisée pour chaque accès. La mise à jour des fiches se fait par d'autres fiches nommées « intercalation ». Après la Seconde Guerre mondiale, le format ISBD (International Standard Book Description) est appliqué pour la rédaction de la description d'un document.
Les catalogues informatisés sont apparus dans les années 1960, le format Marc (Machine Readable Catalog) voit le jour en 1965. Ces catalogues, dont l'interface publique est nommée Opac (Online Public Access Catalog), sont alimentés grâce à un logiciel nommé SIGB (système de gestion intégré de bibliothèque). Ils permettent d'automatiser les acquisitions, le traitement intellectuel et les accès des documents, la gestion et la circulation des documents, la gestion des usagers et la recherche documentaire. D'autres modules complémentaires peuvent y être intégrés tels que le récolement, le désherbage, les statistiques, etc. La recherche documentaire peut alors se réaliser en croisant différents accès (auteur, titre, matière, etc.) tout en appliquant, si besoin est, des opérateurs booléens (et, ou, sauf) et des critères de tri (date d'édition, types de documents, etc.).

Des grands catalogues

- Le Sudoc

Le catalogue du système universitaire de documentation, le Sudoc, est le catalogue collectif français réalisé par les bibliothèques et centres de documentation de l'enseignement supérieur et de la recherche. Il est administré par l'Abes. Il comprend plus de 12 millions de notices bibliographiques qui décrivent tous les types de documents – livres, thèses, revues, ressources électroniques, documents audiovisuels, microformes, cartes, partitions, manuscrits hors Calames et livres anciens.
Le catalogue Sudoc décrit également les collections de revues et journaux d'environ 2 000 établissements documentaires hors enseignement supérieur (bibliothèques municipales, centres de documentation, etc.). Enfin, il a pour mission de recenser l'ensemble des thèses produites en France. Une recherche dans le catalogue Sudoc permet d'obtenir la description bibliographique du document, de constituer une bibliographie par le téléchargement ou l'export de notices, de sauvegarder dans son panier, au fil de la recherche des enregistrements (jusqu'à 100) pour pouvoir les télécharger, d'accéder au texte intégral du

document si celui-ci est accessible en ligne et enfin de localiser un document dans une des bibliothèques du réseau Sudoc afin de pouvoir le consulter, en demander le prêt ou la reproduction.

- **Le CCFr**

Le Catalogue collectif de France, le CCFr, est géré par la BnF. Il localise quelque 30 millions de documents conservés dans les bibliothèques françaises et donne accès au Répertoire national des bibliothèques et des fonds documentaires. Actuellement, le CCFr donne accès aux catalogues suivants :

- BnF-CG, le Catalogue général de la Bibliothèque nationale de France ;
- Sudoc, le catalogue des bibliothèques de l'enseignement supérieur ;
- Base patrimoine, un catalogue de plus de 6,8 millions de documents (fonds anciens, locaux ou spécialisés) conservés dans 202 bibliothèques françaises ;
- Bases manuscrits et archives, un catalogue de quatre bases dédiées aux manuscrits : le Catalogue général des manuscrits (CGM), BnF Archives et manuscrits, le Répertoire des manuscrits littéraires français du XXe siècle (Palme), et Calames (manuscrits conservés dans les établissements relevant de l'enseignement supérieur) ;
- plusieurs catalogues intégraux de bibliothèques municipales : Dijon, Limoges, Rennes, Bordeaux, Montpellier, les villes centres de la région Rhône-Alpes à travers le catalogue Lectura (Bourg-en-Bresse, Chambéry, Grenoble, Lyon, Roanne, Saint-Étienne, Valence) et les 11 bibliothèques patrimoniales de la ville de Paris ;
- Rachel, le catalogue collectif du Réseau européen des bibliothèques Judaica et Hebraica, sept bibliothèques spécialisées dans le domaine de la culture juive ;
- Réseau Valdo, le catalogue du réseau européen de bibliothèques d'institutions protestantes ou associées.

- **Le catalogue général**

Le catalogue général de la BnF comprend, en 2016, plus de 13 millions de notices de références bibliographiques, et près de 5 millions de notices d'auteurs (noms de personnes, collectivités), de titres d'œuvres, de sujets, etc. Il s'enrichit régulièrement grâce au traitement bibliographique des collections entrées au titre du dépôt légal, par acquisition et don, et aux conversions rétrospectives d'anciens catalogues. Il décrit et recense les documents conservés ou directement accessibles sur tous les sites de la BnF : imprimés (livres, périodiques, recueils), documents sonores (disques, disques compacts, cassettes audio, etc.), images animées (cassettes vidéo, DVD vidéo...), multimédias multisupports, ressources électroniques sur supports (cédéroms, consoles de jeux...) et dématérialisées (tout type de contenu), musique notée (imprimée et manuscrite), documents iconographiques (dessins, estampes, photographies...), documents cartographiques (cartes, plans, atlas...), objets dont les objets monéiformes, manuscrits et documents d'archives et enfin les documents numérisés.

- Worldcat

Worldcat, géré par l'OCLC (Online Computer Library Center), donne accès aux collections et aux services de plus de 10 000 bibliothèques à travers le monde. 2 milliards d'ouvrages sont disponibles *via* son interface. Les trois catalogues de bibliothèques les plus visitées sont celui de l'université de Washington, celui de l'université Cornell (Ithaca, New York) et enfin celui de l'université McGill (Montréal, Québec, Canada). Worldcat donne la possibilité de générer des bibliographies, de rédiger et de publier des critiques, de publier et rendre publique des listes, etc.

Des bibliothèques numériques : Gallica et Europeana

Une bibliothèque numérique est un ensemble organisé de documents électroniques, qui offre également des services à son public.

Gallica

Gallica est la bibliothèque numérique de la Bibliothèque nationale de France et de ses partenaires. En ligne depuis 1997, elle s'enrichit chaque semaine de milliers de nouveautés et offre aujourd'hui accès à plusieurs millions de documents. Elle est l'une des plus importantes bibliothèques numériques accessibles gratuitement sur Internet. Elle offre l'accès à tous types de documents : imprimés (livres, presse et revues) en mode image et en mode texte, manuscrits, documents sonores, documents iconographiques, cartes et plans. À la fin novembre 2018, elle offre un accès à 4 966 035 documents en ligne.
La Bibliothèque nationale de France soutient la numérisation des collections patrimoniales des bibliothèques françaises, dans une optique d'enrichissement raisonnée de corpus en ligne et selon une politique de complétude documentaire avec les ressources patrimoniales numérisées provenant des collections de la BnF. Les corpus numériques ainsi constitués font l'objet d'une diffusion libre et gratuite sur Gallica et toute autre bibliothèque numérique interopérable avec Gallica.
Le réseau des partenaires de Gallica regroupe 270 partenaires de tous types : les partenaires des territoires (bibliothèques et archives des collectivités territoriales, structures régionales de coopération, sociétés savantes), les partenaires de l'enseignement supérieur et de la Recherche et les autres partenaires (bibliothèques spécialisées essentiellement, avec des statuts variés, et rattachées à des tutelles très diverses).

Europeana

Europeana est la bibliothèque numérique européenne. Elle donne accès à plus de 50 millions de titres numérisés (livres, musique, œuvres d'art et plus encore) par l'intermédiaire d'outils de recherche et de filtres sophistiqués. Ces collections sont issues de plus de 3 300 institutions (bibliothèques, archives, musées et collections audiovisuelles) et permettent d'explorer l'histoire de l'Europe, de l'Antiquité à nos jours.

6. Langages d'indexation, classifications et classement des documents

Les langages d'indexation

Selon l'ADBS, un langage d'indexation est un « *processus destiné à représenter, au moyen des termes ou indices d'un langage documentaire ou au moyen des éléments d'un langage libre, les notions caractéristiques du contenu d'un document (ressource, collection) ou d'une question, en vue d'en faciliter la recherche, après les avoir identifiées par l'analyse. Les combinaisons possibles des notions identifiées sont représentées explicitement (indexation précoordonnée) ou non (indexation post-coordonnée) en fonction des possibilités du langage documentaire utilisé* ».

Rameau (Répertoire d'autorité-matière encyclopédique et alphabétique unifié) est le langage d'indexation matière utilisé, en France, par la Bibliothèque nationale de France, les bibliothèques universitaires, de nombreuses bibliothèques de lecture publique ou de recherche ainsi que plusieurs organismes privés.

Il est élaboré depuis 1980, de façon autonome, en relation avec le Répertoire de vedettes-matières de l'université Laval à Québec, et avec la liste de vedettes-matières de la bibliothèque du Congrès (Library of Congress Subject Headings).

Le langage d'indexation précoordonné Rameau se compose d'un vocabulaire de termes reliés entre eux – ce sont les « autorités Rameau » – et d'une syntaxe indiquant les règles de construction des vedettes-matières à l'indexation. L'ensemble des notices d'autorité, dont le noyau est formé de noms communs et de noms géographiques, constitue les autorités Rameau. Elles sont complétées par un « Guide d'indexation Rameau[21] » qui en assure le bon usage.

Le centre national Rameau est géré par la BnF. Il est chargé de la gestion intellectuelle du langage et, par ce rôle, il traite les demandes d'enrichissement, il est chargé de l'élaboration et de la diffusion des règles d'indexation et enfin, il conduit une réflexion sur le devenir du langage.

Des supports de cours et des exercices téléchargeables gratuitement sont disponibles sur le site https://rameau.bnf.fr/formation/docpeda#diaporama.

Au niveau des établissements documentaires, le langage Rameau rend possibles plusieurs modes d'interrogation par sujet dans les catalogues :

21. https://rameau.bnf.fr/docs_reference/guide_rameau [consulté le 6/03/2020].

- en tant que langage contrôlé associant formes retenues (ou vedettes) et formes rejetées (ou termes exclus), il permet une recherche par mots-clés ;
- en tant que langage précoordonné régi par une syntaxe, il permet une interrogation par feuilletage d'index ;
- enfin, en tant que langage hiérarchisé à la manière d'un thésaurus (ou d'une ontologie), il permet une navigation sémantique dans le vocabulaire en suivant les relations génériques, spécifiques et associatives entre les termes.

Ces différents modes d'interrogation peuvent être utilisés indépendamment les uns des autres, ou additionnés pour un meilleur service des utilisateurs. Il appartient aux bibliothèques et autres établissements documentaires de choisir, pour leurs catalogues, les systèmes d'interrogation les mieux à même d'exploiter ces possibilités sur un plan technique (la gestion des termes exclus étant un impératif minimal), notamment grâce à la récupération des notices d'autorité Rameau fournies par la BnF.

Les classifications

Les langages documentaires sont également des classifications. Une classification est, selon l'ADBS, un « *langage documentaire permettant l'organisation d'un ou plusieurs domaines de la connaissance en un système ordonné de classes et sous-classes. Celles-ci ainsi que leurs relations peuvent être représentées par les indices d'une notation.*
Ces indices sont explicités par un libellé textuel. Différents critères peuvent être choisis pour différencier les classifications : le mode de division et de structuration (classification à facettes) ; la notation décimale ou alphanumérique ; la couverture des domaines de la connaissance traités (classification encyclopédique telles la CDU et la classification de Dewey, spécialisée ou sectorielle) ; leur structure et organisation (classification hiérarchique), etc. ».

La classification Dewey

Née en 1876, la classification décimale Dewey (CDD) est un système de classification numérique encyclopédique, couvrant tous les champs de la connaissance. Traduit dans de nombreuses langues, c'est le système de classification le plus utilisé dans le monde. La Dewey est développée et mise à jour régulièrement par le Decimal Classification Editorial Policy Committee (OCLC/Forest Press) afin de tenir compte de l'évolution des connaissances. Cette classification porte le nom de son auteur : Melvil Dewey, bibliothécaire américain, qui publia pour la première fois *Classification and Subject Index for Cataloguing and Arranging the Books and Pamphlets of a Library*[22].

Le système de classification Dewey répartit les connaissances humaines en 10 grandes classes, 100 divisions, 1 000 sections et des sous-sections.

22. https://archive.org/stream/classificationan00dewerich#mode/2up.

Exemple :

611.347
600 Technologie (sciences appliquées) [classe]
610 Sciences médicales/Médecine [division]
611 Anatomie humaine [section]
611.3 Organes de l'appareil digestif [sous-section]
611.34 Intestins
611.347 Gros intestin

Source : École de bibliothéconomie et des sciences de l'information de Montréal (Canada, Québec)

611.347 est l'indice de l'ouvrage et en indique le sujet.

Cet indice sera complété par des lettres, généralement les trois premières du nom de l'auteur, et des chiffres.

Classification décimale Dewey en 1 page

000 Généralités	100 Philosophie et psychologie
010 Bibliographie	110 Métaphysique
020 Bibliothéconomie et science de l'information	120 Théorie de la connaissance, causalité, genre humain
030 Encyclopédies générales	130 Phénomènes paranormaux
040 Non attribué	140 École philosophique particulière
050 Publications en série d'ordre général	150 Psychologie
060 Organisations générales et muséologie	160 Logique
070 Information, médias, journalisme, édition	170 Morale
080 Recueils généraux	180 Philosophie ancienne, médiévale, orientale
090 Manuscrits et livres rares	190 Philosophie occidentale moderne
200 Religion	**300 Sciences sociales**
210 Philosophie et théorie de la religion	310 Statistiques générales
220 Bible	320 Science politique
230 Christianisme/Théologie chrétienne	330 Économie politique
240 Théologie morale et spirituelle chrétienne	340 Droit
250 Églises locales et ordres religieux chrétiens	350 Administration publique et science militaire
200 Théologie chrétienne et ecclésiologie	360 Problème et services sociaux ; associations
270 Histoire du christianisme et de l'église	370 Éducation
280 Confessions et sectes chrétiennes	380 Commerce, communication, transports
290 Religions comparées et autres religions	390 Coutumes, étiquette, folklore

400 Langues	500 Sciences naturelles et mathématiques
410 Linguistique 420 Anglais et vieil anglais 430 Langues germaniques/Allemand 440 Langues romanes/Français 450 Italien, roumain, rhéto-roman 460 Espagnol et portugais 470 Langues italiques/Latin 480 Langues helléniques/Grec classique 490 Autres langues	510 Mathématiques 520 Astronomie et sciences connexes 530 Physique 540 Chimie et sciences connexes 550 Sciences de la terre 560 Paléontologie/Paléozoologie 570 Sciences de la vie/Biologie 580 Plantes 590 Animaux
600 Technologie (sciences appliquées)	**700 Arts Beaux-arts et arts décoratifs**
610 Sciences médicales/Médecine 620 Ingénierie et techniques connexes 630 Agriculture 640 Économie domestique et vie familiale 650 Gestion et services auxiliaires 660 Génie chimique 670 Fabrication industrielle 680 Fabrication de produits à usages particuliers 690 Bâtiments	710 Urbanisme et art du paysage 720 Architecture 730 Arts plastiques/Sculpture 740 Dessins et arts décoratifs 750 Peinture et peintures 700 Arts graphiques/Gravures 770 Photographie et photographies 780 Musique 790 Loisirs et arts du spectacle
800 Littérature et techniques d'écriture	**900 Géographie et histoire**
810 Littérature américaine en anglais 820 Littératures anglaise et du vieil anglais 830 Littératures des langues germaniques 840 Littératures des langues romanes 850 Littératures italienne, roumaine, rhéto-romane 860 Littératures espagnole et portugaise 870 Littératures des langues italiques/ Littérature latine 880 Littératures helléniques/Littérature grecque classique 890 Littérature des autres langues	910 Géographie et voyages 920 Biographies, généalogie, emblèmes, insignes 930 Histoire du monde antique jusque vers 499 940 Histoire générale de l'Europe 950 Histoire générale de l'Asie/ Extrême-Orient 960 Histoire générale de l'Afrique 970 Histoire générale de l'Amérique du Nord 980 Histoire générale de l'Amérique du Sud 990 Histoire générale des autres aires géographiques

Source : École de bibliothéconomie et des sciences de l'information de Montréal (Canada, Québec)

D'autres classifications

Les principales classifications utilisées en bibliothèques sont, en dehors de la Dewey, la CDU, la classification de la bibliothèque du Congrès et la NLM.

- La CDU

La classification décimale universelle (CDU) est une classification systématique qui regroupe les principaux domaines de la connaissance en dix grandes catégories, numérotées de 0 à 9. Elle tire son origine de la Dewey et fut conçue par Paul Otlet et Henri La Fontaine. Elle est publiée pour la première fois en 1905. Elle fut longtemps la classification préconisée au sein des bibliothèques universitaires. Sa construction complexe et sa non-mise à jour font qu'elle est abandonnée progressivement au profit de la Dewey. Les dix classes sont les suivantes :

- 0 – Généralités
- 1 – Philosophie
- 2 – Religion
- 3 – Sciences sociales
- 4 – Classe non attribuée (contenu intégré au sein de la classe 8)
- 5 – Sciences pures
- 6 – Sciences appliquées, techniques
- 7 – Beaux-Arts
- 8 – Littérature et linguistique
- 9 – Histoire et géographie

Ses indices peuvent inclure des signes. Les deux points indiquent que deux domaines sont mis en relation, par exemple 32:1, philosophie politique. Un indice suivi d'un chiffre entre parenthèses précise une subdivision géographique, par exemple 820(73), littérature anglaise des États-Unis. Plusieurs signes peuvent être présents sur un même indice. Quand un indice est constitué de deux parties numériques séparées par un signe de ponctuation, ces subdivisions apparaissent dans l'ordre suivant :

Signe	Libellé
/	Signe d'extension
:	Signe de relation
» «	Division commune de temps
=	Division commune de langue
(0)	Division commune de forme
A/Z	Partie alphabétique de l'indice
-	Division analytique
.0	Division analytique
(1/9)	Division commune de lieu

- La LC

Née en 1891, la classification de la Library of Congress (LC) est organisée en classes, identifiées chacune par une lettre. Chaque classe peut être sous-divisée par une ou deux lettres supplémentaires, puis par une série de chiffres. Les classes sont les suivantes :

- A : Généralités
- B : Philosophie. Psychologie. Religion
- C : Sciences auxiliaires de l'histoire
- D : Histoire du monde et histoire de l'Europe, l'Asie, l'Afrique, l'Australie, la Nouvelle-Zélande, etc.
- E : Histoire des Amériques (généralités et États-Unis)
- F : Histoire des Amériques (autres pays d'Amérique)
- G : Géographie. Anthropologie. Loisir
- H : Sciences sociales
- J : Sciences politiques
- K : Droit
- L : Éducation
- M : Musique et livres sur la musique
- N : Beaux-Arts
- P : Langage et littérature
- Q : Sciences
- R : Médecine
- S : Agriculture
- T : Technologie
- U : Science militaire
- V : Science navale
- Z : Bibliographie. Bibliothéconomie. Ressources d'information

- La NLM

Née en 1944, La NLM est la classification de la National Library of Medecine (États-Unis) dans le domaine de la médecine et des sciences connexes, utilisée à l'échelle internationale en utilisant les annexes QS-QZ et W-WZ, définitivement exclues des annexes de classification de la Library of Congress (LC). Les différentes annexes de la classification LC complètent la classification NLM pour les sujets limitrophes de la médecine. Les annexes de la LC pour l'anatomie humaine (QM), la microbiologie (QR) et la médecine (R) ne sont pas du tout utilisées par la National Library of Medicine puisqu'elles chevauchent la classification NLM. Les annexes, avec leurs exigences particulières pour l'utilisation avec tous les types et toutes les formes de documents, ne permettent pas de respecter strictement l'ordre hiérarchique des vedettes-matières médicales, le MeSH, le thésaurus de la bibliothèque médicale pour l'indexation et le catalogage.

Le classement

Le classement est le mode d'organisation physique de documents dans lequel la position du document est signalée par une cote. Il peut être lié à une classification ou à un type de documents. Le plan de classement est un « *document qui présente une classification de manière ordonnée, en faisant apparaître la signification donnée à chaque indice et, le cas échéant, les relations entre les classes. Le plan de classement peut également inclure des recommandations ou des consignes quant à l'utilisation de la classification pour, par exemple, l'ordre de rangement des documents sur les rayonnages* » (ADBS).
Une cote est un ensemble alphabétique ou alphanumérique qui aide au classement des documents. Elle peut être le reflet d'une classification. La cote indique la place physique du document dans la bibliothèque. Elle est apposée sur chaque document. Elle doit être le plus adaptée possible aux besoins des usagers, mais aussi, elle doit faciliter la tâche des agents chargés du rangement des collections. Dans les bibliothèques de lecture publique, la nature des œuvres influence la cotation des documents, ainsi, les œuvres de fiction telles que les romans pourront avoir une cote du type R pour « roman », suivie des trois premières lettres du nom de l'auteur, par exemple R HEM pour les romans d'Ernest Hemingway. Cette cotation peut avoir des déclinaisons comme RP pour les romans policiers, SF pour les romans de science-fiction et BD pour les bandes dessinées.

La NLM

Domaines	Annexes
Sciences précliniques	QS Anatomie QT Physiologie QU Biochimie QV Pharmacologie QW Microbiologie, immunologie QX Parasitologie QY Pathologie clinique QZ Pathologie

Médecine et spécialités	
W Professions de la santé	WA Santé publique WB Pratique de la médecine WC Maladies infectieuses WD Troubles liés à des causes systémiques, métaboliques ou environnementales WE Système musculaire WF Système respiratoire WG Système cardiovasculaire WH Système sanguin et lymphatique WI Système digestif WJ Système urogénital WK Système endocrinien WL Système nerveux WM Psychiatrie WN Radiologie. Imagerie WO Chirurgie WP Gynécologie WQ Obstétrique WR Dermatologie WS Pédiatrie WT Gériatrie. Troubles chroniques WU Chirurgie dentaire. Chirurgie bucco-dentaire WV Otorhinolaryngologie WW Ophtalmologie WX Hôpitaux et autres établissements de santé WY Soins infirmiers WZ Histoire de la médecine

7. La conservation et la préservation des documents

« La conservation couvre l'ensemble des techniques et méthodes visant à conserver les documents d'archives et de bibliothèques et l'information qu'ils contiennent, ainsi que les activités financières et administratives, y compris les conditions de stockage, les équipements et la formation du personnel » (Ifla, principes de conservation[23]).

23. www.Ifla.org/files/assets/pac/ipi/pchlm-f.pdf [consulté le 06/03/2020].

Les facteurs de dégradation liés aux documents

Les facteurs internes

Les facteurs dits internes sont les matériaux de mauvaise qualité. C'est le papier acide sur lequel les documents sont imprimés à partir du XIXe siècle, il s'autodétruit dans le temps, il jaunit, casse et tombe en poussière. Il n'existe pas de mesure préventive. Un processus de désacidification de masse existe, cependant cela reste onéreux et, malgré le traitement, le document continue à s'autodétruire. L'encre corrosive est un autre facteur interne de dégradation qui touche uniquement les manuscrits, l'encre métallogallique s'altère avec le temps et le sulfate qu'elle contient se dégrade en acide qui entraîne la formation de trous dans le papier. La solution pour conserver les documents et manuscrits est la numérisation et l'arrêt de leur communication au public. Le dernier facteur interne est le *foxing* qui se caractérise par des taches de couleur rouille souvent irrégulières touchant une ou les deux faces de la feuille. C'est la présence d'un réseau de filament qui pourra confirmer l'origine biologique de ces « rousseurs ». Ces taches sont surtout présentes sur les papiers médiévaux du XVIIIe siècle et sur les gravures, elles n'entraînent pas la destruction du papier.

Les facteurs externes

Les facteurs dits externes sont les facteurs environnementaux et les facteurs biologiques.

- **Les facteurs environnementaux**

Parmi les facteurs environnementaux se trouvent la lumière, la température, l'humidité et la pollution. La lumière visible, les ultraviolets (UV) et les infrarouges font partie des facteurs environnementaux. Les UV sont très dangereux, car ils produisent beaucoup d'énergie, les infrarouges dégagent de la chaleur, la lumière naturelle déclenche des réactions chimiques ou les favorise. Les reliures changent de couleur, le papier jaunit et perd de sa souplesse. La solution de conservation préconisée est d'exposer les documents à la lumière uniquement quand c'est nécessaire dans des locaux de conservation adaptés, c'est-à-dire sans fenêtre, dits magasins aveugles avec des filtres anti-UV sur les néons. Lorsque des documents sont exposés, sous vitrine par exemple, la lumière ne doit pas dépasser les 100 lux et, pour les manuscrits, dessins et aquarelles, les 50 lux. Les documents ne doivent pas être exposés plus de trois mois d'affilée. Dans ce sens, les photocopies et scanners sont à éviter.
La température et l'humidité sont également des facteurs environnementaux, notamment le taux d'humidité relative. C'est le taux de vapeur d'eau dans un cube de masse d'air avant qu'il ne se mette à pleuvoir. Plus la température baisse, plus ce taux augmente, et inversement. C'est un problème très important et qui peut entraîner des dégâts rapidement. Plus il fait chaud, plus les dégradations sont rapides. Lorsque le taux d'humidité relative est

inférieur à 40 %, le phénomène de dessèchement s'active. Lorsque ce taux est supérieur à 60 %, des moisissures apparaissent. Si le taux est fluctuant, cela entraîne des déformations et des déchirements sur les documents. Aussi, il existe des recommandations de conservation concernant l'Europe occidentale afin de préserver au mieux l'ensemble des documents en prenant en compte le climat, la consultation des lecteurs et la climatisation : la température doit être de 18 degrés à plus ou moins 3 degrés et le taux d'humidité relative à 55 % à plus ou moins 3 %. Pour cela, il est recommandé aux établissements de se doter de thermohygrographes, appareils qui mesurent et enregistrent, et/ou de thermohygromètres qui mesurent uniquement ; d'humidificateurs si l'air est sec ou de déshumidificateurs si l'air est humide. Il faut éviter les chocs thermiques, les grandes différences de température. C'est pourquoi la mise en place d'une climatisation n'est pas conseillée, car lorsqu'une panne se déclare, les documents sont en danger. Le troisième et dernier facteur environnemental est la pollution. Elle est de trois types : gazeuse, liquide et solide. La pollution de type gazeux est celle atmosphérique chargée en gaz de dioxyde de soufre, d'oxyde d'azote, etc. qui favorisent les dégradations chimiques par des procédés d'oxydation et d'hydrolyse. La pollution liquide est la sueur humaine et certains plastifiants qui, en vieillissant, deviennent collants. Enfin, la pollution solide est la poussière. Les solutions de préservation sont un nettoyage du sol du magasin, dans l'idéal une fois par semaine, et des tablettes une fois tous les cinq ans. Le nettoyage doit se faire de haut en bas avec un aspirateur à filtration absolue. Pour la manipulation des documents précieux, le port de gants est recommandé.

- **Les facteurs biologiques**

Les facteurs biologiques sont les moisissures, les insectes (poissons d'argent, vrillettes, termites, blattes, etc.) qui viennent des canalisations, les rongeurs qui se servent du papier pour constituer leur nid. La prévention est une surveillance régulière des espaces et des collections, un ménage régulier et un contrôle de la température et du taux d'humidité relative. Si des collections sont touchées, un nettoyage avec un aspirateur ou une désinfection totale des locaux pourront être mis en place selon l'importance des dégradations. Par la suite, leurs causes devront être identifiées afin de ne pas reproduire la situation.
La BnF met à disposition des professionnels des bibliothèques et de la documentation des fiches pratiques[24] sur la préservation des documents. Ces fiches pratiques ont pour thèmes : le dépoussiérage ; le gommage ; l'entretien du cuir ; la préservation des journaux ; le dépoussiérage et entretien des fonds anciens, rares et précieux ; la conservation des documents sonores et audiovisuels ; le conditionnement des documents de bibliothèques ; l'estampillage, le marquage et la protection antivol des documents patrimoniaux ; la contribution à l'étude du vieillissement des CD.

24. www.bnf.fr/fr/professionnels/conservation_fiches_pratiques/s.conservation_fiches_preservation.html ?first_Art=non [consulté le 06/03/2020]

Les contraintes mécaniques de dégradation

Les contraintes mécaniques de dégradation peuvent être d'origine naturelle (tremblements de terre, tsunami), accidentelle (chute d'une étagère, d'un plafond), et peuvent également émaner d'une manipulation (transport, lecture), d'un lieu de stockage ou d'exposition ou du conditionnement. Les ouvrages ne doivent pas être trop serrés sur les rayonnages et ne doivent pas être pris par la coiffe, surtout pour les ouvrages patrimoniaux. Certains documents devront être conservés à plat, tels que les in-plano, les cartes et plans ainsi que les feuilles et brochures qui seront conditionnées au mieux en boîtes de papier permanent (papier au pH neutre) adaptées au format des documents ou alors entourées de papier kraft par exemple. L'utilisation de trombones ou d'agrafes (elles rouillent), de Post-it (enlèvent le papier) et de scotch est prohibée. La formation du personnel est la meilleure prévention qui soit.

La conservation partagée

Définition

Une conservation partagée est une répartition de la conservation des collections entre plusieurs bibliothèques. Un plan de conservation partagée est mis en place pour certains supports, les périodiques, ou par thématique, la médecine ou la jeunesse par exemple. Il est en général d'envergure régionale. C'est une conservation raisonnée qui donne une meilleure visibilité et accessibilité aux collections concernées. Les établissements participants en maintiennent ainsi l'exhaustivité, l'intégrité et la conservation. Les premiers plans de conservation partagée ont été mis en place par les structures régionales pour le livre (SRL) dans les années 1990 pour les collections de périodiques.
Les CollEx, collections d'excellence pour la science, font l'objet d'une conservation partagée. La pérennité des collections, matérielles et numériques, est un enjeu majeur pour la science. Elle doit être prise en charge collectivement.
CollEx-Persée a pour mission d'accompagner la mise en œuvre des actions de préservation mutualisées menées en coopération entre les bibliothèques de recherche et les opérateurs en information scientifique et technique sur lesquels elles peuvent s'appuyer (Centre technique du livre de l'enseignement supérieur, Bibliothèque nationale de France, CNRS-Inist, Cines). CollEx-Persée s'appuie en particulier sur le Centre technique du livre, le CTLes, pour soutenir la montée en puissance des plans de conservation partagée (PCP) disciplinaires des périodiques, qui permettent de garantir aux chercheurs l'accès à des collections de revues complètes et dans le meilleur état possible, sur site dans des bibliothèques de conservation ou à distance par la fourniture de documents, tout en permettant aux autres établissements partenaires du PCP de libérer l'espace nécessaire

au développement de leurs collections, ou de le réaffecter à d'autres fonctions lorsqu'ils passent au « tout numérique ». Une autre mission de CollEx-Persée portera par ailleurs sur le développement de la conservation partagée des collections numériques.

Les plans régionaux de conservation partagée

36 plans partagés régionaux de périodiques sont signalés dans le Sudoc. Une convention entre le Sudoc et la Fill a été signée en juillet 2010. Cette convention facilite les partenariats entre les centres du réseau Sudoc-PS, représentés par l'Abes, et les structures régionales du livre membres de la Fill, représentées par la Fill. Elle concerne toute action de coopération et notamment la mise en œuvre et le développement des plans de conservation partagée des périodiques (PCPP).
En 2018, la Fill a mis à jour des guides pour accompagner les plans de conservation partagée, collection jeunesse[25]. La conservation partagée des documents pour la jeunesse est née de la volonté de sauvegarder un patrimoine souvent fragile et éphémère, de le conserver et de le faire connaître à un public le plus large possible. Cette préoccupation s'est généralisée tant à l'échelon national que régional. Au niveau national, la conservation des collections jeunesse est assurée principalement par trois institutions : la BnF, qui a intégré en 2008 la Joie par les livres, devenue le Centre national de la littérature pour la jeunesse (CNLJ) ; la médiathèque Françoise-Sagan à Paris, qui ouvre ses portes en 2015 en intégrant le fonds patrimonial de l'Heure joyeuse ; la Cité internationale de la bande dessinée et de l'image (Cibdi) à Angoulême pour la BD. Néanmoins, ces institutions ne conservent pas l'intégralité de la production éditoriale.

25. http://fill-livrelecture.org/?s=plan+de+conservation+partag%C3%A9e [consulté le 06/03/2020].

5 Les publics et services

1. Les publics

Sociologie des publics

La consommation culturelle des ménages

En 2017, la part budgétaire consacrée par les ménages aux biens et services culturels est de 1,6 %. Elle était de 2,4 % en 2002.
Dans le domaine des technologies de l'information, les taux d'équipement des ménages croissent depuis les années 2000 : 94 % des ménages disposent d'une solution en téléphonie mobile, 85 % d'une connexion Internet et 78 % d'un ordinateur en 2018. Smartphones et tablettes font également partie de l'équipement des ménages, 75 % pour le premier, 41 % pour l'autre cette même année. Le taux d'équipement dépend fortement de l'âge et du niveau de qualification des ménages. Les 12-24 ans sont deux fois plus nombreux que les 70 ans à posséder une tablette tactile. Cependant en 2011, presque aucune personne âgée ne possédait de tablette alors qu'en 2017, une personne sur cinq en possède une.
Les pratiques numériques ont accentué la baisse des ventes de CD et de DVD, les ménages choisissant des abonnements musicaux et audiovisuels en streaming.
L'écrit (livre et presse) demeure la première dépense culturelle des Français. Cependant il est en net recul depuis dix ans (- 36 %) au profit des dépenses en ligne et des sorties culturelles (+ 6 %).
La progression de l'écoute de la musique se poursuit depuis les années 1970, surtout avec la diversification des supports d'écoute.

Les pratiques culturelles des ménages

Les Français dorment moins et passent plus de temps pour des soins personnels. Ils ont moins de temps pour le travail, mais en passent plus dans les transports. Les femmes réalisent moins de tâches domestiques, tous ont plus de temps libre. Leur principal loisir reste la télévision avec une progression dans l'utilisation des écrans. La pratique de la lecture baisse régulièrement depuis 1986. En un peu plus de 20 ans, la baisse atteint 33 %. Les retraités restent les plus grands lecteurs avec 30 minutes de lecture par jour. Les ménages passent plus de temps devant les écrans (télévision, ordinateurs, consoles de jeux, tablette), ils sortent plus au cinéma, au théâtre, et vont à des concerts. La fréquentation des expositions en bibliothèque arrive en quatrième position des pratiques préférées des usagers.

L'accès à la culture se fait de plus en plus *via* Internet, comme l'achat de produits culturels, de lecture, etc.
La France se situe au-dessus de la moyenne européenne sur les pratiques culturelles avec le Royaume-Uni. Les habitants des pays scandinaves et des Pays-Bas sont ceux qui pratiquent le plus la culture. Les pratiques culturelles restent liées au niveau du diplôme et de la position sociale. Ces pratiques se sont féminisées du fait des progrès de scolarisation des femmes. Les seniors sont de plus en plus intéressés par les sorties culturelles.

Les fréquentations des bibliothèques

D'après l'étude sur les publics et usages des bibliothèques municipales en 2016 réalisée par le ministère de la Culture, un Français sur quatre utilise régulièrement, au moins une fois par mois, un équipement de lecture publique. 9 % des Français ont une utilisation dite intensive d'un équipement de lecture publique, avec une fréquentation au moins une fois par semaine. 15 % des Français en ont une utilisation régulière en s'y rendant une à deux fois par mois. Enfin, 16 % des Français en ont une utilisation occasionnelle en s'y rendant moins souvent qu'une fois par mois. La progression de la fréquentation des bibliothèques municipales par ces visiteurs occasionnels représente les 4/5e de la hausse de la fréquentation générale des bibliothèques municipales des dix dernières années.
42 % des personnes interrogées fréquentaient déjà une bibliothèque entre 11 ans et 16 ans, âge des pratiques autonomes. Avant cet âge, la fréquentation et les pratiques culturelles du jeune public sont liées à celles des parents. Les générations les plus jeunes ont fréquenté massivement les bibliothèques lors de leur enfance et au début de l'adolescence. La fréquentation d'une bibliothèque au cours d'une trajectoire de vie est souvent discontinue : les parents viennent avec leurs enfants, qui eux-mêmes arrêtent de fréquenter le lieu après 16 ans, y reviennent avec leurs propres enfants, arrêtent de nouveau d'y venir puis y retournent à la retraite. Le cycle régulier d'une fréquentation de bibliothèque est de 9 ans. Les hommes (39 %) et les femmes (40 %) ont un taux équivalent de fréquentation, par contre les femmes y viennent plus souvent, 56 % d'entre elles y viennent au moins une fois par semaine contre 44 % pour les hommes.
Seuls 13 % des 60 % qui n'ont pas fréquenté une bibliothèque lors des 12 derniers mois ne sont jamais venus dans une bibliothèque. Ces non-usagers absolus sont pour 45 % des femmes.
Cependant des personnes qui n'ont lu aucune livre fréquentent aussi les bibliothèques, 17 % d'entre elles y viennent, dont 7 % au moins une fois par mois. La grande diversité des services et des collections des bibliothèques explique ce taux.
16 % des plus de 15 ans y sont inscrits et la proportion des Français qui ont été inscrits dans une bibliothèque municipale au moins une fois au cours de leur vie est passée de 57 % en 2005 à 69 % en 2016.
85 % des usagers ne fréquentent qu'une bibliothèque et 15 %, plusieurs. La durée moyenne d'une visite est de 50 minutes.

Les publics des bibliothèques

Selon les chiffres 2016 du ministère de la Culture, 91 % des Français ont eu l'occasion de se rendre dans une bibliothèque au cours de leur vie (84,8 % en 2005). 45 % de la population fréquente une bibliothèque sur les 12 derniers mois. Ce taux est stable sur les dix dernières années malgré l'accès des ménages à Internet. 72 % des 15-24 ans fréquentent une bibliothèque, c'est la tranche d'âge qui est la plus élevée. Le taux de fréquentation des 17-24 ans est aussi plus fort pour les nouvelles générations. La sensibilisation des plus jeunes aux bibliothèques grâce au développement d'actions ciblées de partenariats avec les structures de la petite enfance et surtout avec l'école, favorise la pratique de la bibliothèque pendant les premières tranches d'âge de la vie, et entraîne la fréquentation du lieu en famille puis la fréquentation continue sous l'impulsion des bibliothèques universitaires et de la montée en puissance du nombre d'étudiants. Ce qui explique qu'en 2016, 87 % des Français ont fréquenté une bibliothèque municipale au moins une fois dans leur vie, soit quinze points de plus qu'en 2005 (72 %).

91 % des usagers mettent moins de 20 minutes pour se rendre à leur bibliothèque, dont 60 % mettent moins de 10 minutes. Ils s'y rendent en général à pied (50 %) ou en voiture (43 %). 52 % des personnes qui ont des enfants fréquentent une bibliothèque contre 33 % de celles qui n'en ont pas. Le nombre de demandeurs d'emploi fréquentant une bibliothèque a augmenté.

52 % des usagers sont des cadres, 44 % des employés et 40 % des ouvriers. Parmi eux, 48 % ont un revenu de 4 500 euros et 37 % de 1 500 euros. 48 % ont un niveau bac + 3, 37 % un niveau BEPC, CAP et BEP et 29 % sont sans diplôme. Depuis 2005, ces écarts se sont réduits de cinq à dix points. Cette différence significative entre le taux d'usagers répartis selon leur profil social signifie que l'égalité d'accès aux bibliothèques et points d'accès au livre s'est fortement améliorée. Les taux de répartition en catégories socioprofessionnelles qui fréquentent les bibliothèques sont le reflet de celles qui composent la société française.

2. Les services

L'offre de services

Les services liés à l'inscription en bibliothèque

Les services liés à l'inscription en bibliothèque, dont le prêt de livres figure au premier rang, touchent le plus grand nombre de personnes. L'usage d'une même carte par plusieurs inscrits au sein d'un même foyer est courant et s'est même accentué ces dernières années du fait d'un assouplissement des règles de prêt telles que l'augmentation du nombre de documents empruntables par carte, la gratuité ou quasi-gratuité du service, etc.

Activités pratiquées par les usagers lors de leurs visites les 12 derniers mois

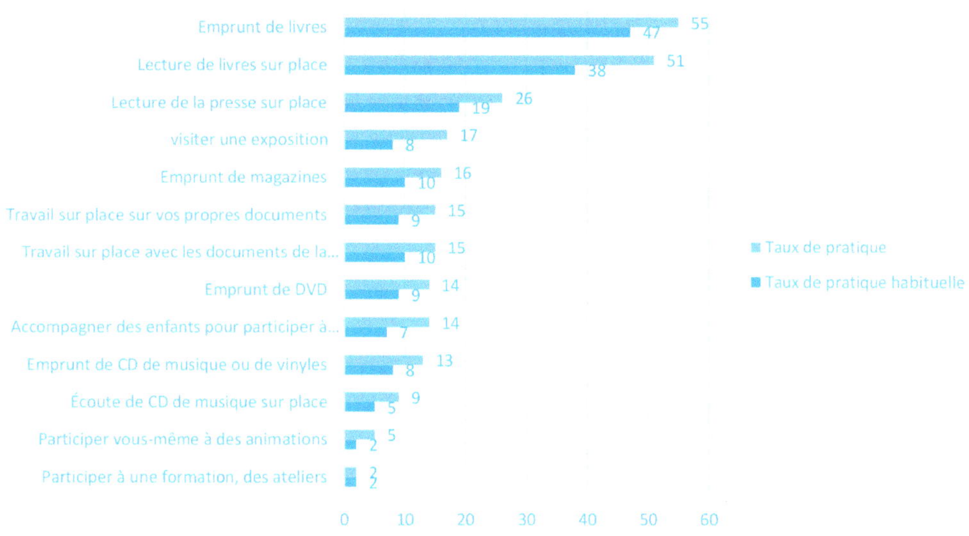

Source : Publics et usages des bibliothèques municipales en 2016, ministère de la Culture

Selon l'étude sur les publics et usages en bibliothèques municipales en 2016 réalisée par le ministère de la Culture, les pratiques des usagers des services offerts par la bibliothèque sont hiérarchisées. Le prêt de livres reste le service le plus apprécié des usagers. Un peu moins d'un usager sur deux (47 %) emprunte un livre à chacune de ses venues à la bibliothèque.

» Des services hors les murs

Des services hors les murs peuvent être mis en place, tels que le *bookcrossing* qui consiste à déposer un livre dans un lieu inhabituel pour qu'une personne le trouve, le lise et le remette en circulation. Des services temporaires d'assistance aux usagers peuvent également être mis en place lors de phases particulières d'une bibliothèque, par exemple une nouvelle implantation des collections, des petites attentions envers les usagers comme du papier, des stylos, la réservation d'un espace de travail, des prises pour un ordinateur portable, des éclairages individuels, la gestion des objets perdus, des panneaux de petites annonces bien gérés, des fontaines à eau sont des services très appréciés par les usagers.

Les services numériques

Parmi les services numériques offerts par les bibliothèques et utilisés par les usagers, viennent largement en tête la consultation du catalogue en ligne sur place (19 %), l'utilisation d'un ordinateur de la bibliothèque avec une connexion internet (13 %) ou sans (13 %), l'utilisation du réseau wifi de l'établissement (11 %), puis viennent la pratique de jeux vidéo (3 %), l'emprunt d'une liseuse (3 %) et la participation à un atelier numérique (3 %).
Selon la taille de la collectivité desservie, il existe une disparité parmi les bibliothèques offrant des ressources numériques : 13 % d'entre elles desservent une population entre 2 000 et 5 000 habitants et 67 % de plus de 100 000. Parmi ces ressources, sont offerts par ordre d'importance des bouquets de ressources d'autoapprentissage (16 %), presse (12 %), vidéo (10 %), des livres à l'unité (9 %), et des bouquets de musique (7 %) et de livres (7 %).
Des services mis en place dans les grandes bibliothèques telles que la BPI ou au sein de bibliothèques universitaires leur sont spécifiques. Ce sont des services comme le prêt entre bibliothèques (PEB), le service de réponse à distance (Ubib, Eurêkoi, etc.).

Les services pour un public déficient visuel

Les bibliothèques peuvent mettre en place un accueil en langue des signes, un accompagnement dans la prise en main des outils spécifiques et des animations accessibles.
Les outils sont variés afin que les documents soient accessibles à un public de déficients visuels. Cela peut être des vidéos en langue des signes (LSF), des DVD en audiodescription, des livres et revues en format DAISY, des livres en gros caractères, des services en ligne permettant d'écouter plusieurs titres de la presse française, des postes équipés d'une synthèse vocale et d'un agrandisseur de caractères, des outils d'accès aux textes comme des machines à lire, des télé-agrandisseurs, des plages braille, etc.
L'heure du conte, les récits pour les enfants sourds et muets peuvent se faire en langue des signes.

L'accueil

Le label Marianne

Le référentiel Marianne, piloté par le secrétariat général pour la modernisation de l'action publique (SGMAP), définit depuis 2008 le standard de la qualité de l'accueil dans les services publics de l'État, le référentiel Marianne a été entièrement refondu en 2016 pour pousser plus loin le degré d'exigence, répondre mieux encore aux attentes des citoyens et s'adapter à l'évolution des usages.

Les engagements du service Marianne se généralisent à tous les services publics en relation avec l'usager à compter de janvier 2020 afin « *de faire progresser de manière concrète la qualité du service rendu dans tous les services publics et de développer au sein des administrations une culture de la relation à l'usager* » (source : modernisation.gouv.fr). L'application de ses engagements est dans les mains des administrations.
La labellisation en bibliothèque est un moyen de formaliser, d'affiner et d'harmoniser les pratiques d'accueil en fonction des différents publics et de valoriser le service d'accueil. C'est une démarche qualité.

Les neuf engagements du label Marianne sont :
- un service public efficace :
  - 1. vous recevez une réponse à vos demandes dans les délais concernés,
  - 2. vous êtes informé sur l'avancement de votre dossier,
  - 3. vous avez accès à nos résultats de qualité de service ;
- un service public proche
  - 4. vous bénéficiez d'un accompagnement adapté à votre situation personnelle,
  - 5. dans le respect mutuel, vous êtes accueilli avec courtoisie et bienveillance et vous avez le droit à l'erreur (sauf exceptions prévues par la loi),
  - 6. nous sommes joignables directement par téléphone ou sur place et nous facilitons vos démarches en ligne ;
- un service public simple
  - 7. nous vous orientons vers la personne compétente pour traiter votre demande,
  - 8. vos avis sont pris en compte pour améliorer et simplifier nos démarches,
  - 9. afin de vous offrir un service de qualité, nous développons en permanence nos compétences.

Chaque engagement fait l'objet d'une fiche précisant le contenu de l'engagement, la réglementation applicable, les contacts concernés si besoin, et les actions réalisées par les administrations.

Les engagements du bibliothécaire vis-à-vis de l'usager

Le code de déontologie du bibliothécaire réalisé par l'ABF mentionne les engagements du bibliothécaire vis-à-vis de l'usager. « *Le bibliothécaire est d'abord au service des usagers de la bibliothèque. L'accès à l'information et à la lecture étant un droit fondamental, le bibliothécaire s'engage dans ses fonctions à respecter tous les usagers ; offrir à chacun une égalité de traitement ; garantir la confidentialité des usages ; répondre à chaque demande, ou, à défaut, la réorienter ; assurer les conditions de la liberté intellectuelle par la liberté de lecture ; assurer le libre accès de l'usager à l'information sans laisser ses propres opinions interférer ; permettre un accès à l'information respectant la plus grande ouverture possible, libre, égal et gratuit, sans préjuger de son utilisation ultérieure ; garantir l'autonomie de l'usager, lui faire partager le respect du document, favoriser l'autoformation ; promouvoir auprès de l'usager une conception de la bibliothèque ouverte, tolérante, conviviale.* »

L'accueil passe également par les horaires qui doivent correspondre à un principe de régularité, de lisibilité qui facilitera leur mémorisation par les usagers ; par des espaces aménagés qui feront que tous les publics s'y retrouvent. Cela peut être par la multiplication des petites unités comme des salles de lecture, salles de travail en groupe ou individuel, salles de formation, espaces modulables. Cela favorise la diversité des publics sans conflits d'usage.

La formation des usagers : la commission pédagogie et documentation de l'ADBU

Ses objectifs

La commission pédagogie et documentation de l'Association des directeurs des bibliothèques universitaires vise à établir, développer et articuler la coopération et les échanges entre les structures pédagogiques et documentaires au sein des établissements de l'enseignement supérieur et de la recherche. Dans ce but, elle veut renforcer leurs relations en suscitant l'intérêt des services documentaires pour les projets pédagogiques portés par les établissements, en positionnant les bibliothèques comme un cadre à compétences transversales et en facilitant l'appropriation des enjeux des pratiques, des évolutions en matière de pédagogie par les formateurs au sein des bibliothèques des établissements d'enseignement supérieur. Les premières journées annuelles du réseau des formateurs de l'enseignement supérieur ont eu lieu en 2018.

En 2016, le ministère de l'Enseignement supérieur a entrepris un travail sur le thème de la collaboration entre les équipes pédagogiques et les services de documentation. Dans le contexte de la transformation pédagogique de l'enseignement supérieur, la manière dont les parcours de formation font appel à la bibliothèque et la façon dont les enseignants interagissent avec les personnels de documentation deviennent un levier potentiel d'évolution des pratiques. Les enjeux du lien pédagogie-documentation vont bien au-delà de l'introduction de nouvelles pédagogies dans les formations documentaires. Il s'agit, pour les enseignants et les personnels de documentation, de travailler à la définition d'objectifs communs sur ce que l'université peut apporter aux étudiants en matière de formation et d'apprentissage. Parmi ces objectifs : l'utilisation des espaces avec notamment la création de nouvelles structures de type *learning center*, l'acquisition des compétences transversales dites « informationnelles », la mise à disposition des ressources avec notamment la possibilité offerte par le numérique d'élargir avec équité l'accès aux ressources pédagogiques.

Ses recommandations

Les recommandations de ce groupe de travail sont les suivantes :

- développer, au niveau de l'établissement, une vision stratégique de l'articulation entre la politique de formation et les autres dimensions de la politique de l'établissement, notamment la politique documentaire. Un levier que les établissements peuvent activer pour faire évoluer leurs pratiques d'enseignement et d'apprentissage consiste à décloisonner l'action des services dits « d'appui » tels que les services universitaires de pédagogie (ou assimilés), les services TICE (technologie de l'information et de la communication pour l'enseignement) et les services de documentation. Cela met en jeu la stratégie de formation de l'établissement ;
- donner corps aux équipes pédagogiques en s'appuyant sur des projets et y faire participer les personnels de documentation. L'équipe pédagogique est une notion qui prend forme quand elle se met au service d'un projet. C'est donc en faisant apparaître des projets (projets de formation, projets pédagogiques) au niveau de l'établissement ou de ses composantes que les équipes pédagogiques prendront corps. Les projets, en faisant appel à des approches disciplinaires et interdisciplinaires intégrant le numérique et la documentation, rassembleront dans une même équipe des enseignants et d'autres professionnels comme les personnels des bibliothèques ou des ingénieurs pédagogiques. De plus, attribuer à ces projets un budget donnerait aux équipes pédagogiques une stabilité comparable à celle des équipes plurimétiers de recherche. L'objectif est de généraliser une approche « programme » ;
- renforcer la représentation des services de documentation dans les instances de l'établissement et les regroupements d'établissements. Les établissements ayant gagné en autonomie, il devient important qu'en interne, les services d'appui puissent participer aux organes décisionnels : conseils centraux, structures de pilotage, instances pédagogiques. Le directeur des services de documentation pourrait avoir une représentativité de droit aux conseils centraux ;
- former et accompagner les personnels enseignants et de documentation pour développer une culture commune sur les questions de pédagogie. Leur collaboration sera favorisée en créant au niveau de l'établissement des actions de formation partagées sur la pédagogie universitaire, incitant ainsi au développement d'une culture commune. Elles auraient vocation à s'inscrire dans le plan de formation de l'établissement. Il s'agit d'ouvrir les actions liées à la pédagogie universitaire à l'ensemble des acteurs concernés par la formation des étudiants. Par ailleurs, il conviendrait de mettre en place de nouvelles actions de formation ou d'accompagnement sur des thèmes impliquant l'articulation pédagogie-documentation (les apprentissages documentaires, les *learning centers*, les ressources accessibles, etc.) ainsi que de mettre en place à l'échelle des établissements ou des groupes d'établissements, en s'appuyant sur les compétences des bibliothécaires, une veille collégiale, diffusée à tous les personnels, sur l'innovation pédagogique ;

- prendre en compte les acquis d'apprentissage des étudiants dans les parcours de formation, notamment la compétence informationnelle. La capacité à savoir identifier son besoin d'information, à savoir se repérer dans les multiples couloirs de l'information, à savoir trouver le bon document, le bon article, et à savoir réinvestir ces sources dans les apprentissages et produire de l'information à partir de ces sources : cette compétence informationnelle fait partie des apprentissages nécessaires et utiles aux étudiants pour leur réussite universitaire, leur insertion sociale et professionnelle. Les personnels des bibliothèques, en délivrant des séances de formation documentaire et en étant présents auprès des étudiants dans la bibliothèque, sont aujourd'hui au premier rang des acteurs qui contribuent au développement de la compétence informationnelle. Cette dernière intervient à tous les moments de la formation, elle doit apparaître dans les maquettes et donner lieu à une validation, sans pour autant constituer une discipline à part. Cela implique une collaboration, notamment entre enseignants et personnels de documentation, pour construire des scénarios d'apprentissage en tenant compte des référentiels existants ;
- mettre à la disposition des étudiants un ensemble étendu et varié de ressources pédagogiques numériques. Pour coordonner les prescriptions des enseignants vis-à-vis de leurs étudiants et les acquisitions de la bibliothèque, la collaboration au sein des établissements entre les personnels d'enseignement et les personnels de documentation doit être renforcée, car c'est ensemble qu'ils sont à même de définir, en fonction des parcours disciplinaires, quelles ressources sont à mettre à la disposition des étudiants et comment. Ils veilleront, ensemble donc, à ce que soient accessibles à tous les étudiants des documents pédagogiques numériques d'origines et de types variés : ceux issus des portails et des sites de ressources électroniques, ceux produits en interne par les enseignants de l'établissement, ceux que fournissent les éditeurs et qu'acquiert la bibliothèque. Ils créeront, à partir des compétences des bibliothécaires pour le signalement et à partir des connaissances des enseignants pour la pertinence des contenus, des liens entre les ressources numériques du service documentaire et les plates-formes pédagogiques ou les environnements numériques de travail. Ils valoriseront ainsi ces ressources auprès de toute la communauté de l'enseignement supérieur. De plus, la gestion des documents pédagogiques dématérialisés implique les infrastructures numériques des établissements et elle génère des coûts d'acquisition pour les ressources éditoriales : elle doit donc être incluse dans les schémas directeurs du numérique, au niveau national et au niveau des établissements ;
- sensibiliser les établissements au fait que la transformation pédagogique a pour corollaire la transformation des espaces. Les espaces, notamment celui de la bibliothèque, ne peuvent échapper à une transformation. Dans les projets de rénovation et de construction, il est important de faciliter la cohabitation de tous les usages qui facilitent l'apprentissage : associer espaces chauds/espaces froids, lieux connectés/déconnectés, consulter sur place/en ligne, apprendre en autonomie/guidé, apprentissage seul/en groupe/en classe/avec l'enseignant, etc. C'est sur cette base que les bibliothécaires peuvent

définir, en lien avec les expérimentations conduites par les enseignants, des espaces de travail et d'enseignement souples dans les bibliothèques : classes mobiles, cloisons modulables, salles de cours à disposition modulable, mobilier connecté, etc. De plus, les établissements qui veulent s'engager dans des initiatives de type *learning center* doivent définir explicitement en amont les objectifs de formation de leur projet, au travers d'échanges entre enseignants et personnels du SCD quand la bibliothèque ou la documentation sont impliquées.

Systèmes d'information et portails documentaires

Le système d'information documentaire

Un système d'information est « *l'ensemble de ressources (personnel, logiciels, processus, données, matériels, équipements informatiques et de télécommunication...) permettant la collecte, le stockage, la structuration, la modélisation, la gestion, la manipulation, l'analyse, le transport, l'échange et la diffusion des informations (textes, images, sons, vidéos...) au sein d'une organisation. Parmi les ressources informatiques figurent en particulier les fichiers de données, bases de données et système de gestion de bases de données (SGBD)*[26] ».
Un système d'information documentaire (SID) est un dispositif informatique d'accès à la documentation, aux ressources pédagogiques et à l'information, qui est accessible sur place ou à distance grâce à une interface unique permettant aux usagers l'interrogation de bases de données et de différentes ressources ainsi qu'un accès à une offre de services. Le SID comprend le SIGB, le système de gestion électronique de documents (GED), des outils de travail collaboratifs et des outils de recherche. Le SIGB est le logiciel professionnel qui offre différents modules : prêt/retour, gestion des périodiques, acquisitions, catalogage, statistiques, etc. Horizon, Dynix sont des SIGB. Il a une interface Web publique, l'Opac (Online Public Access Catalog) qui permet aux usagers de consulter aisément le catalogue. La GED gère peu les métadonnées et elles sont sous-utilisées.

26. Sylvie Servigne, « Systèmes informatiques. Conception, architecture et urbanisation des systèmes d'information », *Encyclopédie universalis*, www.universalis-edu.com/encyclopedie/systemes-informatiques-conception-architecture-et-urbanisation-des-systemes-d-information [consulté le 13/03/2020].

Les modules d'un SIGB et ses liens

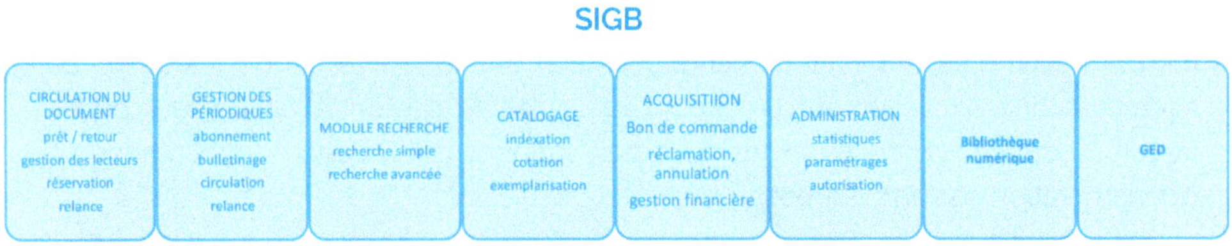

Un projet de système de gestion de bibliothèque mutualisé (SGBm) est lancé par l'Abes en 2012. Il comprend les fonctions classiques des SIGB, un résolveur de liens, un outil de découverte, l'accès à une base de connaissance et un ERMS. Un ERMS (Electronic Resource Management System) est un système qui permet une gestion entre les revues et les bases de données numériques. Ce SGBm a vocation à être déployé au niveau des bibliothèques de l'enseignement supérieur et de la recherche.

Le portail documentaire

Le portail documentaire est le site qui donne accès à un ensemble de ressources documentaires, de services et de contenus qui peuvent être thématiques. Le portail documentaire ne se limite pas à l'accès au catalogue d'une bibliothèque. Il peut contenir une bibliothèque numérique. Le portail documentaire doit répondre idéalement à toutes les attentes des usagers. Il doit être pédagogique, ergonomique, esthétique à la charte graphique de l'université ou de la tutelle et dynamique.

Service d'appui à la recherche

Les services d'appui à la recherche au sein des bibliothèques universitaires font écho au dispositif d'appui à la recherche sous forme de gouvernance, de direction ou de service au sein des universités. Ces gouvernances, directions ou services visent à accompagner la mise en œuvre de la politique de recherche d'une université en développant les services d'appui aux personnels de la recherche, aux unités de recherche, en se dotant par exemple d'un système de suivi efficace de la production scientifique des laboratoires par un recensement régulier des publications et des réalisations scientifiques ou en offrant un support professionnel pour élaborer les dossiers en réponse aux appels d'offres de l'Agence nationale de la recherche (ANR), européens et internationaux.
Il s'agit d'accompagner les chercheurs, enseignants-chercheurs et doctorants pour une transition vers l'*open access* dans la publication, la diffusion et la valorisation des résultats de leurs recherches, de les former, les guider pour une indexation de qualité de leurs recherches sur la plate-forme institutionnelle d'archives ouvertes de leur université, mais aussi d'accompagner les doctorants sur le dépôt électronique de leur thèse en coopération

avec les écoles doctorales et de leur fournir la documentation nécessaire à leur recherche *via* le service du prêt entre bibliothèques (PEB) ainsi que de leur proposer des formations sur l'intégrité scientifique et les données de la recherche, les droits d'auteur, par exemple.

L'action culturelle

Le programme d'action culturelle

Les animations culturelles ont pour but de faire découvrir la bibliothèque à de nouveaux publics et aussi de fidéliser les usagers ; de valoriser les collections parfois méconnues et services proposés par la bibliothèque ; de donner une nouvelle image de la bibliothèque qui est un lieu d'action culturelle vivant et ouvert ; de créer du lien social : une animation est toujours un moment privilégié de rencontres et d'échanges qui permet de tisser et de renforcer le lien social au sein des communes ou d'une communauté universitaire ; de motiver et souder l'équipe ; de se positionner par rapport à l'institution : l'animation culturelle valorise l'image de la bibliothèque auprès des élus, de la direction.

L'ensemble des animations prévues au sein d'un établissement doit faire l'objet d'un programme d'action culturelle qui est travaillé un ou deux ans en amont. Les animations s'inscrivent dans une véritable stratégie avec un cadre et des objectifs définis. Des animations peuvent s'inscrire dans la durée. Ces animations peuvent prendre différentes formes. Ce programme doit refléter les missions de l'établissement et la politique culturelle de la collectivité ou de la tutelle. La création de cycles est un facteur de fidélisation et d'identité. Il est nécessaire de communiquer ce programme auprès du public. Ce dernier peut faire l'objet d'un tirage papier, d'une mise en ligne, etc.

L'établissement veillera à établir les modalités et procédures pour chaque action culturelle de la conception au bilan en y notifiant le budget, les besoins en matériel technique, le calendrier, la communication qui pourra se faire sous forme de cartons d'invitation, d'affiches, de catalogues ou de brochures, les relations avec la presse, si nécessaire, les espaces consacrés, ainsi que lorsqu'un partenaire intervient, la formalisation du contrat en ayant préalablement demandé un devis et l'établissement d'attestation d'assurance listant les œuvres exposées.

Les usages en bibliothèque liés à la programmation culturelle des bibliothèques occupent la quatrième position des pratiques en bibliothèque après celles liées au livre et à la presse.

La mise en place d'une politique culturelle

Pour mettre en place une politique d'action culturelle, il faut que l'établissement ait une connaissance du contexte local et de l'environnement socioculturel sur lequel il est situé. Il faut cibler le public à servir, les actions à proposer, les partenaires existants ou potentiels et voir s'il y a des événements existants sur lesquels l'établissement peut se rattacher.

Les publics à servir seront définis par l'environnement géographique, économique, social et culturel, ainsi que par les types d'usagers inscrits ou non à la bibliothèque, leurs habitudes d'emprunt et leurs usages des services.

Le service ou la mission culture d'une bibliothèque universitaire sera en relation étroite avec le service culturel de l'université, du fait de ses connaissances de l'environnement culturel territorial, de ses compétences et de son réseau dont il pourra faire bénéficier la bibliothèque. Les actions culturelles mises en place sont inscrites dans le projet d'établissement de l'université et sont réalisées en lien avec cet environnement institutionnel et local (recherche, formation, public, vie étudiante).

Des animations peuvent se réaliser hors les murs afin de faire découvrir la bibliothèque aux non-fréquentants qui le sont pour des raisons socioculturelles ou psychiques : peur d'entrer dans un lieu culturel, illettrisme, etc.

Une politique d'action culturelle peut aussi se réaliser avec des partenariats : d'autres médiathèques, des bibliothèques de réseau, la bibliothèque départementale, les écoles, les ESPE, les centres de loisirs, les CCAS, les centres sociaux, le conseil départemental, la Drac, le conseil régional, la Fill, les CNFPT, le CNL, etc.

6 La sécurité des publics et des locaux

1. Les ERP

Un ERP est un établissement recevant du public. Les réglementations en vigueur portent sur la prévention incendie et l'accessibilité du public. Il existe différents types d'ERP. Une bibliothèque est de type S. Elle se situe en premier groupe de la première à la quatrième catégorie ou en deuxième groupe de cinquième catégorie.
La lettre S correspond à l'activité de l'établissement : bibliothèques, centres de documentation. La catégorie est déterminée en fonction de la capacité d'accueil des établissements.

Les catégories d'ERP

Catégorie	Capacité d'accueil des établissements
1	Au-dessus de 1 500 personnes (public et personnel)
2	De 701 à 1 500 personnes (public et personnel)
3	De 301 à 700 personnes (public et personnel)
4	300 personnes et en dessous, à l'exception des établissements de 5e catégorie (public et personnel)
5	Établissements accueillant un nombre de personnels inférieur au seuil dépendant du type d'établissement (public)

Pour l'application des règles de sécurité, les ERP sont classés en deux groupes : le premier comprend les quatre premières catégories et le second la cinquième. À l'intérieur du type S, des locaux sont à des niveaux de risque différents : l'atelier de réparation est à un niveau important, les magasins sont d'un niveau moyen pour ceux de moins de 300 m^2 et les salles en libre accès sont d'un faible niveau de risque.
La réglementation vise à éviter la naissance et la propagation du feu par des mesures de prévention et à organiser la lutte contre l'incendie par des mesures préventives. Avant l'ouverture ou la réouverture après une fermeture d'au moins dix mois de l'établissement au public, la vérification et le contrôle du respect de la réglementation se font par le maire, le représentant de l'État dans le département ou la commission de sécurité. Cette dernière est une instance qui possède les compétences particulières en matière de sécurité et elle a pour mission d'éclairer les autorités administratives chargées de vérifier que les règles de sécurité sont correctement appliquées dans les ERP. Composée de techniciens, d'experts et d'officiers sapeurs-pompiers titulaires du « brevet de prévention », cette commission

instruit les dossiers d'aménagement des ERP et se déplace sur le terrain pour s'assurer que les mesures édictées par le « Code de la construction et de l'habitation » et le « Règlement de sécurité » sont respectées.

2. La sécurité des usagers

Les consignes de sécurité sont propres à chaque établissement, des formations sont dispensées à l'ensemble du personnel par le référent sécurité dudit établissement ou de la collectivité.
Si l'alarme incendie se déclenche, les portes et fenêtres doivent être fermées afin d'éviter les appels d'air, les équipements informatiques éteints si possible, les ascenseurs ne doivent pas être utilisés et les usagers doivent être évacués selon le plan d'évacuation établi au préalable. Le public se dirigera vers un point de rassemblement défini au préalable. Une attention particulière sera accordée aux usagers en situation de handicap. Des exercices d'évacuation sont régulièrement réalisés.
S'il s'agit d'un accident entraînant une blessure, une chute, un malaise, le 15 doit être prévenu ainsi que le PC sécurité de l'établissement. L'appel à un secouriste du travail doit se faire.
S'il s'agit d'un incident type agression ou vol, le 17 doit être prévenu, ainsi que le PC sécurité de l'établissement.

Les numéros à connaître en cas durgence

Les numéros d'appel d'urgence permettent de joindre gratuitement les secours 24 heures sur 24

112	Numéro d'appel d'urgence européen	Si vous êtes victime ou témoin d'un accident dans un pays de l'Union européenne.
15	Samu le service d'aide médical urgent	Pour obtenir l'intervention d'une équipe médicale lors d'une situation de détresse vitale, ainsi que pour être redirigé vers un organisme de permanence de soin.
17	Police secours	Pour signaler une infraction qui nécessite l'intervention immédiate de la police.
18	Sapeurs-pompiers	Pour signaler une situation de péril ou un accident concernant des biens ou des personnes et obtenir leur intervention rapide.
114	Numéro d'urgence pour les personnes sourdes et malentendantes	Si vous êtes victime ou témoin d'une situation d'urgence qui nécessite l'intervention des services de secours. Numéro accessible par fax et SMS.

PARTIE IV

Annales corrigées

1 Les sujets

1. La session 2019

L'épreuve d'admissibilité

La note

Bibliothécaire assistant(e) spécialisé(e) de classe normale, vous exercez vos fonctions dans une bibliothèque universitaire essentiellement fréquentée par des étudiants de 1er cycle de toutes disciplines. Au sein du pôle Services aux publics, vous êtes responsable de la gestion des salles de lecture d'une des bibliothèques. Alors que vous assurez une permanence à la banque d'accueil, un conflit entre les usagers surgit en raison du bruit ambiant. Un usager vous interpelle et vous demande d'intervenir.
À l'issue de l'incident, vous rédigez, à l'aide des documents fournis, une note en deux parties, à l'intention de votre hiérarchie, comprenant :

- un rapport sur l'incident, dans lequel vous décrirez avec précision votre intervention (1 page maximum) ;
- une note de propositions visant à apporter des solutions concrètes pour la gestion du bruit dans cette salle de lecture (3 pages maximum).

À la suite de la note, vous synthétiserez les préconisations dans un tableau distinguant les solutions à court, moyen et long termes. Vous identifierez pour chaque solution les actions et les ressources à prévoir (interlocuteurs, moyens matériels et humains). Vous préciserez également si des ressources financières exceptionnelles sont à mobiliser.

DOCUMENTS

- Document n° 1 : Organigramme fonctionnel de la bibliothèque au sein de l'université au 1er janvier 2019
- Document n° 2 : Règlement intérieur de la bibliothèque (extrait)
- Document n° 3 : Plan schématique de la bibliothèque
- Document n° 4 : Référentiel Marianne (extrait) : engagement n° 4
- Document n° 5 : « Zonage et accueil en BU », extraits de l'article de Maxime Szczepanski (*Développer l'accueil en bibliothèque. Un projet d'équipe*, Paris, Presses de l'Enssib, coll. « La boîte à outils », 2017)

» Document n° 1

Organigramme fonctionnel de la bibliothèque au sein de l'université au 1er janvier 2019

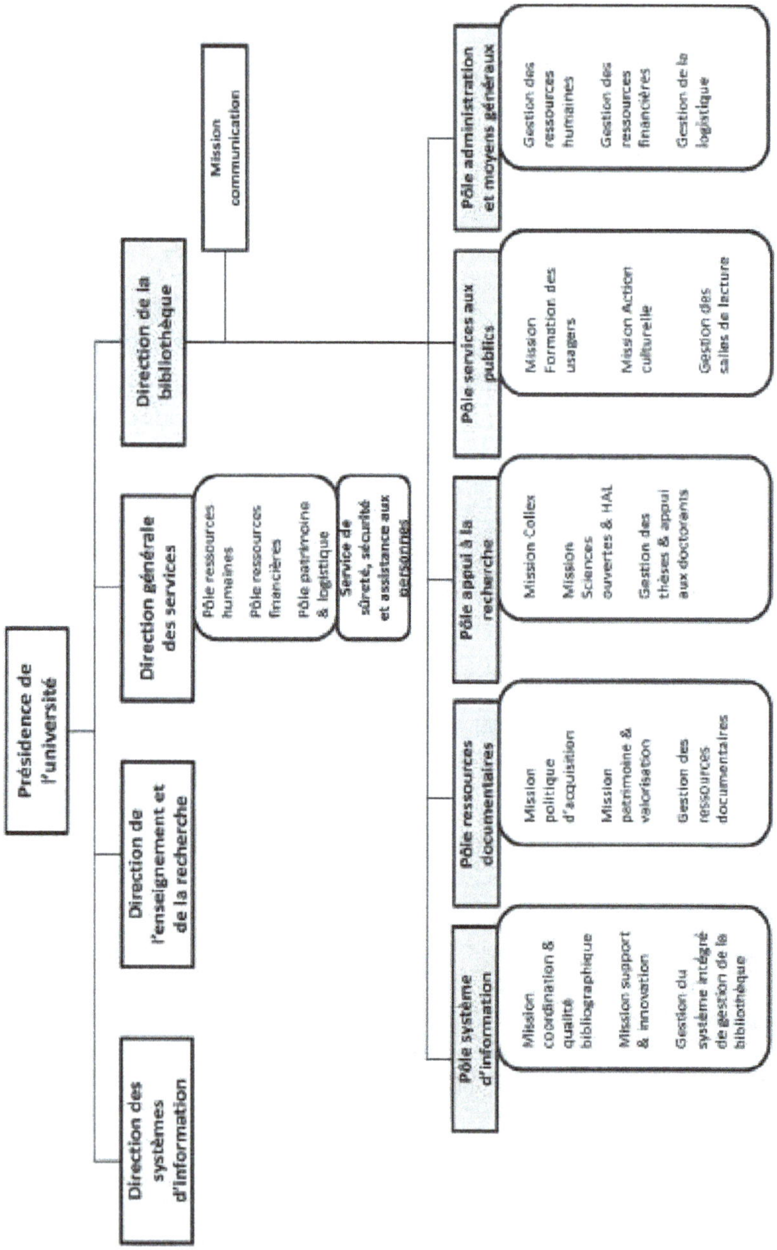

» Document n° 2

Règlement intérieur de la bibliothèque [extrait]

Section 3 : des devoirs des usagers

Article 10

Les usagers sont tenus de respecter le silence dans la bibliothèque, espaces de circulation y compris. L'usage des téléphones portables est interdit.

Article 11

Il est interdit de fumer, de manger ou de boire dans la bibliothèque.

Article 12

Les usagers doivent avoir une tenue vestimentaire correcte, et se montrer courtois vis-à-vis des autres usagers comme du personnel.

Article 13

Les animaux sont interdits à l'exception des chiens guides d'aveugles.

Article 14

Les espaces internes pour le personnel sont strictement interdits au public : des panneaux d'interdiction le signifient aux usagers, qui sont tenus de s'y conformer.

Article 15

Lorsqu'un usager déclenche l'alarme antivol, il doit :

- remettre au personnel sa carte d'étudiant ou de bibliothèque et présenter le contenu de son cartable ou assimilé ;
- présenter tout objet en sa possession qui aurait pu déclencher l'alarme.

Article 16

Le personnel est habilité à faire respecter l'ensemble de ces consignes, notamment à rappeler les usagers au silence, et leur demander de présenter leur carte d'étudiant ou de bibliothèque. Toute infraction aux règles de bon fonctionnement de la bibliothèque est passible de sanctions allant de la suspension du prêt à domicile à l'exclusion temporaire ou définitive de la bibliothèque. Cette dernière sanction fera l'objet d'un compte rendu circonstancié au président de l'université, pour saisine éventuelle de la section disciplinaire du conseil d'administration de l'établissement.

» Document n° 3

Plan schématique de la bibliothèque

» Document n° 4

Référentiel Marianne (extrait) : engagement n° 4

Un accueil aimable et attentionné
Engagement n° 4

Nous vous accueillons avec courtoisie dans le respect mutuel, nous vous informons de votre délai d'attente, et nous veillons à votre confort.

DÉTAIL DE L'ENGAGEMENT
Les agents accueillent les usagers par un mot de bienvenue et en prennent congé par une formule de politesse.
Ils s'identifient par leur nom[1] et par celui de leur service.

Canal physique
L'agent s'identifie par son service, et si possible, par son prénom et/ou nom (par exemple : badge, cavalier, carte de visite, identification des bureaux).

Les locaux accueillant du public :
- sont bien éclairés, propres et rangés ;
- permettent aux usagers de s'asseoir en cas d'attente ;
- répondent aux besoins de confidentialité des usagers (par exemple : démarcation au sol à une distance suffisante, dispositifs d'isolation sonore, etc.).

Ces locaux peuvent également :
- mettre à disposition des usagers des bornes, des tablettes ou une connexion Internet afin de leur permettre de réaliser leurs démarches en ligne ;
- comporter des espaces pour les enfants en bas âge et des fontaines à eau.

Les usagers ont accès aux toilettes lorsqu'ils en font la demande (sauf impératif de sécurité).

Canal téléphonique
L'agent s'identifie par sa structure et/ou son service et dans la mesure du possible son prénom et/ou nom.
Une estimation du délai d'attente (ou du rang dans la file d'attente) est communiquée à l'usager.

1. Sous réserve des exceptions prévues par loi n° 2000-327 du 12 avril 2000 relative aux droits des citoyens dans leurs relations avec les administrations.

Courriers et courriels

Les courriers et courriels indiquent le nom et le service de l'interlocuteur en charge du dossier.
Ils s'ouvrent et se concluent par une formule de politesse appropriée.
Ils informent l'usager des délais de traitement de sa demande.

Références

Articles L.111-2 à L. 111-3 du Code des relations entre le public et l'administration.

» Document n° 5

« Zonage et accueil en BU », extraits de l'article de Maxime Szczepanski (*Développer l'accueil en bibliothèque. Un projet d'équipe*, Paris, Presses de l'Enssib, coll. « La boîte à outils », 2017)

Vous souhaitez, en tant que professionnel.le, réaménager les espaces de votre bibliothèque afin de proposer des lieux différenciés de travail, de détente, de loisirs, de discussion (liste non exhaustive) aux usagers. À partir de plusieurs expériences menées à la bibliothèque universitaire d'Angers (BUA), je propose quelques pistes de travail [...]

Ne résolvez pas un problème. répondez à un besoin.
En 2008-2009, à la suite de la première enquête Libqual menée à Angers, l'équipe de direction de la BUA a pris la décision de diviser les espaces publics de la bibliothèque Belle-Beille en quatre zones, respectivement nommées « zone libre », « zone calme », « zone silence » et « zone com ». Chaque zone s'est vu attribuer une couleur – verte, orange, rouge et noire – matérialisée par la pose de bandeaux sur les piliers blancs et de kakémonos de couleur. La campagne de communication associée à cette signalisation pérenne avait pour nom « le bruit, c'est l'affaire de tous ». Elle a consisté en la distribution par l'équipe de bibliothécaires dans le hall, de flyers aux usagers pendant plusieurs jours, à proximité de kakémonos explicatifs, accrochés au même endroit. Comme l'expliquait Olivier Tacheau, alors directeur : « De l'avis de tous, notre bibliothèque n'en était plus vraiment une depuis plusieurs mois côté qualité et ambiance sonores[1]. »

Garder la ligne
Ce que dit avec franchise ce billet de blog, c'est que l'idée d'une différenciation des espaces de la bibliothèque est apparue en réaction à une situation perçue comme problématique. Celle-ci peut être ainsi résumée : depuis plusieurs années, une partie croissante des usagers parle, discute, échange ou téléphone dans la bibliothèque. Une autre partie, rejoignant les représentations et les préoccupations d'une majorité des bibliothécaires et du corps enseignant, souhaite au contraire travailler ou lire sinon dans le silence, du moins dans le calme. Les espaces étant différenciés et non cloisonnés, celles et ceux qui parlent gênent les autres. L'autorégulation (par les étudiant.e.s) et la régulation (par les bibliothécaires) ne fonctionnent pas : celles et ceux qui parlent sont plus nombreux, rétifs aux (ou plutôt oublieux des) rappels à l'ordre.
Face à des conflits d'usage récurrents ou à l'expression répétée d'un mécontentement, une première recette consiste à tenter de modifier les comportements des étudiant.e.s. À Angers, ces derniers ont été tout d'abord incités, par des campagnes de communication ciblées ou par l'interpellation directe, à faire moins ou pas de bruit, en coupant la sonnerie des téléphones

1. Olivier Tacheau, « La parole est d'or, le silence aussi ! », 2009, https://tacheau.wordpresscom/2009/01/21/le-silence-est-dor-la-parole-aussi

portables, en ne parlant pas ou en parlant moins fort. Mais cette démarche n'a pas donné les résultats escomptés. Le *turn-over* permanent (des étudiant.e.s entrent et sortent tout au long de la journée), les pratiques de travail (majoritairement collectives), la configuration des lieux et l'agencement des mobiliers (*open space*, piètre qualité phonique des lieux), la difficulté enfin pour une majorité du personnel de jouer un rôle de régulateur et de faire vivre les règles… ont incité à tenter une autre approche : accepter et inscrire dans l'espace de la bibliothèque, par un zonage spécifique les différentes pratiques du public.

S'adapter

Il est possible de reformuler le cadre de la situation précédente. Certains usagers ont en effet besoin de travailler à plusieurs ou de discuter :

- parce que les enseignant.e.s demandent des travaux de groupe ;
- parce qu'il s'agit d'un bon moyen de partager cours et connaissances dans un milieu non concurrentiel[2] ;
- parce que ces pratiques s'inscrivent dans les sociabilités étudiantes ;
- parce que les téléphones portables font partie du quotidien des individus – en sont désormais même l'extension ;
- parce que les étudiant.e.s partagent manifestement une conception de la bibliothèque comme lieu où il est normal de pouvoir échanger ;
- parce qu'une majorité de cursus universitaires préparent à des métiers du tertiaire, où la dimension relationnelle du travail est centrale. […]

Les espaces sont plastiques et s'adaptent aux étudiant.e.s – pas l'inverse

Un accueil repensé : quelques exemples.

[…]

Bilan d'étape : ça marche, mais

Cela fait maintenant plus de 8 ans que la BUA propose cette partition des espaces. En voici un bref bilan :

- les usages collectifs sont très majoritaires. La zone Com est systématiquement la plus fréquentée, à l'inverse de la zone Silence, quelle que soit la période considérée ;
- les zones Com et Silence sont celles qui fonctionnent le mieux au regard des objectifs attendus (travailler en groupe/travailler individuellement). La régulation par les personnels reste minime et concerne surtout le déplacement de mobilier en zone Silence (qui est interdit) pour des étudiant.e.s à 3 ou 4 par table ;
- la zone Calme est celle dont l'ambiance sonore varie le plus. Le calme est une notion relative : à certains moments de la journée (le matin notamment), l'ambiance peut y être qualifiée de studieuse ; à d'autres, elle est proche de celle de la zone Com. Les tentatives de régulation par l'équipe menées sous la forme de « campagne contre le bruit » entre 2012 et 2014, visaient à imposer des discussions à voix basse tout en limitant le nombre d'étudiant.e.s à 4 par table. Elles n'ont pas donné les résultats escomptés et ont été mal vécues par les bibliothécaires.

2. La situation des étudiant.e.s de médecine est différente.

Les attentes des étudiant.e.s n'ont (pour l'instant) pas fait l'objet d'enquête qualitative. Mais les retours et échanges informels en donnent un premier aperçu. Comme dans le monde tertiaire[3] mais pour d'autres raisons sans doute[4], c'est la logique de l'*open space* propre aux bibliothèques qui fait l'objet d'une critique implicite. Les étudiant.e.s semblent en demande d'espaces de travail fermés, privatisables pour quelques heures, dans lesquels elles/ils peuvent travailler individuellement ou en groupe sans s'exposer au regard ou à l'attention des autres. Or, la logique de l'*open space* propre aux bibliothèques universitaires ne correspond pas à ce besoin. [...]

3. Les articles critiques sur l'*open space* sont courants dans la presse généraliste et spécialisée. Voir parmi d'autres l'analyse de la journaliste Anne Chemin, « Dans la cage de l'*open space* », *Le Monde*, rubrique « Culture et idées », 18 octobre 2012, www.lemonde.fr/culture/article/2012/10/18/dans-la-cage-de-l-open-space_1777656_3246.html. Pour une mise en perspective historique, voir Thierry Pillon, « Retour sur quelques modèles d'organisation des bureaux de 1945 à aujourd'hui », *La Nouvelle Revue du travail*, n° 9, 2016, http://nrt.revues.org/2860. Voir aussi la contribution d'Élisabeth Pélegrin-Genel dans le volume 42 de la collection « La boîte à outils », *Réaménagez une bibliothèque*, à paraître en décembre 2017.

4. « L'*open space* reprend l'idée de la proximité des personnes (combinée avec l'absence de barrières physiques et la transparence d'un bout à l'autre des bâtiments) comme moyen d'améliorer l'efficacité au travail, en s'appuyant sur l'hypothèse d'une relation entre la réduction des distances entre les personnes, la communication et la performance. À cette représentation s'ajoute une autre, celle de la mobilité des personnes, que l'aménagement peut supporter voir encourager, pour améliorer la coopération à l'intérieur comme à l'extérieur de l'entreprise (Fenker, 1998) », Thérèse Evette, Michael Fenker, « Conception et usages de l'espace. Une autre lecture des risques psychosociaux », *in* François Hubault (dir.), *Risques psychosociaux. Quelle réalité, quels enjeux pour le travail ?*, Toulouse, Octares, coll. « Le travail en débats », 2011.

Les questions

Question 1 : À quoi s'engage un service public lorsqu'il adopte le référentiel Marianne ?
Question 2 : À quoi sert un ISBN ? Quelle différence avec un ISSN ?
Question 3 : Quel est le rôle d'une bibliothèque nationale ?
Question 4 : Cocher d'une croix la réponse aux questions suivantes :

Au regard de la loi, un(e) bibliothécaire assistant(e) spécialisé(e) de classe normale peut-il (elle)...	Oui	Non
désobéir à une instruction donnée par son supérieur hiérarchique ?		
distribuer un tract politique dans les espaces publics ?		
porter un signe ostentatoire d'appartenance religieuse en service public ?		
adhérer à un syndicat ?		

L'épreuve d'admission au concours externe : les textes

Information : la reproduction du texte intégral est interdite pour des raisons de droits d'auteur et de propriété intellectuelle.

BLANCHARD Sandrine, « Un an après, les bibliothèques ouvrent-elles "mieux et plus" ? », *Le Monde*, 27 février 2019.
Disponible sur www.lemonde.fr/culture/article/2019/02/27/timide-ouverture-pour-les-bibliotheques_5428823_3246.html

DUNOUAU Aurélie, « Qui sont les personnes qui ne vont pas en bibliothèque ? », *La Gazette des communes*, 9 avril 2019.
Disponible sur www.lagazettedescommunes.com/616557/qui-sont-les-personnes-qui-ne-vont-pas-en-bibliotheque

FOURMEUX Thomas, « Et si ouvrir plus, c'était ouvrir sans les bibliothécaires ? », *Biblio Numericus* [en ligne], 12 mai 2018.
Disponible sur https://biblionumericus.fr/2018/05/12/et-si-ouvrir-plus-cetait-en-fait-ouvrir-sans-les-bibliothecaires

FOURMEUX Thomas, « Les bibliothèques sont-elles menacées par l'automatisation et l'intelligence artificielle ? », *Biblio Numericus* [en ligne], 6 avril 2019.
Disponible sur https://biblionumericus.fr/2019/04/06/les-bibliotheques-sont-elles-menacees-par-lautomatisation-et-lintelligence-artificielle

FOURMEUX Thomas, « Les ressources numériques, l'épine dans le pied des bibliothèques », *Biblio Numericus* [en ligne], 18 janvier 2019.
Disponible sur https://biblionumericus.fr/2019/01/18/les-ressources-numeriques-lepine-dans-le-pied-des-bibliotheques

GAUSSEN David, « À Marseille, on laisse pourrir les bibliothèques », *Le Monde*, 15 mars 2019.
Disponible sur www.lemonde.fr/idees/article/2019/03/15/a-marseille-on-laisse-pourrir-les-bibliotheques_5436382_3232.html

GIRARD Hélène, « À quoi servent les bibliothèques ? Un rapport livre une méthode d'évaluation », *La Gazette des communes*, 3 avril 2019.
Disponible sur www.lagazettedescommunes.com/615800/a-quoi-servent-les-bibliotheques-un-rapport-livre-une-methode-devaluation

IFLA, « L'Europe devrait renforcer l'impact des bibliothèques : un manifeste », ActuaLitté.fr [en ligne], 22 mars 2019. ISSN : 2111-4285.
Disponible sur www.actualitte.com/article/tribunes/l-europe-devrait-renforcer-l-impact-des-bibliotheques-un-manifeste/93966

SERRELL Mathilde, « Et si la Finlande avait inventé la bibliothèque du futur ? », *France culture*, le billet culturel [en ligne], 4 décembre 2018.
Disponible sur www.franceculture.fr/emissions/le-billet-culturel/le-billet-culturel-du-mardi-04-decembre-2018

SOLYM Clément, « Bibliothèques, lecteurs et livre : la Belgique se met en quatre », ActuaLitté.fr [en ligne], 27 mars 2019. ISSN : 2111-4285.
Disponible sur www.actualitte.com/article/monde-edition/bibliotheques-lecteurs-et-livres-la-belgique-se-met-en-quatre/94062

VAVASSEUR Pierre, « Erik Orsenna au pays des bibliothèques », *Le Parisien/Aujourd'hui en France*, 15 février 2019.
Disponible sur www.leparisien.fr/culture-loisirs/livres/erik-orsenna-au-pays-des-bibliotheques-15-02-2019-8012331.php

2. La session 2018

L'épreuve d'admissibilité

La note

Cas pratique : Notation sur 14, dont 6 points pour le tableau

Bibliothécaire assistant(e) spécialisé(e) dans une bibliothèque universitaire, vous encadrez une équipe de 15 étudiants contractuels, au sein du pôle Publics.

Les étudiants contractuels participent à l'accueil, aux inscriptions, au prêt-retour, et au rangement des collections en libre accès.

Sept nouveaux étudiants contractuels sont attendus à la prochaine rentrée universitaire : vous devez mettre en place un programme d'accueil et de formation, au terme duquel ils devront être en mesure de prendre leur poste.

Vous rédigerez une note à l'attention de votre responsable, présentant les objectifs de la formation, ses contenus et les modalités de mise en œuvre.

Vous y associerez le programme détaillé de cette formation sous la forme d'un tableau identifiant les intervenants et leurs fonctions, l'intitulé des formations, le volume horaire, et les moyens (lieux, matériels, supports, etc.).

L'ensemble de la note ne dépassera pas 4 à 5 pages.

DOCUMENTS

- Document n° 1 : Organigramme de la bibliothèque
- Document n° 2 : Fiche de poste pour le recrutement d'étudiants contractuels
- Document n° 3 : Décret n° 2015-652 du 1er juin 2015 (recrutement et emplois d'étudiants)
- Document n° 4 : Direction de la documentation de l'École des ponts Paris Tech, « Portrait d'un nouveau moniteur-étudiant : Elias », Lesage blog, 12 avril 2012 [extrait sans illustration]
- Document n° 5 : Service commun de la documentation de l'université Claude-Bernard Lyon 1, « Être étudiant et travailler à la BU ? C'est possible », BU LYON 1, 2 mai 2014 [extrait sans illustration]

» Document n° 1

Organigramme de la bibliothèque

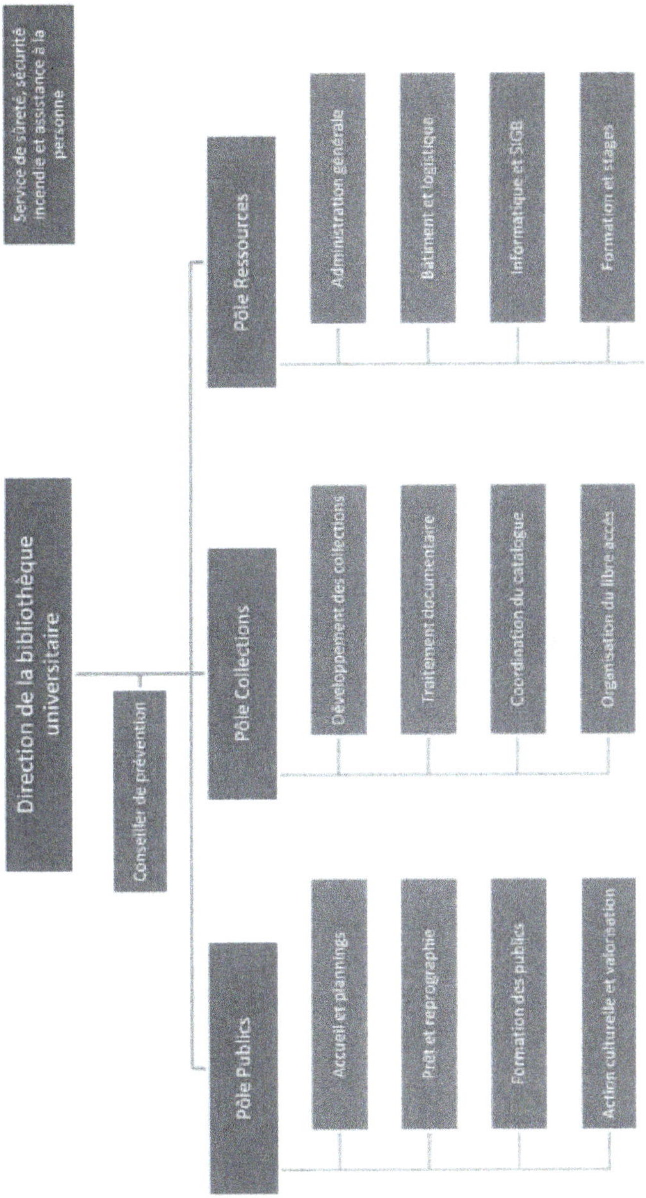

» Document n° 2

Fiche de poste pour le recrutement d'étudiants contractuels

FICHE DE POSTE
CONTRACTUEL ÉTUDIANT POUR LE SERVICE PUBLIC 2018-2019

Missions
Les étudiants sont recrutés pour participer au service public à la bibliothèque : accueil, orientation et information des usagers, inscription, prêt/retour, rangement des documents.

Activités
Au sein du pôle Publics, et sous l'autorité/responsabilité du chef d'équipe accueil, les étudiants :
- participent au service public du lundi au samedi entre 9 h et 22 h ;
- contribuent à l'accueil et au renseignement des usagers en veillant à faire appliquer le règlement et les consignes de sécurité pour les collections, les personnes et les locaux.

Détail des activités du poste :
- inscription des usagers ;
- enregistrement des prêts et retours de documents et de matériel (PC portable, etc.) ;
- rangement des collections en libre accès ;
- information et renseignement des usagers ;
- assistance des usagers à l'utilisation du matériel mis à disposition (automates de prêt/retour, PC, photocopieurs, etc.) ;
- participation à des chantiers ponctuels.

Une formation, comprise dans l'horaire du contrat, est assurée par la bibliothèque.

Compétences et qualités
- Sens des relations avec le public.
- Capacité à se situer et à s'intégrer dans une équipe de travail.
- Rigueur, ponctualité.

Contraintes spécifiques
- Disponibilité de 19 h à 22 h, une à deux fois par semaine (lundi à vendredi).
- Disponibilité un samedi sur deux.

Conditions de recrutement
- Avoir une carte d'étudiant pour l'année universitaire 2018-2019.

Conditions d'emploi
- Type d'emploi : contrat sur la base du décret n° 2007-1915 du 26 décembre 2007 (codifié par décret n° 2015-652 du 10 juin 2015 dans l'article D. 811 du code de l'éducation).
- Durée du contrat : du 1er octobre 2018 au 30 juin 2019.

- Statut : contractuel étudiant.
- Quotité hebdomadaire de travail : 15 heures/semaine
- Congés : 1/10e du temps travaillé.
- Rémunération : Smic horaire
- Prise en charge partielle des frais de transport sur le trajet domicile travail.

Contacts

Envoyer vos CV et lettre de candidature à :

- contact@bibliothequex.fr
- emploisce@bibliothequex.fr

» Document n° 3

Décret n° 2015-652 du 1er juin 2015 (recrutement et emplois d'étudiants)

ANNEXE

Livre VIII : LA VIE UNIVERSITAIRE
Titre Ier : LES DROITS ET OBLIGATIONS DES USAGERS DU SERVICE PUBLIC DE L'ENSEIGNEMENT SUPÉRIEUR
Chapitre unique.
Section I : Recrutement et emploi d'étudiants

Article D. 811-1

En application des dispositions de l'article L. 81 I-2, les étudiants sont associés à l'accueil des nouveaux étudiants, à l'animation de la vie des établissements d'enseignement supérieur et aux activités d'aide à l'insertion professionnelle. À cette fin, ils peuvent être recrutés, par contrat, par les présidents et les directeurs des établissements publics d'enseignement supérieur pour exercer les activités suivantes :

- l° Accueil des étudiants ;
- 2° Assistance et accompagnement des étudiants handicapés ;
- 3° Tutorat ;
- 4° Soutien informatique et aide à l'utilisation des nouvelles technologies ;
- 5° Service d'appui aux personnels des bibliothèques ;
- 6° Animations culturelles, scientifiques, sportives et sociales ;
- 7° Aide à l'insertion professionnelle ;
- 8° Promotion de l'offre de formation.

Article D. 811-2

L'établissement assure un suivi des étudiants recrutés qui peut comporter une assistance ou une formation complémentaire. La gestion des emplois étudiants est confiée à l'un des services de l'établissement.

La commission de la formation et de la vie universitaire du conseil académique, ou l'organe en tenant lieu, débat chaque année de la politique d'emploi étudiant de l'établissement.

Article D. 811-3 En savoir plus sur cet article...

Les contrats sont conclus pour une période maximale de douze mois entre le 1er septembre et le 31 août. La durée effective de travail ne peut excéder 670 heures entre le 1er septembre et le 30 juin et 300 heures entre le 1er juillet et le 31 août. Ces durées maximales sont réduites au prorata de la durée du contrat sur chacune des périodes considérées.

La reconduction du contrat est expresse dans la limite maximale définie à l'article 6 bis de la loi n° 84-16 du 11 janvier 1984 portant dispositions statutaires relatives à la fonction publique de l'État.

Article D. 811-4

Les étudiants bénéficiaires des contrats poursuivent leurs études et exercent les activités prévues au contrat, en temps partagé, selon un rythme approprié. Les modalités d'exercice des activités et d'accomplissement du volume effectif de travail, prévues au contrat, sont organisées et aménagées en fonction des exigences spécifiques de la formation suivie afin de permettre la poursuite simultanée des études et l'insertion professionnelle des étudiants. Les étudiants ne peuvent être astreints à une obligation de travail pendant leurs enseignements obligatoires et pendant leurs examens.

Toutefois, pendant les périodes de congés universitaires. Le travail peut être organisé dans le cadre d'un volume horaire maximal hebdomadaire de trente-cinq heures.

Article D. 811-5

Le montant de la rémunération ne peut être inférieur au produit du montant du salaire minimum de croissance par le nombre d'heures de travail effectuées.

Article D. 811-6

L'étudiant recruté en application de la présente section s'engage à respecter l'ensemble des obligations liées à son inscription dans un cycle d'études. S'il interrompt ses études, manque à l'obligation d'assiduité aux enseignements obligatoires ou ne se présente pas aux épreuves de contrôle des connaissances sans motif légitime, l'établissement peut résilier son contrat après l'avoir mis en mesure de justifier de l'existence d'un motif légitime au cours d'un entretien préalable à la décision de résiliation.

L'étudiant licencié dans ces conditions a droit à un préavis de quinze jours. La décision de licenciement est notifiée à l'intéressé par une lettre recommandée avec demande d'avis de réception. Cette lettre précise le ou les motifs du licenciement et la date à laquelle celui-ci doit intervenir compte tenu des droits à congés annuels restant à courir et de la durée du préavis.

Article D. 811-7

Les offres d'emploi ainsi que la procédure et les conditions de recrutement sont rendues publiques selon des modalités définies par le chef d'établissement.

Le dossier de candidature est déposé auprès du chef d'établissement. Il comprend notamment un *curriculum vitae* et une lettre de motivation pour chaque emploi auquel il postule. La candidature est appréciée prioritairement au regard de critères académiques et sociaux.

Article D. 811-8 En savoir plus sur cet article...

Les étudiants recrutés doivent être inscrits en formation initiale, à la préparation d'un diplôme délivré au nom de l'État ou à la préparation d'un concours de recrutement dans l'une des trois fonctions publiques.

Les contrats conclus en application du présent décret sont incompatibles avec tout autre contrat de travail conclu avec un établissement d'enseignement supérieur ou un organisme de recherche et avec le bénéfice de l'allocation de recherche ou l'exercice des fonctions de doctorant contractuel dans les conditions fixées par le décret n° 2009-464 du 23 avril 2009 relatif aux doctorants contractuels des établissements publics d'enseignement supérieur ou de recherche.

Article D. 8111-9 En savoir plus sur cet article...
Sous réserve des dispositions prévues par la présente section, les dispositions des articles 1er – 1, 2, 3, 4, 10, 26, des titres X, XI et XII ainsi que de l'article 56-1 du décret n° 86-83 du 17 janvier 1986 relatif aux dispositions générales applicables aux agents contractuels de l'État pris pour l'application de l'article 7 de la loi n° 84-16 du 11 janvier 1984 portant dispositions statutaires relatives à la fonction publique de l'État sont applicables aux étudiants recrutés en application de l'article L. 81 1-2 du code de l'éducation.

JORF n° 0135 du 13 juin 2015, page 9 745

» Document n° 4

Direction de la documentation de l'École des ponts Paris Tech, « Portrait d'un nouveau moniteur-étudiant : Elias », Lesage blog, 12 avril 2012 [extrait sans illustration]

Elias, nouveau moniteur-étudiant nous a rejoints. Il a eu la gentillesse de nous faire part de ses impressions.

Je suis Elias Bouacida, je suis élève en deuxième année du département économie de l'École. J'ai 21 ans et j'habite Paris.

Quel est ton rôle au sein de la bibliothèque ?

J'ai deux rôles principaux, le premier étant l'équipement des livres, c'est-à-dire, les préparer pour qu'ils puissent être mis en rayon en bibliothèque, à savoir mettre les codes-barres et les puces antivol, les couvrir, les ranger. J'assure le soutien de la personne à l'accueil pendant ce travail d'équipement. Le deuxième grand rôle est d'assurer les permanences d'accueil à la bibliothèque, souvent le soir, pour les prêts et retours, et les demandes de renseignements. Ce sont deux missions bien distinctes.

Comment ta semaine est-elle organisée ?

Je donne mon emploi du temps de cours au responsable de la salle de lecture qui adapte les permanences d'accueil en fonction de mes heures de cours.

Qu'est-ce qui te plaît ici et qu'est-ce qui t'étonne ?

J'aime beaucoup le travail de l'accueil, travail que je n'avais jamais fait auparavant, le côté relationnel est intéressant et me change de ce que je connais. C'est un des attraits que j'ai pour ce travail, avoir une autre expérience que le bureau d'études. Et intégrer un travail d'équipe, chose que je n'avais pas trop faite jusqu'à présent.

Je ne suis pas étonné de voir qu'il y a très peu d'usagers issus des concours communs. Les élèves ingénieurs fréquentent peu la bibliothèque. Cela est sans doute lié aux méthodes de travail et aux cursus différents, nous n'avons pas pris l'habitude de travailler en bibliothèque.

Je ne soupçonnais pas tout le travail de fond et le soutien à la recherche documentaire. Et j'ai appris beaucoup de choses grâce au personnel de la bibliothèque et en écoutant les demandes des usagers.

Selon toi, quelle est l'utilité d'une bibliothèque dans une école d'ingénieur ?

On peut, je pense, identifier deux aspects : un lieu pour travailler, car il y en a peu dans l'École (les salles de cours ne sont pas forcément libres) et la salle V022 de la bibliothèque est pratique pour travailler en groupe, et tout l'aspect aide à la recherche documentaire et annales de cours, manuels, les ressources électroniques.

Cette bibliothèque est extrêmement scientifique et il y a peu de romans et pas de BD. En début de première année, j'aurais aimé trouver plus de livres pour la détente et la culture, moins sciences dures.

Quelles sont les difficultés que tu rencontres dans ta mission ?

La principale difficulté est de ne pas pouvoir répondre à certaines questions sur des thèmes précis, par manque d'expérience, et aussi parce que je suis à l'accueil le soir quand il n'y a personne dans le service.

Qu'attends-tu de ce travail ?

J'attends une plus grande aisance avec la recherche documentaire, qui me sera utile si je prépare une thèse.

J'ai toujours beaucoup aimé les bibliothèques et cela m'intéressait de voir les coulisses.

Merci, Élias, d'avoir répondu à nos questions.

» Document n° 5

Service commun de la documentation de l'université Claude-Bernard Lyon 1, « Être étudiant et travailler à la BU ? C'est possible », BU LYON 1, 2 mai 2014 [extrait sans illustration]

Fin mai, les BU de Lyon 1 recrutent des moniteurs-étudiants pour assurer l'accueil dans les bibliothèques pendant la prochaine année universitaire.

Chaque année, les bibliothèques universitaires de Lyon 1 recrutent des moniteurs-étudiants : ce sont des étudiants qui parallèlement à leurs études ont un contrat de travail à la BU.
Les moniteurs-étudiants sont recrutés en juin pour l'année universitaire suivante. Leur contrat débute mi-septembre et se termine fin juin. Ils travaillent à la BU une dizaine d'heures par semaine, surtout en soirée et le week-end, mais aussi en début et milieu de journée. Leurs horaires de travail sont élaborés en fonction de leur planning de cours.

Travailler à la BU nécessite cependant d'être relativement disponible. C'est pourquoi les étudiants sont recrutés à partir du niveau Master (exception : à partir de la 2e année pour les disciplines de santé). Priorité est donnée aux étudiants de Lyon 1, mais des étudiants d'autres établissements peuvent également postuler. Le choix des candidats se fait en fonction de leurs disponibilités mais aussi de leur motivation pour le travail en bibliothèque.

En effet, les missions des moniteurs-étudiants sont les suivantes :
- accueil du public et renseignement ;
- gestion des prêts et retours de documents ;
- rangement des ouvrages.

Ces missions nécessitent de faire preuve de qualités relationnelles dans les contacts avec les usagers et de rigueur dans le suivi des documents. Il faut également avoir le sens du travail en équipe : les moniteurs sont des membres à part entière du personnel des bibliothèques.

En 2013-2014, 24 étudiants travaillent dans les bibliothèques universitaires de Lyon 1 :
- 10 étudiants dans les bibliothèques de Sciences (BU Sciences. BU Gerland, BU Maths)
- 13 étudiants dans les bibliothèques de Santé (BUT Laennec, BU Lyon Sud, BU Odontologie)
- 1 étudiant dans les bibliothèques de Formation des maîtres (BUFM Croix-Rousse).

Vous aimeriez vous aussi travailler à la BU l'an prochain ? Une annonce de recrutement paraîtra à la fin du mois sur le site web de la BU (rubrique Actualités) ; elle sera également affichée dans les bibliothèques concernées.

Les questions

Notation sur 6

Question 1 : Qu'est-ce que CollEx ? *(2 points)*
Réponse attendue en 8 lignes
Question 2 : Dans quelles institutions peut-on consulter les archives du Web ? *(2 points)*
Réponse attendue en 8 lignes
Question 3 : Citez deux organismes de gestion du droit d'auteur. *(1 point)*
Réponse attendue en 5 lignes
Question 4 : Quelles sont les différentes fonctions publiques ? *(1 point)*
Réponse attendue en 5 lignes

Note de l'auteure : le nombre de lignes est matérialisé sur la copie

L'épreuve d'admission au concours externe : les textes

Information : la reproduction du texte intégral est interdite pour des raisons de droits d'auteur et de propriété intellectuelle.
[Consultés le 22 octobre 2018]

ActuaLitté.fr (Paris), « L'inventivité en bibliothèque : l'accueil des migrants Oromos à Aire-sur-l'Adour », 23 août 2017. ISSN : 4111-4285.
Disponible sur www.actualitte.com/article/monde-edition/l-inventivite-en-bibliotheque-l-accueil-des-migrants-oromos-a-aire-sur-l-adour/84450

AFP (Paris), « À la bibliothèque d'Ajaccio, découverte du premier et très rare traité d'égyptologie », *Le Figaro* [en ligne], 30 avril 2018.
Disponible sur www.lefigaro.fr/culture/2018/04/30/03004-20180430ARTFIG00101-la-bibliotheque-d-ajaccio-decouverte-du-premier-et-tres-rare-traite-d-egyptologie.php

Bournazel Pierre-Yves, Lang Anne-Christine, « Comment est-il encore possible que New York ouvre ses bibliothèques 88 heures par semaine et Paris seulement 38 ? », *Huffpost*, 16 mars 2018.
Disponible sur www.huffingtonpost.fr/pierreyves-bournazel/comment-est-il-encore-possible-que-new-york-ouvre-ses-bibliotheques-88-heures-par-semaine-et-paris-seulement-38_a_23386417

CHETRIT Judith, « Acquisition de livres en bibliothèques : comment libraires et acheteurs publics s'y retrouvent », La Gazette.fr, 21 mars 2018.
Disponible sur www.lagazettedescommunes.com/555955/acquisition-de-livres-en-bibliotheques-comment-libraires-et-acheteurs-publics-sy-retrouvent

Chroniques de la BnF, n° 82, avril-juillet 2018, « La bibliothèque & son architecte » [extrait].
Disponible sur www.bnf.fr/fr/evenements_et_culture/a.chroniques.html

COHADON Jean, « Des cartes du XVe siècle découpées au cutter et volées », *La Dépêche*, 15 mai 2018. ISSN : 1950-6244.
Disponible sur www.ladepeche.fr/article/2018/05/15/2798005-des-cartes-du-xve-siecle-decoupees-au-cutter-et-volees.html

DETRIE Bertille, « L'extension des horaires d'ouverture : une question d'abord politique », La Lettre du Cadre.fr [en ligne], 7 mai 2018.
Disponible sur www.lettreducadre.fr/16597/lextension-des-horaires-douverture-une-question-dabord-politique

FALKVINGE Rick, « Recherche d'informations : vous êtes pistés ! », *Contrepoints* [en ligne], 13 mai 2018.
Disponible sur www.contrepoints.org/2018/05/13/316036-bibliotheques-recherche-dinformations-vous-etes-pistes

GARY Nicolas, « Les bibliothèques, à la jonction entre monde numérique et livres papier », ActuaLitté.fr, 12 mai 2018. ISSN
Disponible sur www.actualitte.com/article/monde-edition/les-bibliotheques-a-la-jonction-entre-monde-numerique-et-livres-papier/88810

JOST Clémence, « Ce qu'il faut retenir du rapport Orsenna sur les bibliothèques », Archimag.com, 20 février 2018. ISSN : 2273-2438.
Disponible sur www.archimag.com/bibliotheque-edition/2018/02/20/rapport-orsenna-bibliotheques

MOUNIER Frédéric, « La BnF est accessible de chez soi », *La Croix*, 24 octobre 2017.
Disponible sur www.la-croix.com/Culture/BnF-accessible-chez-soi-2017-10-24-1200886630

OURY Antoine, « Bibliothèques, résidences d'auteurs… Le plan "Lire à Paris" dévoilé », ActuaLitté.fr [en ligne], 4 mai 2018. ISSN : 2111-4285.
Disponible sur www.actualitte.com/article/monde-edition/bibliotheques-residences-d-auteurs-le-plan-lire-a-paris-devoile/88718

Sepausy Victor de, « La nuit de la lecture a réuni plus de 360 000 personnes », ActuaLitté.fr [en ligne], 22 janvier 2018. ISSN : 2111-4285.
Disponible sur www.actualitte.com/article/culture-arts-lettres/la-nuit-de-la-lecture-a-reuni-plus-de-360-0000-personnes/86874

Simeone Christine, « Gallica, la plus grande bibliothèque numérique, a 20 ans », France Inter, 24 mars 2018 [extraits : deux textes].
Disponiblesurwww.franceinter.fr/culture/gallica-bnf-anniversaire-20-ans-google-microsoft-numerique-digital

3. La session 2017

L'épreuve d'admissibilité

La note

Analyse d'un dossier technique 2017 (notation sur 14)
Bibliothécaire assistant(e) spécialisé(e) dans une bibliothèque universitaire de sciences humaines et sociales, vous êtes affecté(e) au département des Services aux publics.
Au sein de cette bibliothèque universitaire, la plupart des collections imprimées (100 000 documents environ) sont en libre accès dans des rayonnages ouverts. Après un fort orage, une inondation a été détectée par l'équipe de la bibliothèque, au moment de l'ouverture au public. Dans le secteur histoire de l'art, trois rayonnages (30 ml environ) contenant des collections historiques ont été touchés : pendant le week-end, l'eau a ruisselé du plafond, le long des rayonnages, sur les mobiliers et sur la moquette. L'écoulement est arrêté.
Vous avez été chargé(e) par votre responsable de gérer la situation.
Dans une note que vous lui adressez par la suite, vous présentez *a posteriori* l'ensemble des actions que vous avez mises en place en indiquant :
- les actions immédiates, les moyens et les acteurs sollicités ;
- les actions à moyen et long terme, les moyens à mobiliser et les acteurs appelés à participer.

Vous justifierez les choix effectués, préciserez les répercussions sur le public et sur les équipes, décrirez la communication interne et externe mise en place.
Votre note intégrera un tableau de gestion détaillé, récapitulant pour chacune des étapes les personnels ou services concernés, les moyens mobilisés et le calendrier, incluant les actions à mettre en place à la suite de ce sinistre (tableau noté sur 6 points).
L'ensemble de la note ne dépassera pas 4 à 5 pages.

DOCUMENTS

- Document n° 1 : Organigramme de la bibliothèque universitaire au 1er septembre 2016
- Document n° 2 : Caroline Laffont et Raphaële Mouren, « Les ennemis du livre », *Bulletin des bibliothèques de France* (*BBF*), n° 1, 2005, p. 54-63, http://bbf.enssib.fr/consulter/bbf-2005-01-0054-013. ISSN 1292-8399. Extrait
- Document n° 3 : Fiche pratique, « Séchage à l'air », BnF, Direction des services et réseaux, département de la Conservation, septembre 2007, www.bnf.fr/sites/default/files/2019-03/sechage_air_0.pdf
- Siméone Christine, « Gallica, la plus grande bibliothèque numérique, a 20 ans », France Inter, 24 mars 2018 [extraits : deux textes]. Disponible sur www.franceinter.fr/culture/gallica-bnf-anniversaire-20-ans-google-microsoft-numerique-digital
- Document n° 4 : Université de Strasbourg, « La vie des Bibliothèques. Un patrimoine livresque sous haute surveillance », extrait du site de l'université, www.unistra.fr/index.php?id=25060

» Document n° 1

Organigramme de la bibliothèque universitaire au 1er septembre 2016

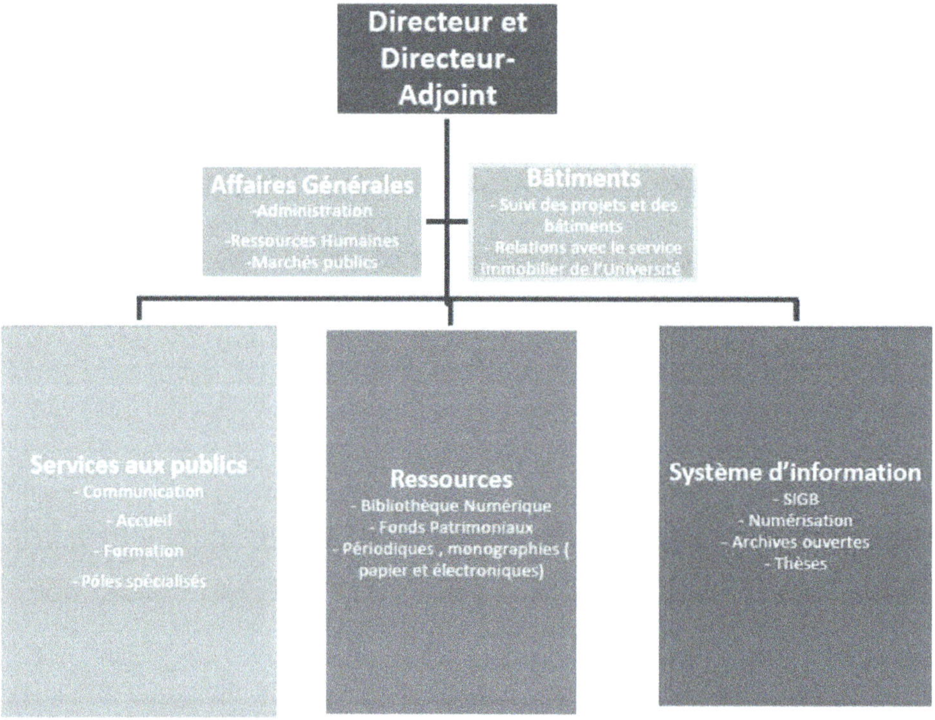

» Document n° 2

Caroline Laffont et Raphaële Mouren, « Les ennemis du livre », *Bulletin des bibliothèques de France (BBF)*, n° 1, 2005, p. 54-63, http://bbf.enssib.fr/consulter/bbf-2005-01-0054-013. ISSN 1292-8399. Extrait

L'eau

L'eau est une des principales menaces extérieures. Sa présence peut avoir de multiples origines : dégâts des eaux internes au bâtiment (fuite des canalisations, mauvaise étanchéité, toitures, fenêtres), inondation extérieure, lutte contre les incendies.

Les dégâts des eaux sont souvent de faible ampleur, dus à des infiltrations, et passent parfois inaperçus. Or l'eau abîme directement les documents.

Les matériaux constitutifs du livre sont en effet hygroscopiques : ils absorbent ou rejettent de l'eau afin de se mettre en équilibre avec leur environnement. La phase de désorption est plus lente que la phase d'absorption.

En cas d'humidité excessive, les livres se gorgent donc d'eau jusqu'à saturation, les matériaux qui les constituent « gonflent » et se fragilisent. Le document perd de sa résistance, entraînant des dégradations mécaniques : rupture des coutures, perte du pouvoir adhésif des colles, détachement des feuillets. Des auréoles d'humidité tachent les matériaux, les feuillets se collent entre eux (et particulièrement le papier couché), les reliures se déforment, les plats se détachent, le cuir et le parchemin se détendent, les émulsions photographiques gonflent et se détachent de leur support, les encres se dissolvent…

Outre les dégradations physiques, un excès d'humidité peut entraîner un développement intempestif de micro-organismes (moisissures et bactéries) sur les documents mais aussi dans le local : un magasin peut être entièrement infesté en quelques jours !

Prévention contre l'eau

- Vérifier auprès de sa collectivité et des services de l'État (préfecture) le niveau de risque d'inondation de l'établissement[1].
- Toujours surélever les rayonnages les plus bas et ne rien laisser au sol.
- Surveiller les bâtiments par temps d'orage.
- Nettoyer très régulièrement les voies d'évacuation (chêneaux sur les toits, plaques d'égout, caniveaux…) et enlever les feuilles mortes, la terre accumulée…
- Colmater les voies d'entrée dans le bâtiment des câblages divers (électricité, téléphone, câblage informatique).
- Surveiller l'état des canalisations.
- Éviter d'installer des documents sous des canalisations d'eau, dont la corrosion est inéluctable et le remplacement préventif, aléatoire.
- Faire installer des extincteurs à poudre sèche.

1. La première mesure serait de ne pas construire en zone inondable, mais ce paramètre est parfois négligé par les décideurs.

Le traitement
Plus vite on interviendra, moins les dommages seront étendus.

Il est important de tenir un cahier des événements, de faire des photographies qui serviront autant de justificatif pour les assurances que de « mémoire » du sinistre, et seront utiles pour corriger par la suite un plan d'urgence dont on a pu voir les faiblesses, ou pour en rédiger un.

Lors d'un sinistre par inondation ou à la suite de l'extinction d'un incendie, l'humidité du local sinistré croît fortement, les locaux étant souvent mal ventilés du fait de l'arrêt des systèmes de ventilation ou de la climatisation. L'accès n'y est permis qu'une fois les locaux mis en sécurité ; on pourra alors procéder au tri et à l'évacuation des ouvrages vers des locaux réquisitionnés, bien ventilés et où règnent des conditions environnementales correctes et stables.

Il semble impossible de mettre en place rapidement une chaîne d'intervention si on ne s'y est pas préparé par un plan d'urgence et si on n'a pas les moyens humains et techniques de le faire. Il est donc conseillé, dans les premières heures qui suivent le sinistre, de saisir les tutelles (direction régionale des affaires culturelles, direction du livre et de la lecture, sous-direction des bibliothèques) et de demander l'aide d'établissements expérimentés : la Bibliothèque nationale de France, par exemple, forme ses propres agents à ce type d'intervention, elle a développé et tient à jour des protocoles d'intervention extrêmement détaillés, qui permettent une action efficace. Cette mutualisation des compétences semble le meilleur moyen de déterminer, dans l'urgence, les actions à mener, les demandes urgentes à faire à sa collectivité (locaux, personnels, matériels…), les choix à faire.

Quelques conseils essentiels
Attention ! Ne jamais :
- essayer de décoller des feuillets ou des documents collés ;
- presser les documents pour évacuer l'eau ;
- rouler les documents à plat ;
- dérouler les documents roulés.

Bien numéroter les caisses et dresser une liste des cotes des documents atteints pour un suivi amélioré des différentes filières. Reporter la cote du document sur le sac de polyéthylène qui le contient.

Les collections ne sont pas forcément atteintes de la même façon par un excès d'eau. Elles devront être triées suivant les dommages subis, et traitées de façon différente. La manipulation des documents gorgés d'eau et extrêmement fragilisés est encore plus délicate.
D'une façon générale, si l'eau est souillée (présence de boue par exemple), les documents pourront être rincés délicatement dans un bain d'eau du robinet ou, mieux, d'eau déminéralisée, sans les frotter ni les ouvrir.

On distingue trois filières de traitements des documents sinistrés :
- les documents secs doivent être évacués des locaux sinistrés ; si on les laisse en place, ils absorberont l'humidité en excès afin de se mettre en équilibre avec le milieu ambiant.

Les micro-organismes présents sur leur surface pourront alors se développer et causer des détériorations importantes. Il arrive couramment que des moisissures se développent sur des ouvrages restés dans le local sinistré, parfois plusieurs semaines après, alors que les conditions du local sont redevenues normales. Ils seront donc transportés vers un local où les conditions environnementales – température (T) et humidité relative (HR) – sont stables – HR inférieure dans tous les cas à 55 % – et régulièrement surveillées afin de déceler l'apparition de traces de micro-organismes ;

- les documents humides seront mis à sécher dans un local ventilé où l'humidité relative est inférieure à 50 % pour faciliter la désorption de l'eau des matériaux. Placés debout, ouverts à 45°, proches de ventilateurs qui permettent d'accélérer le séchage. On intercalera entre les feuillets des feuilles de papier absorbant (type buvard ou papier pure cellulose), qui seront changées régulièrement. Il faut éviter de placer trop de papier absorbant, le volume du document augmentant et risquant de faire « craquer » la reliure. Les documents en feuilles pourront être mis à sécher à plat ou sur des fils tendus. Ils seront eux aussi régulièrement surveillés afin de déceler l'apparition de traces de micro-organismes ;
- les documents mouillés seront disposés individuellement en sacs de polyéthylène (sur lesquels seront indiquées les cotes), et envoyés à la congélation pour être traités ultérieurement. Le maintien d'une température négative, même si elle stoppe la croissance des moisissures, n'empêche pas une contamination. En effet, les spores résistent très bien à des températures très basses.

La décongélation se fera, suivant la nature des documents, de façon naturelle ou par lyophilisation. Les documents audiovisuels ne doivent jamais être congelés ou soumis à une source de chaleur : ils seront mis à sécher à l'air libre dans un local bien ventilé. Lorsque la phase de séchage est terminée, il reste un gros travail de « réparation » des dommages : il faut au mieux dépoussiérer, au pire désinfecter les collections infestées par les moisissures et/ou bactéries, mais des opérations de restauration peuvent être nécessaires.

» Document n° 3

Fiche pratique, « Séchage à l'air », BnF, Direction des services et réseaux, département de la Conservation, septembre 2007, www.bnf.fr/sites/default/files/2019-03/sechage_air_0.pdf

Séchage à l'air
Documents papier humides

Quand
Cette étape interviendra après l'évacuation des collections et sera mise en route dès leur arrivée.

Comment
Dans un local si possible vaste, proche du sinistre, facile d'accès (couloirs larges, accès extérieur pour d'éventuels départs) et bien ventilé. Il sera équipé de tables pour travailler à hauteur d'appui, de rayonnages pour disposer les collections sorties des caisses, de meubles à claies, de ventilateurs, déshumidificateurs et de thermohygromètres.
L'espace sous les tables peut être utilisé comme zone de séchage (gain de place), mais aussi comme tunnel de séchage (le courant d'air forcé favorise le séchage à l'air libre).
Attention : il est interdit d'utiliser de l'air chaud ; un séchage trop rapide entraîne des déformations plus importantes.

Il est impératif de maintenir dans le local de traitement des conditions climatiques stables qui préservent les collections d'une infestation microbiologique :
- *température : entre 18 et 20 °C ;*
- *humidité relative : inférieure à 55 % (éventuellement s'en assurer par la mise en place de déshumidificateurs).*

Si aucun local n'est prévu ou disponible et suivant l'importance du sinistre, il peut être envisagé le séchage sur place.
Attention : si la stabilisation des conditions climatiques ne peut être obtenue, vous risquez un développement fongique qui risque de s'étendre à l'ensemble du magasin.
Le séchage à l'air libre est la méthode préconisée pour les documents humides. Il peut être mis en place pour les documents mouillés s'ils sont peu nombreux ou encore en cas de manque de matériel (pas de congélateurs disponibles).
Attention cette technique de séchage mobilise une main-d'œuvre importante.

En pratique : les livres

Placer le livre ouvert (pas plus de 45°) sur un buvard (ou papier absorbant) et intercaler (interfolier) tous les 5 à 10 mm d'épaisseur des feuilles de papier absorbant ou mieux, de buvard. Le buvard étant rigide, il aidera au maintien du livre dans cette position, notamment pour les livres avec des couvertures souples.

Attention : il faut que le buvard interfolié déborde de la tranche de tête et de gouttière. En effet, il permet l'aspiration de l'eau et favorise l'évacuation de l'eau qui migre par capillarité. Veiller à ne pas interfolier trop de buvards et ne pas les enfoncer trop loin au risque de provoquer des déformations irréversibles.

Les livres sont disposés en quinconce pour éviter les chutes et surtout l'effet domino ; ils sont balayés par un flux d'air plongeant fourni par un ventilateur ou des ventilateurs qu'il faut disposer à environ 80 cm de distance des premiers documents.

La règle d'or : une surveillance régulière

- *changer les buvards régulièrement surtout en début de séchage (toutes les demi-journées) et les faire sécher (propres et remis à plat, ils pourront être réutilisés) ;*
- *retourner le livre sur la tranche de tête afin de répartir les tensions et déformations engendrées lors du séchage ;*
- *contrôler qu'il n'y a pas d'amorce de développement microbiologique.*

Remarque : le papier couché se colle très vite et supporte mal le séchage à l'air ; pour ce type de document, il faut prévoir d'interfolier du papier absorbant à chaque page.

Stéphane Bouvet (laboratoire)
Anne Quensière (atelier restauration)

» Document n° 4

Université de Strasbourg, « La vie des Bibliothèques. Un patrimoine livresque sous haute surveillance », extrait du site de l'université, www.unistra.fr/index.php?id=25060

Certaines collections anciennes conservées dans les bibliothèques de l'université de Strasbourg ont récemment eu à subir la menace d'infiltrations d'eau, conséquence directe des intempéries de ces derniers jours. L'application rapide de mesures d'urgence a permis le circonscrire les risques.

De larges flaques recouvrent encore le sol du couloir menant au magasin du sous-sol contenant les thèses de médecine des XVIIIe-XXe siècles, et l'air est saturé d'humidité. « Heureusement, nous avons rapidement pu mettre en œuvre le plan d'intervention défini en amont », explique Marion Bernard-Schweitzer, conservateur responsable de la bibliothèque de médecine et odontologie. La gestion du fonds ancien de cette bibliothèque a été confiée à l'Unistra par la BNU[1], qui en reste propriétaire.

L'alerte a été donnée en milieu de semaine dernière par Stéphane Rehlinger, magasinier responsable du fonds ancien. « Il avait beaucoup plu mardi [7 juin, *NdlR*]. Mais ces locaux, jugés sains lors de leur dernière inspection, ne nous avaient jamais posé problème en vingt ans », poursuit Marion Bernard-Schweitzer. Alors qu'il descend chercher un ouvrage à numériser pour le service *Ebook on demand* (EOD), Stéphane Rehlinger constate que le sol est recouvert de deux centimètres d'eau. Par chance, les agents ont bénéficié d'une révision de la formation prévention des risques naturels, quinze jours auparavant.

« Il est très important de prendre des mesures le plus rapidement possible : fort taux d'humidité et température élevée sont des conditions idéales pour la prolifération de champignons », insiste Nicole Heyd, responsable adjointe de la conservation et de la valorisation de l'Unistra. Le sol a été entièrement épongé, grâce à un kit préventif d'intervention rapide contenant le matériel utile en cas de dégât des eaux : combinaison de protection, lampe torche, bâtons luminescents de sécurité, boudins de canalisation, coussins d'absorption rapide. Surtout, 17 mètres linéaires d'ouvrages, situés à proximité du sol, ont été placés en quarantaine à l'étage, par mesure de précaution.

Des thèses datées des années révolutionnaires

La bibliothèque située sur le campus médecine, rue Kirschleger, conserve environ 280 000 documents. « La plupart, entre autres les plus précieux, tant pour l'histoire des sciences que pour celle du livre, sont conservés dans les trois étages supérieurs. » Il y a cinq ans, des travaux de mise aux normes incendie réduisent la place dans ces magasins, et contraignent l'équipe à déménager quelque 50 000 thèses, soutenues dans des facultés françaises autres que Strasbourg, en sous-sol. « À l'époque, le nombre de thèses était moins important, et les bibliothèques recevaient un exemplaire de chaque thèse soutenue. » Des thèses de Paris côtoient des exemplaires d'Alger, Dakar, Clermont-Ferrand, et les datations en thermidor voisinent avec les années 1700 et 1800.

1. À travers le contrat d'association liant les deux établissements.

Un peu plus d'une semaine plus tard, alors qu'une nouvelle infiltration a été constatée et circonscrite dimanche [12 juin, *NdlR*], deux déshumidificateurs continuent à faire leur travail dans la pièce de 40 min 2 s, et une sonde a été installée. « Des données sur la température et le taux d'humidité relative de la pièce sont relevées régulièrement », décrit Stéphane Rehlinger. Les services maintenance de la direction du patrimoine immobilier (DPI) sont confrontés à un double risque : celui des remontées d'eau, comme en médecine, et des infiltrations d'eau en toiture – un problème qui a touché, dans une moindre mesure, la bibliothèque de psychologie et sciences de l'éducation. Une vigilance constante reste donc à l'ordre du jour.

Elsa Collobert

Les questions

Notation sur 6

Question 1 : Que désigne le terme « **archive ouverte** » ? Quelle est l'utilité d'une archive ouverte ? Donnez un exemple. *(2 points)*
Réponse attendue en 8 lignes
Question 2 : Quelles sont les principales caractéristiques d'un **logiciel libre** ? Donnez des exemples. *(2 points)*
Réponse attendue en 8 lignes
Question 3 : « Les fonctionnaires et agents non titulaires sont soumis au devoir de réserve. » Définissez le **devoir de réserve**. *(1 point)*
Réponse attendue en 5 lignes
Question 4 : Pour quels types de documents utilise-t-on le **format de description EAD** ? *(1 point)*
Réponse attendue en 5 lignes

L'épreuve d'admission au concours externe : les textes

Information : la reproduction du texte intégral est interdite pour des raisons de droits d'auteur et de propriété intellectuelle.
[Consultés le 17 juillet 2017]

AFP (Paris), « La Bibliothèque nationale de France une nouvelle politique tarifaire », *Le Point* [en ligne], 2 mars 2017.
Disponible sur www.lepoint.fr/culture/la-bibliotheque-nationale-de-france-lance-une-nouvelle-politique-tarifaire-02-03-2017-2108803_3.php

BISSON Frédéric, « Les étudiants rêvent de bibliothèques toujours ouvertes », VousNousIls.fr, 6 janvier 2015. ISSN : 2259-5953.
Disponible sur www.vousnousils.fr/2015/01/06/les-etudiants-revent-de-bibliotheques-plus-ouvertes-560051

BLITMAN Sophie, « Les learning centers, un luxe pour les universités ? », Défis d'amphi Blog Le Monde.fr, 27 avril 2017.
Disponible sur http://defisdamphi.blog.lemonde.fr/2017/04/27/les-learning-centers-un-luxe-pour-les-universites

GÉRARD Jean-François, « L'université réfléchit à ouvrir d'autres bibliothèques le dimanche... d'ici deux ans », Rue 89 Strasbourg [en ligne], 12 février 2017.
Disponible sur www.rue89strasbourg.com/bibliotheques-universite-ouvertures-dimanche-115815

GIRARD Hélène, « Bibliothèques : 1 satisfecit, 4 constats et quelques conseils de l'IGB », La gazette.fr, 14 avril 2017.
Disponible sur www.lagazettedescommunes.com/500334/bibliotheques-1-satisfecit-4-constats-et-quelques-conseils-de-ligb

GOURDON Jessica, « Aux États-Unis, les bibliothèques universitaires face au big bang numérique », Educpros.fr, 5 avril 2017.
Disponible sur www.letudiant.fr/educpros/actualite/aux-etats-unis-les-bibliotheques-universitaires-face-a-un-big-bang.html

GRAVELEAU Séverin, « Les bibliothèques universitaires ne proposent qu'une place pour douze étudiants », Le Monde.fr, 7 avril 2017. ISSN : 1950-6244.
Disponible sur www.lemonde.fr/campus/article/2017/04/07/les-bibliotheques-universitaires-proposent-en-moyenne-une-place-pour-douze-etudiants_5107321_4401467.html

HEIDSIECK Louis, « La seconde vie rocambolesque des livres de bibliothèques », Etudiant.leFigaro.fr, 23 mars 2017.
Disponible sur http://etudiant.lefigaro.fr/article/la-seconde-vie-rocambolesque-des-livres-de-bibliotheques_92a9c6f8-0ef3-11e7-8f99-d35314cb0f7e/

LEFEBVRE Lloyd, « Cette bibliothèque ouverte à tous mais que (presque) personne ne connaît », *La Voix du Nord* [en ligne], 9 février 2017. ISSN : 0999-2189.
Disponible sur www.lavoixdunord.fr/116567/article/2017-02-09/cette-bibliotheque-ouverte-tous-mais-que-presque-personne-ne-connait#

NIGET Florian, « Villetaneuse : une bibliothèque universitaire ultramoderne au printemps », *Le Parisien* [en ligne], 3 janvier 2017.
Disponible sur www.leparisien.fr/villetaneuse-93430/villetaneuse-une-bibliotheque-universitaire-ultramoderne-au-printemps-03-01-2017-6521541.php

NUNÈS Éric, « Une salle de sieste pour les étudiants épuisés », Le Monde.fr, 7 février 2017. ISSN : 1950-6244.
Disponible sur www.lemonde.fr/campus/article/2017/02/07/une-salle-pour-rejoindre-les-bras-de-morphee-a-l-universite_5076002_4401467.html

OURY Antoine, « La Bibliothèque nationale de France améliorera la sécurité des documents », *Actualité*, 23 juillet 2015. ISSN : 2111-4285.
Disponible sur www.actualitte.com/article/patrimoine-education/la-bibliotheque-nationale-de-france-ameliorera-la-securite-des-documents/59649

PAOLINI Esther, « L'université d'Angers se lance dans la féminisation de Wikipédia », Le Figaro.fr, 8 mars 2017.
Disponible sur www.lefigaro.fr/actualite-france/2017/03/08/01016-20170308ARTFIG00132-l-universite-d-angers-se-lance-dans-la-feminisation-de-wikipedia.php

PINGUET Élodie, « Un agrandissement pour la British Library », *ActuaLitté*, 14 avril 2017. ISSN : 2111-4285.
Disponible sur www.actualitte.com/article/monde-edition/un-agrandissement-d-envergure-pour-la-british-library/70767

STROMBONI Camille, « Lille-I s'offre la bibliothèque universitaire du futur », Le Monde.fr, 8 novembre 2016. ISSN : 1950-6244.
Disponible sur www.lemonde.fr/campus/article/2016/11/08/lille-i-s-offre-la-bibliotheque-universitaire-du-futur_5027237_4401467.html

TABOOLA Caen, « Des étudiants veulent conserver leur bibliothèque », Jactiv.ouest-france.fr, 2 décembre 2016.
Disponible sur http://jactiv.ouest-france.fr/campus/caen-etudiants-veulent-conserver-leur-bibliotheque-70411

TEXIER Bruno, « La nouvelle bibliothèque de l'École des chartes a une vraie cohérence intellectuelle », Archimag.com, 6 mars 2017. ISSN : 2273-2438.
Disponible sur www.archimag.com/bibliotheque-edition/2017/03/06/nouvelle-bibliotheque-ecole-chartes-vraie-coherence-intellectuelle

TEXIER Bruno, « La BPI fête ses 40 ans et lance un nouveau projet scientifique », Archimag.com, 6 février 2017. ISSN : 2273-2438.
Disponible sur www.archimag.com/bibliotheque-edition/2017/02/06/bpi-fete-40-ans-lance-nouveau-projet-scientifique

VARELA Gilles, « Strasbourg : le grand chambardement des bibliothèques universitaires », 20minutes.fr, 23 novembre 2016.
Disponible sur www.20minutes.fr/strasbourg/1967027-20161123-strasbourg-grand-chambardement-bibliotheques-universitaires

2 Les propositions de corrigés

Les corrections ci-dessous sont des exemples de notes et de réponse aux questions. Il n'y a pas de note parfaite, ni de réponse aux questions parfaite.

1. Corrections pour la session 2019

Les meilleures copies du concours pour la session 2019 sont à retrouver sur le site du ministère à l'adresse suivante :
www.enseignementsup-recherche.gouv.fr/cid142872/copies-les-mieux-notees-de-la-session-2019.html [consulté le 07/05/2020].

La note

Le libellé

Bibliothécaire assistant(e) spécialisé(e) de classe normale, vous exercez vos fonctions dans une bibliothèque universitaire essentiellement fréquentée par des étudiants de 1er cycle de toutes disciplines. Au sein du pôle Services aux publics, vous êtes responsable de la gestion des salles de lecture d'une des bibliothèques. Alors que vous assurez une permanence à la banque d'accueil, un conflit entre les usagers surgit en raison du bruit ambiant. Un usager vous interpelle et vous demande d'intervenir.
À l'issue de l'incident, vous rédigez, à l'aide des documents fournis, une note en deux parties, à l'intention de votre hiérarchie, comprenant :

- un rapport sur l'incident, dans lequel vous décrirez avec précision votre intervention (1 page maximum) ;
- une note de propositions visant à apporter des solutions concrètes pour la gestion du bruit dans cette salle de lecture (3 pages maximum).

À la suite de la note, vous synthétiserez les préconisations dans un tableau distinguant les solutions à court, moyen et long termes. Vous identifierez pour chaque solution les actions et les ressources à prévoir (interlocuteurs, moyens matériels et humains). Vous préciserez également si des ressources financières exceptionnelles sont à mobiliser.

À la lecture du libellé, le plan de la note se dessine clairement. Une première partie relatera l'incident en prenant en compte la description de l'intervention du bibliothécaire assistant spécialisé de classe normale, et une deuxième et dernière partie proposera « *des pistes pour sinon résoudre, du moins améliorer la qualité de l'ambiance en service public sous l'angle du bruit* » (rapport jury, 2019). La note sera accompagnée d'un tableau récapitulatif des pistes retenues. Il comprendra un échéancier (mesures à court, moyen et long termes) et une évaluation des moyens à mettre en œuvre (interlocuteurs, budget, etc.). Le tableau est considéré comme une pièce jointe qu'il faudra mentionner sur l'étiquette de la note.

La méthode QQQOCP

- **Qui**

La note est à adresser au supérieur hiérarchique.

- **Quand**

Conflit entre usagers survenu lors de la permanence de l'agent à la banque d'accueil.

- **Quoi**

Il s'agit d'un conflit entre les usagers de 1er cycle qui est survenu en raison du bruit ambiant. Un usager a interpellé l'agent et lui demande d'intervenir.

- **Où**

L'incident est survenu dans la bibliothèque universitaire pluridisciplinaire de 1er cycle, au sein d'une salle de lecture.

- **Comment**

L'incident a pris forme d'un conflit entre les usagers.

- **Pourquoi**

Le bruit ambiant dans la salle de lecture a entraîné un conflit entre les usagers.

Le dossier annexe

Pour rappel : les documents joints ne constituent pas nécessairement des guides fournissant des réponses toutes faites.

- **Document n° 1 : Organigramme fonctionnel de la bibliothèque au sein de l'université au 1er janvier 2019**

L'organigramme est là pour situer l'agent au sein de l'université et notamment rappeler la présence d'un service de sûreté, sécurité et assistance aux personnes présent au sein de toute université. Son nom peut être différent mais les missions sont les mêmes. Il faudra citer ce service soit au sein de la note, soit au sein de la première partie si l'importance de l'incident le nécessite. Le candidat est libre sur la description du conflit, d'un simple échange verbal à des coups portés, en passant par des injures.

- **Document n° 2 : Règlement intérieur de la bibliothèque (extrait)**

Le règlement intérieur n'est pas à prendre au pied de la lettre et il ne faut pas s'appuyer sur son contenu pour étayer une argumentation. Il est présent pour que le candidat pense à s'appuyer dessus en tant que document institutionnel et référent.

- **Document n° 3 : Plan schématique de la bibliothèque**

« Le schéma des locaux incitait à proposer un réaménagement des espaces, et en tout cas une nouvelle répartition du mobilier pour pallier les risques de conflit générés par une attitude bruyante d'un ou plusieurs usagers » (rapport jury 2019).

- **Document n° 4 : Référentiel Marianne (extrait) : engagement n° 4**

Ce document porte sur l'accueil au sein d'un service public. Il doit être courtois et réalisé dans un respect mutuel. Il souligne que le service doit veiller au confort des usagers. Un point abordé concerne plus particulièrement le sujet de la note, celui des locaux qui doivent répondre aux besoins de confidentialité des usagers avec, par exemple, des dispositifs d'isolation sonore.
Le candidat mentionnera sur la note que la bibliothèque universitaire sur un de ces projets en cours est en relation avec la labellisation Marianne pour souligner encore plus le besoin du respect du point n° 4. Un candidat a tout loisir, lors de cet exercice, d'inventer, de créer sa bibliothèque quant aux projets, à l'aménagement, au nombre d'agents, etc. Pour cela, il peut s'inspirer de ses différentes expériences professionnelles et/ou des visites professionnelles qu'il aura effectuées dans des bibliothèques lors de sa formation au concours.

- **Document n° 5 : « Zonage et accueil en BU », extraits de l'article de Maxime Szczepanski (*Développer l'accueil en bibliothèque. Un projet d'équipe*, Paris, Presses de l'Enssib, coll. « La boîte à outils », 2017)**

Cet extrait d'un article récent, 2017, résume bien la situation actuelle sur la problématique du bruit au sein des bibliothèques universitaires. Il est présent pour souligner la possibilité de zonage de l'espace public relativement au bruit suite à un constat de besoins différents des usagers. Ce travail peut correspondre à un besoin individuel ou à un besoin collectif suite à une demande de travail en groupe de la part d'un enseignant.
Il souligne également que tout aménagement des espaces publics est évolutif dans le temps et que la priorité est l'adaptabilité des espaces aux besoins des usagers.

Le plan détaillé

- **La première partie : relater la gestion de l'incident**

« Il est attendu du candidat un récit objectif et circonstancié de l'incident, c'est-à-dire le plus factuel possible : horaire, lieu précis, protagonistes, nature (de la simple remarque à l'échange d'injures et même de coups, le candidat ayant toute latitude pour imaginer le degré de gravité)

Devait s'ensuivre la relation de l'intervention du Bibas assurant le service public, puis de la résolution de la situation, proportionnée, bien sûr, à la nature de l'incident » (rapport de jury 2019).

- **La deuxième partie : les pistes proposées pour améliorer voire résoudre la qualité de l'ambiance en service public sous l'angle de l'accueil**

À court terme
- Réunion
- Création d'affiches mettant en avant le règlement intérieur sur le comportement à avoir au sein de nos locaux
- Mise en place d'un planning de « rondes » dans les espaces publics
- Mise en place d'un cahier de procédures à suivre en cas de conflit
- Réorganisation ponctuelle des espaces publics afin d'obtenir des espaces dédiés aux échanges verbaux
- Inscription du besoin de formation sur l'estime de soi et la gestion des conflits sur le plan de formation des bibliothèques universitaires
- Mise en ligne sur le site web d'un questionnaire sur les besoins des usagers

À moyen terme
- Réorganisation de l'espace public en zones de silence/de bruit/de détente avec signalétique adaptée
- Déplacement des collections
- Création de flyers indiquant le zonage des espaces publics
- Distribution des flyers lors des visites et des formations des étudiants en 1re année et lors des prêts
- Présentation des zonages lors des visites guidées et des formations des premières années
- Acquisition d'un distributeur de boules Quies
- Mise en place d'un calendrier d'actions culturelles sur le thème du bruit

À long terme
- Création de salles de travail en groupe et d'un espace détente
- Réalisation d'un bilan à 12 mois *via* un questionnaire en ligne
- Acquisition de l'application Affluence

- **La pièce jointe : le tableau récapitulatif**

Il peut se présenter de deux manières, « *soit de manière chronologique, des actions à effet immédiat ou presque (instauration de rondes dans les espaces publics) jusqu'à celles requérant une durée plus longue, comme des travaux structurels, soit de manière thématique* » (rapport de jury 2019).

Il doit retracer les pistes envisageables suivant le degré de faisabilité dans le temps, en précisant les interlocuteurs et moyens correspondants.

La note rédigée

Cela est un exemple, une proposition de note rédigée. Il n'existe pas de note parfaite.

Bibliothèque universitaire
Pôle Services aux publics

Date de l'épreuve,
Lieu (sans mention de lieu précis)

Note à l'attention du directeur de la bibliothèque

Objet : Rapport d'incident sur un conflit entre usagers en salle de lecture et propositions sur l'amélioration de la qualité de l'ambiance en service public sous l'angle de l'accueil

Pièce jointe : Tableau récapitulatif des pistes envisageables

Suite à un incident entre deux usagers en raison du bruit ambiant qui s'est produit dans une salle de lecture de la bibliothèque universitaire pluridisciplinaire de 1er cycle, lors de ma permanence d'accueil, un usager m'a interpellé et m'a demandé d'intervenir.
Vous trouverez ci-joint dans un premier temps mon rapport d'incident sur les faits et dans un deuxième temps des pistes pour améliorer voire résoudre la qualité de l'ambiance en service public sous l'angle de l'accueil.

L'incident entre deux usagers a eu lieu, il y a trois jours, lors de ma permanence d'accueil en salle de lecture « sciences humaines et sociales ». Il était aux environs de 15 h 30, quand un usager m'a interpellé et m'a demandé d'intervenir sur un conflit qui éclatait entre deux étudiants installés aux tables qui se trouvent derrière les rayonnages de philosophie, au fond de la salle. Selon les dires de l'usager qui est venu m'informer, l'un reprochait à l'autre d'écouter de la musique sans casque, ce qui le déconcentrait dans son travail. Devant le manque d'empathie de l'un comme de l'autre, le ton est monté, allant jusqu'aux injures. Il avait peur que les étudiants aillent jusqu'à se battre. Je tiens à vous préciser que de la banque d'accueil, il n'y a pas de visibilité sur l'espace cité ci-dessus et qu'au moment où l'usager m'a sollicité, je renseignais un lecteur extérieur sur l'accès distant aux ressources et n'ai pas entendu les échanges verbaux entre les deux individus. Suite à cette sollicitation, je me suis déplacé jusqu'au lieu de conflit. Les deux étudiants continuaient à s'insulter sur le sujet de la musique et du smartphone d'où elle provenait. Je me suis présenté courtoisement à ceux-ci en tant que responsable de la gestion des salles de lecture, et je leur ai rappelé que le bruit et le ton devaient être modérés afin de ne pas gêner les personnes aux alentours. Ils ont essayé chacun leur tour de m'exposer la raison du conflit et je leur ai demandé fermement de m'exposer leur différend sur un ton plus calme et modéré, l'un après l'autre. Ce qu'ils ont fait juste après en se présentant également tour à tour. Ce sont deux étudiants en 1re année de sociologie.

L'un travaille mieux en écoutant de la musique et l'autre en silence. Ils devaient rendre un travail commun pour le lendemain, ils étaient en retard. Celui qui écoutait de la musique prenait cela très à la légère alors que l'autre le prenait très au sérieux. En discutant avec eux, j'ai appris qu'ils se connaissent depuis longtemps et ont des échanges toujours très vivants avec des échanges fréquents d'insultes. J'ai alors souligné qu'au sein des espaces de lecture, ils ne devaient pas gêner les autres lecteurs. S'ils désiraient échanger sur la nécessité de la musique ainsi que sur l'urgence du travail à rendre, ils devaient le faire en dehors de la bibliothèque. Suite à mes remarques, ils se sont levés tous les deux afin de résoudre leurs différends hors de la bibliothèque et sont revenus 30 minutes plus tard en les ayant résolus, m'ont-ils dit avec des grands sourires et sur un ton adapté à une salle de lecture.
J'ai informé mon remplaçant en service public de l'incident et lui ai demandé de faire un tour de salle pendant sa permanence afin de s'assurer que les deux étudiants respectent bien les règles. Si ce n'est pas le cas de nouveau, je lui ai dit de me contacter afin que j'intervienne encore une fois, pour qu'ils aient le même interlocuteur connaissant l'historique de la situation. Par la suite, j'ai fait un rapport oral d'incident à la responsable du service aux publics.
La question du bruit au sein des salles de lecture est un sujet récurrent chez nos usagers. Les usages évoluent et l'espace public doit s'adapter aux usages. Notre bibliothèque manque d'espaces de travail en groupe et d'échanges conviviaux. Les bibliothèques universitaires ne sont plus seulement des lieux d'étude mais sont également des lieux de vie. Vous trouverez ainsi ci-après des pistes sur les court, moyen et long termes afin d'améliorer voire de résoudre les problèmes récurrents liés au bruit en salle de lecture de la bibliothèque de 1er cycle.

Les solutions à court terme qui peuvent être mises en place sont les suivantes : réunion des agents du service public afin d'identifier ensemble les zones de bruit, les solutions à mettre en place et leurs besoins ressentis sur ce point ; création d'affiches par le service communication, rappelant le règlement intérieur sur le bruit, qui pourraient être apposées aux points névralgiques de la bibliothèque (entrée de la bibliothèque, banque de prêt/retour, banque d'accueil, et dans les salles de lecture) ; organisation de « rondes » du personnel *via* un planning réalisé par le service référent dans les salles où le bruit est fréquemment constaté ; mise en place d'un cahier de procédures en cas de conflit, qui mentionnerait la nature du conflit (échanges verbaux, insultes entre usagers, insultes envers un personnel, coups et blessures), comment réagir dans la situation dite, quelles sont les personnes à contacter et leurs coordonnées (du responsable de la BU au service sécurité de l'université, et à la police), rappel des textes réglementaires sur lesquels s'appuyer, ce recueil sera mis à disposition des agents à tous les points d'accueil ; des tables dites de travail en groupe pourront être organisées près des points de passage qui sont déjà identifiés comme bruyants, tels que le hall et les locaux de reprographie ; des formations sur l'affirmation de soi et sur la gestion des conflits peuvent être proposées pour la prochaine formation pour une dispense à moyen terme, à l'échelle des bibliothèques universitaires ou rattachées au plan de formation de l'université, et enfin une enquête en ligne sur le site des bibliothèques universitaires, envoyée sur la liste de diffusion dédiée aux étudiants, pourra être mise en place afin de connaître les besoins de nos usagers et leurs préférences quant à nos solutions en matière de zonages futurs des espaces publics.

Des solutions à moyen terme vous sont proposées telles que, dans un premier temps en collaboration avec le service logistique, la création d'un zonage des salles de lecture ou d'une partie d'entre elles selon leur superficie et selon les besoins de travail au calme ou en groupe, un espace détente peut être mis en place également, où les usagers pourraient téléphoner, échanger et manger. Ce zonage pourra entraîner *via* le service communication la présence d'une nouvelle signalétique (avec une couleur propre à chaque zone pour une mémoire visuelle par exemple) et des flyers reflétant les différentes zones qui seront à distribuer à chaque prêt et chaque nouvelle inscription pendant une quinzaine de jours. Puis ils seront mis à disposition des publics auprès des ordinateurs publics et des banques d'accueil. Lors des visites guidées et des formations des étudiants en 1re année de licence, des rappels sur les règles de vie seront dispensés et une information sur le zonage des espaces publics sera dispensée avec une distribution des flyers dédiés. L'achat d'un distributeur de boules Quies pourrait être envisagé. Il pourrait être placé à l'entrée de la bibliothèque pour pallier toute situation qui ne pourrait s'adapter à celles prévues. Enfin, un calendrier d'actions culturelles en lien avec le service culturel pourrait être mis en place, avec la mise en avant d'ouvrages sur le bruit, des débats et conférences sur le sujet dont les intervenants pourraient être aussi bien médecin que chercheurs, et des projections documentaires.

Enfin, dernier point, les pistes sur le long terme sont également listées. Nos étudiants manquent de lieux dédiés au travail en groupe, aussi, par la suite, il nous faudra en créer en ajoutant dans les espaces publics existants des cloisons isolées phonétiquement et en réorganisant les collections en collaboration avec le service des ressources documentaires. Ces salles de travail en groupe pourront se réserver en ligne si besoin est. Nos usagers manquent également d'un espace détente avec des distributeurs de boissons chaudes et de denrées alimentaires, un lieu où ils pourraient téléphoner, échanger et se sustenter. Par la suite, un bilan à 12 mois pourra être fait. Si la fréquentation arrive à saturation sur les espaces de silence, il faudrait peut-être envisager d'acquérir l'application Affluences qui donne en temps réel le taux de remplissage de la bibliothèque. Ainsi, les usagers pourront planifier leur venue sur des plages plus creuses.

Le bibliothécaire assistant spécialisé de classe normale,
responsable de la gestion des salles

Récapitulatif des propositions d'amélioration de la qualité de l'ambiance en espace public

Quand	Propositions	Interlocuteurs	Moyens matériels	Moyens humains	Moyens financiers
À court terme	Réunion	Le service au public	Salle de réunion	Agents réalisant des plages d'accueil	Néant
	Création d'affiches mettant en avant le règlement intérieur sur le comportement à avoir au sein de nos locaux	Le service communication Le service logistique	Reprographie	Agents responsables de l'affichage	Impression des affiches à budgétiser si format supérieur à A3
	Mise en place d'un planning de « rondes » dans les espaces publics	Le service aux publics	Planning	Agents volontaires ou tous les agents réalisant des plages d'accueil	Néant
	Mise en place d'un cahier de procédures à suivre en cas de conflit	Le service aux publics Le service de sécurité L'administration de la bibliothèque universitaire	Salles de réunion Reprographie	Groupe de travail dédié à la mise en place de ces procédures	Néant
	Réorganisation ponctuelle des espaces publics afin d'obtenir des espaces dédiés aux échanges verbaux	Le service aux publics Le service logistique Le service des ressources documentaires	Réaménagement des collections	Magasiniers Agents volontaires	Néant
	Inscription du besoin de formation sur l'estime de soi et la gestion des conflits sur le plan de formation des bibliothèques universitaires	Service formation	Néant	Néant	À budgétiser si intervenant extérieur à l'université
	Mise en ligne sur le site web d'un questionnaire sur les besoins des usagers	Service communication	Outil de création de questionnaires dynamiques	Néant	Néant

Quand	Propositions	Interlocuteurs	Moyens matériels	Moyens humains	Moyens financiers
À moyen terme	Réorganisation de l'espace public en zones de silence/de bruit/de détente avec signalétique adaptée Déplacement des collections	Service aux publics Service communication Service logistique Service des ressources documentaires	Signalétique Mise en ligne sur le site web	Acquéreurs, gestionnaires des collections Agents responsables de la logistique	À budgétiser la création de la signalétique
	Création de flyers indiquant le zonage des espaces publics Distribution des flyers lors des visites et des formations des étudiants en 1re année et lors des prêts	Service communication Service formation Service aux publics	Reprographie	Formateurs Agents réalisant des plages d'accueil	À budgétiser l'impression des flyers
	Présentation des zonages lors des visites guidées et des formations des 1res années	Service formation	Néant	Formateurs	Néant
	Acquisition d'un distributeur de boules Quies	Administration de la bibliothèque Service financier	Distributeur	Néant	À budgétiser l'achat
	Mise en place d'un calendrier d'actions culturelles sur le thème du bruit	Service culturel Service médical Enseignants-chercheurs Service des ressources documentaires	Calendrier de réservation de l'auditorium, Tables d'exposition des ouvrages	Acquéreurs, gestionnaires des collections Agents responsables de la logistique	À budgétiser si intervenant extérieur
À long terme	Création de salles de travail en groupe et d'un espace détente	Service aux publics Services des ressources documentaires Service logistique Administration Service financier	Cloison Mobilier mobile Tableaux blancs	Acquéreurs, gestionnaires des collections Agents responsables de la logistique	À budgétiser montage cloisons et l'achat de matériels
	Réalisation d'un bilan à 12 mois via un questionnaire en ligne	Service communication	Néant	Néant	Néant
	Acquisition de l'application Affluence	Service informatique	Application Affluence	Néant	À budgétiser l'acquisition de l'application

Les questions

Pour rappel : « *Compte tenu de consignes orales erronées passées dans deux centres d'examens, le jury, en concertation avec la DRGH, a été conduit à neutraliser la notation de la partie de l'épreuve correspondant aux questions, cela afin de garantir l'équité de traitement entre les candidats* » (rapport de jury 2019).

Question 1 : À quoi s'engage un service public lorsqu'il adopte le référentiel Marianne ?

Un service public s'engage lorsqu'il adopte le référentiel Marianne à respecter les engagements sur la qualité de l'accueil qui y sont cités. Au nombre de 12 en 2019[1], ils abordent la qualité du service rendu au sein d'un service public. C'est ainsi une démarche qualité. Les engagements notifient notamment les délais de réponse de la part du service aux demandes des usagers, un accompagnement personnalisé et un accueil courtois sur place et à distance. La labellisation en bibliothèque est un moyen de formaliser, d'affiner et d'harmoniser les pratiques d'accueil en fonction des différents publics et de valoriser le service d'accueil.

Question 2 : À quoi sert un ISBN ? Quelle différence avec un ISSN ?

ISBN signifie International Standard Book Number, il est attribué à chaque monographie. L'ISSN, International Standard Serial Number, identifie un périodique selon son type de publication (revue, collection de livres, etc.). Un ISSN et un ISBN peuvent cohabiter dans le cadre d'une collection de livres.

Question 3 : Quel est le rôle d'une bibliothèque nationale ?

Le rôle d'une bibliothèque nationale est de collecter, conserver, enrichir et communiquer le patrimoine documentaire national. Sa principale source d'accroissement des collections est le dépôt légal qui permet d'élaborer la bibliographie nationale. Elle assure l'accès à ses collections au plus grand nombre sur place et à distance. Elle développe la coopération nationale et internationale dans son domaine en tant qu'experte.

Question 4 : Cocher d'une croix la réponse aux questions suivantes :

Au regard de la loi, un(e) bibliothécaire assistant(e) spécialisé(e) de classe normale peut-il (elle)	Oui	Non
désobéir à une instruction donnée par son supérieur hiérarchique ?	X	
distribuer un tract politique dans les espaces publics ?		X
porter un signe ostentatoire d'appartenance religieuse en service public ?		X
adhérer à un syndicat ?	X	

1. Ils sont 9 en 2020.

Un des textes commenté (concours externe)

Le texte choisi pour illustrer le commentaire de texte est « L'Europe devrait renforce l'impact des bibliothèques : un manifeste » www.actualitte.com/article/tribunes/l-europe-devrait-renforcer-l-impact-des-bibliotheques-un-manifeste/93966 [consulté le 29/05/2020].
Information : la reproduction du texte intégral est interdite pour des raisons de droits d'auteur et de propriété intellectuelle.
Ceci est un exemple de commentaire de texte. Il n'est pas le commentaire idéal.

Les apports de la première lecture du document

- **L'auteur**

L'auteur est un invité qui rédige pour le site.

- **Le titre**

« L'Europe devrait renforcer l'impact des bibliothèques : un manifeste »

- **La source**

ActuaLitté est un site internet commercial qui place le livre au centre de sa ligne éditoriale en proposant des articles et des dossiers de fond.

- **La date du document**

L'article est paru le 22 mars 2019.

Les apports de la deuxième lecture de l'article

- **Le premier paragraphe**

Il est en gras. Il introduit les acteurs, le but et la nature de l'article.

Les acteurs

L'Ifla (Internation Federation of Library Associations), la Fédération internationale des associations et institutions de bibliothèques.
Cinq organisations représentant les bibliothèques et bibliothécaires d'Europe.

Le but

Présenter aux institutions européennes un manifeste que ces associations ont coécrit et cosigné, afin que ces institutions œuvrent :
• en faveur des bibliothèques, pour faciliter leur travail ;
• pour les usagers ;
• pour ceux qui n'ont pas accès aux services des bibliothèques.

La nature de l'article

Il s'agit de la reproduction du manifeste dans son intégralité.

- **Le manifeste**

Son titre complet est : « Manifeste des bibliothèques pour l'Europe ».
Trois points sont soutenus pour une Europe qui :
- garantit à tout un chacun, à tout moment de la vie, la capacité d'apprendre, de lire et de se développer à travers les bibliothèques ;
- place l'accès au cœur de son action sur la culture, la science et l'innovation ;
- s'engage pleinement à réaliser les objectifs de développement durable des Nations unies et promeut l'accès à l'information dans ses initiatives d'accession et de développement.

Ses signataires sont, en plus de l'Ifla :
- Liber, la ligue des bibliothèques européennes de recherche ;
- Public Libraries 2030 ;
- Eblida (European Bureau of Library Information and Documentation Association), le bureau européen des associations de bibliothèques, de l'information et de la documentation ;
- Sparc Europe, la coalition de l'édition savante et des ressources académiques.

L'analyse du texte

- **La problématique**

Les cinq associations exposent par ce manifeste leur volonté de compter pour les institutions européennes et, pour ce, elles leur rappellent leurs missions (l'apprentissage, l'engagement civique, la culture et le patrimoine, la recherche et l'innovation) et leurs buts (construire des sociétés plus fortes, plus intelligentes et plus justes) au sein de ces institutions européennes en les encourageant à lire et à soutenir ce manifeste.

- **Le premier point : l'accès équitable aux informations au sein de l'Europe**

Ce que demandent les associations :
- de l'aide à la réalisation d'initiatives et de projets encourageant la lecture, l'alphabétisation et l'apprentissage pour tous ;
- le développement des indicateurs appropriés mesurant l'équité au sein des bibliothèques en Europe.

Les apports personnels du candidat :
- exemples de programmes communs en Europe ;
- pourquoi est-ce si important d'encourager la lecture et l'apprentissage pour tous ?
- quels seraient les indicateurs ?

Leurs propositions au niveau des institutions : • la création de cadres législatifs ; • des programmes de financement ; • des réglementations donnant légitimité aux bibliothèques, surtout en termes de compétences numériques et d'éducation aux médias et à l'information ; • des programmes d'éducation et de formation incluant les bibliothèques.	**Les apports personnels du candidat :** • pourquoi un cadre législatif ? • un financement oui, mais pourquoi ? • les compétences numériques des bibliothèques ; • l'importance de l'éducation aux médias et à l'information (fiabilité de l'information, sources de l'information), une des missions des bibliothèques.

- **Le deuxième point : la promotion de l'*open access* et d'une législation européenne en termes de droits d'auteur**

Ce que demandent les associations : • promouvoir l'accès ouvert pour la science et toutes les publications de recherche financées par des fonds publics d'ici à 2020 ; • inclure ces publications dans un système documentaire géré par les bibliothèques.	**Les apports personnels du candidat :** • OpenAire, la plate-forme d'archive ouverte de l'Europe ; • généralisation sur le modèle d'OpenAire dans chaque État membre ; • état des archives ouvertes en Europe (Hal en France).
Leurs propositions au niveau des institutions : • des programmes européens de numérisation et de partage des ressources documentaires au niveau européen ; • une législation européenne sur les droits d'auteur dont les œuvres orphelines ; • des dispositions mettant en œuvre le traité de Marrakech.	**Les apports personnels du candidat :** • Europeana : la bibliothèque numérique de l'Europe ; • harmonisation des droits d'auteur et du code de la propriété intellectuelle au sein de l'Europe, exemple des œuvres tombées dans le domaine public ; • traité de Marrakech : faciliter l'accès des aveugles, des déficients visuels et des personnes ayant d'autres difficultés de lecture des textes imprimés aux œuvres publiées. Mise en application au niveau européen : autoriser les bibliothèques publiques ou associatives, lorsqu'elles répondent à la définition d'une entité autorisée, à produire et/ou mettre à disposition des documents adaptés sans qu'une habilitation, de quelque nature que ce soit, soit nécessaire. Les cinq associations demandent donc que cette disposition transparaisse expressément dans le décret.

- **Le troisième point : les actions de l'Europe pour des actions à l'international en matière de développement durable et de droits d'auteur**

Ce que demandent les associations : un plan global pour un développement durable en donnant accès à l'information par l'intermédiaire des bibliothèques.	**Les apports personnels du candidat** : les enjeux du développement durable.
Leurs propositions au niveau des institutions : adoption d'une position plus ferme sur l'harmonisation des droits d'auteur et de la propriété intellectuelle au niveau mondial (Ompi).	**Les apports personnels du candidat** : Quels avantages apporteraient cette harmonisation au sein des bibliothèques ?

La rédaction du plan, de l'introduction et de la conclusion

- **L'introduction**

Le texte a été publié le 22 mars 2019 par un auteur invité sur le site internet d'ActuaLitté, site qui place le livre au centre de sa ligne éditoriale en réalisant des articles et des dossiers de fond. Le site reproduit le manifeste, déclaration écrite et publique, de cinq associations de professionnels du monde des bibliothèques qui œuvrent au niveau européen et à l'international. Elles exposent leur volonté de compter pour les institutions européennes et pour ce, elles leur rappellent leurs missions (l'apprentissage, l'engagement civique, la culture et le patrimoine, la recherche et l'innovation) et leurs buts (construire des sociétés plus fortes, plus intelligentes et plus justes) au sein de ces institutions européennes en les encourageant à lire et à soutenir ce manifeste.
Ce manifeste est articulé en trois points. Le premier est l'accès équitable aux informations au sein de l'Europe qui questionne les institutions européennes sur la nécessité d'un programme commun au sein des bibliothèques européennes sur des initiatives et projets au développement de la lecture, de l'alphabétisation et de l'apprentissage pour tous, et sur la nécessité de mettre en place des indicateurs en corrélation. Le deuxième est l'accès équitable aux informations au sein des bibliothèques européennes en revendiquant un accès ouvert aux publications de la recherche financées sur des fonds publics comme l'est OpenAire tout en développant un système documentaire de gestion de ces données de la recherche qui serait géré par les bibliothèques. Le troisième et dernier volet appuie sur les actions de l'Europe pour des actions à l'international en matière de développement durable et de droits d'auteur avec le rôle de l'Ompi.

- Le plan détaillé

Première partie : l'accès équitable aux informations au sein de l'Europe

Ce que demandent les associations

- De l'aide à la réalisation d'initiatives et de projets encourageant la lecture, l'alphabétisation et l'apprentissage pour tous
  - Pourquoi est-il si important d'encourager la lecture et l'apprentissage pour tous au niveau européen ?
  - Des exemples qui sont preuve de réussite : Europeana
- Le développement des indicateurs appropriés mesurant l'équité au sein des bibliothèques en Europe
  - Quels pourraient être ces indicateurs ?

Leurs propositions au niveau des institutions

- La création de cadres législatifs
  - Pourquoi un cadre législatif ?
- Des programmes de financement
  - Un financement, oui, mais pourquoi ?
- Des réglementations donnant légitimité aux bibliothèques surtout en termes de compétences numériques et d'éducation aux médias et à l'information
  - Les compétences numériques des bibliothèques
  - L'importance de l'éducation aux médias et à l'information (fiabilité de l'information, sources de l'information), une des missions des bibliothèques
- Des programmes d'éducation et de formation incluant les bibliothèques
  - Pourquoi faut-il des programmes mentionnant les bibliothèques ?

Deuxième partie : la promotion de l'*open access* et d'une législation européenne en termes de droits d'auteur

Ce que demandent les associations

- La promotion de l'accès ouvert pour la science, de toutes les publications de recherche financées par des fonds publics d'ici à 2020
  - OpenAire, la plate-forme d'archive ouverte de l'Europe
  - État des archives ouvertes en Europe (Hal en France)
  - Généralisation sur le modèle d'OpenAire dans chaque État membre
- L'inclusion de ces publications dans un système documentaire géré par les bibliothèques
  - Pourquoi les bibliothèques sont-elles les mieux placées pour gérer les plates-formes d'archives ouvertes ?

Leurs propositions au niveau des institutions

- Des programmes européens de numérisation et de partage des ressources documentaires au niveau européen
  - L'exemple réussi d'Europeana : la bibliothèque numérique de l'Europe
- Une législation européenne sur les droits d'auteur dont les œuvres orphelines
  - L'harmonisation des droits d'auteur et du code de la propriété intellectuelle au sein de l'Europe, exemple des œuvres tombées dans le domaine public et des œuvres orphelines

- Des dispositions mettant en œuvre le traité de Marrakech
  - Rappel du contenu du traité de Marrakech
  - La demande du manifeste : la mise en application au niveau européen

Troisième partie : les actions de l'Europe pour des actions à l'international en matière de développement durable et de droits d'auteur.

Ce que demandent les associations

- Un plan global pour un développement durable en donnant accès à l'information par l'intermédiaire des bibliothèques
  - Les enjeux du développement durable pour les bibliothèques : en quoi peuvent-elles contribuer ?

Leurs propositions au niveau des institutions

- Adoption d'une position plus ferme sur l'harmonisation des droits d'auteur et de la propriété intellectuelle au niveau mondial (Ompi)
  - Rappel du rôle de l'Ompi
  - Quels avantages apporterait cette harmonisation au sein des bibliothèques ?

- La conclusion

Le rôle des associations professionnelles, qu'elles soient nationales, européennes ou internationales, est primordial pour défendre les missions et la légitimité des bibliothèques *via* les manifestes et les chartes publiées. Les textes législatifs en la matière sont absents. Sur ce manifeste, les enjeux en termes de programmes communs, de sciences ouvertes et de droits d'auteur et de propriété intellectuel européens sont des enjeux majeurs des bibliothèques d'aujourd'hui, les politiques à mettre en place sont ambitieuses et se feront par la volonté et la persévérance de ces associations.

2. Corrections pour la session 2018

Les meilleures copies du concours pour la session 2018 sont à retrouver sur le site du ministère à l'adresse suivante :
www.enseignementsup-recherche.gouv.fr/cid133031/copies-les-mieux-notees-de-la-session-2018.html [consulté le 07/05/2020].

« *Les bonnes copies sont celles qui sélectionnent dans les documents des informations adaptées au contexte fourni par le sujet, qui considèrent l'événement dans sa globalité et l'inscrivent dans la durée (en tirant des conséquences en termes organisationnels par exemple). Il faut veiller à bien relier les fonctions des intervenants aux indications fournies dans l'organigramme* » (rapport de jury, 2018).

La note

Le libellé

Cas pratique : Notation sur 14, dont 6 points pour le tableau
Bibliothécaire assistant(e) spécialisé(e) dans une bibliothèque universitaire, vous encadrez une équipe de 15 étudiants contractuels, au sein du pôle Publics.
Les étudiants contractuels participent à l'accueil, aux inscriptions, au prêt-retour, et au rangement des collections en libre accès.
Sept nouveaux étudiants contractuels sont attendus à la prochaine rentrée universitaire : vous devez mettre en place un programme d'accueil et de formation, au terme duquel ils devront être en mesure de prendre leur poste.
Vous rédigerez une note à l'attention de votre responsable, présentant les objectifs de la formation, ses contenus et les modalités de mise en œuvre.
Vous y associerez le programme détaillé de cette formation sous la forme d'un tableau identifiant les intervenants et leurs fonctions, l'intitulé des formations, le volume horaire, et les moyens (lieux, matériels, supports, etc.).
L'ensemble de la note ne dépassera pas 4 à 5 pages.

À la lecture du libellé, la note est à adresser au responsable. Le plan de la note se dessine clairement. Une première partie présentera les objectifs de la formation des moniteurs-étudiants, et une deuxième et dernière partie mettra en avant la diversité des services d'une bibliothèque universitaire, qui seront abordés dans le contenu de la formation et leur modalité de mise en œuvre (fonctionnement, organisation, etc.). La note sera accompagnée d'un tableau de présentation de la formation récapitulant les personnels et services, ainsi que les moyens matériels à mobiliser. Le tableau est considéré comme une pièce jointe qu'il faudra mentionner sur l'étiquette de la note.

La méthode QQQOCP

- Qui

La note est à adresser au responsable hiérarchique, qui est en général celui du service aux publics pour les étudiants contractuels.

- Quand

Avant la prochaine rentrée universitaire.

- Quoi

Il s'agit de la mise en place d'un programme d'accueil et de formation pour les sept nouveaux étudiants qui sont attendus à la rentrée prochaine. L'équipe des moniteurs-étudiants se renouvelle de la moitié de son équipe qui est de quinze étudiants contractuels.

- **Où**

Dans une bibliothèque universitaire.

- **Comment**

Il faut présenter les objectifs de la formation, ses contenus et les modalités de mise en œuvre. Il faudra également joindre un tableau identifiant les intervenants et leurs fonctions, l'intitulé des formations, le volume horaire et les moyens (lieux, matériels, supports, etc.).

- **Pourquoi**

Les étudiants contractuels doivent être en mesure de prendre leur poste à la rentrée prochaine.

Le dossier annexe

- **Document n° 1 : organigramme de la bibliothèque**

Ce document sert à identifier les référents dont l'intervention était requise pour la bonne formation des moniteurs-étudiants.

- **Document n° 2 : fiche de poste pour le recrutement d'étudiants contractuels**

Cette fiche de poste est un document important pour cette note.
Il recense des exemples des missions de service public qu'un établissement peut attribuer à des moniteurs-étudiants : accueil, orientation et information des usagers, inscriptions, prêt/retour, rangement des documents.
Le candidat peut reprendre les missions indiquées sur cette fiche de poste entièrement ou partiellement ou en ajoutant d'autres missions cohérentes à des moniteurs-étudiants comme l'équipement des documents.
Il mentionne la place hiérarchique du moniteur-étudiant au sein de l'organisation. Ils sont la plupart du temps sous l'autorité du responsable de l'accueil au sein d'un pôle Services aux publics.
Il cadre les activités et les formations préalables pour les assurer.
Enfin, il note la quotité de travail d'un contrat de moniteur-étudiant : 15 heures.

- **Document n° 3 : Décret n° 2015-652 du 1er juin 2015 (recrutement et emplois d'étudiants)**

Ce texte de loi rappelle juridiquement les missions des étudiants au sein des bibliothèques. Ils sont un service d'appui aux personnels des bibliothèques.

- **Document n° 4 : Direction de la documentation de l'École des ponts Paris Tech, « Portrait d'un nouveau moniteur-étudiant : Elias », *Lesage blog*, 12 avril 2012 [extrait sans illustration]**

Ce document complète la fiche de poste en mentionnant des activités en sus qu'un moniteur-étudiant peut exercer en bibliothèque universitaire : l'équipement de documents tout en réalisant un soutien d'accueil au personnel en poste à ce moment-là.
Il indique également une plage horaire de travail fréquente pour un moniteur-étudiant du fait de ses horaires de cours : le soir, ainsi que des éléments sur l'organisation de sa semaine. Ses horaires de travail sont aménagés en fonction de ses heures de cours. Ce sont également des éléments importants pour l'organisation des formations.
Il mentionne la recherche documentaire comme activité et les salles de travail en groupe qu'il faudra intégrer dans le contenu des formations, si le candidat opte pour que de telles salles existent au sein de la bibliothèque universitaire qu'il présente dans sa note.
Enfin, il souligne le fait que le soir, il n'y a pas d'agent et que des questions peuvent rester sans réponse. Il faudra inclure une solution dans la note pour pallier ce manque si le candidat choisit ce fonctionnement dans sa bibliothèque universitaire, soit le travail de moniteurs-étudiants le soir sans présence d'agents de bibliothèque.

- **Document n° 5 : Service commun de la documentation de l'université Claude-Bernard Lyon 1, « Être étudiant et travailler à la BU ? C'est possible », *BU LYON 1*, 2 mai 2014 [extrait sans illustration]**

Le document indique une autre quotité de travail possible d'un contrat étudiant (10 heures) et ses modalités de mise en œuvre (en soirée et pendant le week-end).

Le plan détaillé

- **Première partie**

Les objectifs de la formation
- Le principal : s'assurer que les sept nouveaux moniteurs-étudiants soient opérationnels à la rentrée prochaine
- Le positionnement hiérarchique au sein de l'organisation
- Le positionnement au sein de l'équipe des agents de la bibliothèque
- Un service d'appui au sein de l'organisation

- **Deuxième partie**

L'objectif de cette deuxième partie est de mettre en avant la diversité des services d'une bibliothèque universitaire.

Le contenu de la formation et ses modalités de mise en œuvre

- Le fonctionnement de la bibliothèque : ses horaires, ses agents, ses services, ses espaces publics (salle de lecture, salle de travail en groupe) avec une visite de la bibliothèque – réalisées par le responsable des services aux publics (2 heures)
- L'organisation des collections avec la classification et le plan de classement – faite par l'expert catalogueur (1 heure)
- Le SIGB : module circulation et inscription – faite en doublon par responsable SIGB et représentant service aux publics (1 h 30)
- La méthodologie de la recherche documentaire et le site web de la bibliothèque – par un formateur (1 heure)
- La sécurité des personnes et des locaux – par le conseiller prévention (1 heure)

- **La pièce jointe**

C'est « *un tableau de présentation de la formation envisagée récapitulant les personnels et services dont l'intervention est jugée souhaitable, les moyens matériels à mobiliser, le calendrier* » (rapport de jury, 2018).

- Une salle de formation informatisée afin de présenter les différents services informatisés mis à disposition du public d'une part, les outils utilisés par les agents de la bibliothèque qui le seront par les moniteurs-étudiants d'autre part
- Estimation du volume horaire nécessaire
- Durée de la formation
- Contraintes prévisionnelles d'emploi du temps des étudiants et les nécessités de service

La note rédigée

Bibliothèque universitaire

Date de l'épreuve, Lieu (sans mention de lieu précis)

Note à l'attention du responsable du pôle Publics

Objet : Mise en place d'un programme d'accueil et de formation des nouveaux étudiants contractuels à la prochaine rentrée universitaire

Pièce jointe : Tableau de présentation de la formation mentionnant les besoins en personnel, les moyens matériels et le calendrier.

À la prochaine rentrée universitaire, la bibliothèque universitaire renouvelle de moitié son équipe de moniteurs-étudiants sur des activités d'accueil, d'inscription des usagers, de prêt et de retour des documents, et du rangement des collections en libre accès. Afin qu'ils

exercent au mieux leurs missions, une formation, dispensée sur leur temps de travail selon les dispositions légales en vigueur va leur être proposée.
En tant qu'encadrante de cette équipe, je suis en charge de ce programme de formation. Vous trouverez ainsi ci-joint le programme d'accueil et de formation de ces nouveaux moniteurs avec, dans un premier temps, les objectifs de la formation. Ensuite est abordé le contenu retenu de cette formation avec les modalités de mise en œuvre qui y seront décrites.

En premier lieu sont abordés les objectifs de la formation des moniteurs-étudiants qui sont fixés comme tels. Connaître leur environnement professionnel afin d'être opérationnel dès la rentrée universitaire en renseignant qualitativement les usagers est l'objectif principal. Connaître l'organisation interne de la bibliothèque : les horaires, l'équipe avec une présentation de ses interlocuteurs principaux et leur positionnement hiérarchique au sein de l'organisation, le règlement intérieur, le circuit du document, les règles de prêt selon les différents types d'usagers, les services proposés tels que le prêt entre sites, les réservations de documents et des salles de travail en groupe, le prêt entre bibliothèques, la formation individuelle sur rendez-vous, le fonctionnement des appareils de reprographie ; le plan d'évacuation des personnes ; l'organisation des collections par le biais de la classification et du plan de classement des collections en libre accès ; utiliser en respectant les données privées le SIGB pour des tâches de prêt/retour et d'inscriptions des usagers ; utiliser le site web de la bibliothèque en réalisant une recherche, en s'appropriant les filtres, en utilisant le compte-lecteur et les paramètres d'accès aux ressources numériques ainsi que leur utilisation ; et enfin maîtriser la méthodologie de la recherche documentaire et les différents catalogues. Ces objectifs permettront aux futurs moniteurs-étudiants de renseigner au mieux l'usager, les questions à l'accueil étant diverses et variées d'une part, et d'autre part de se repérer et de ranger les collections en libre accès avec efficacité.

Après que je les aurai accueillis en tant qu'encadrante et que je leur aurai présenté le déroulé de la journée de formation, les différents intervenants selon leur spécialité les formeront à différents contenus.

Le contenu des formations dispensées aux futurs moniteurs-étudiants ainsi que leurs modalités de mise en œuvre sont proposés en quatre modules. Le premier module de formation sera celui portant sur la connaissance de leur lieu de travail avec une présentation de son fonctionnement, des horaires, du règlement intérieur, des équipes et des différents services qui sera fait par la responsable des services aux publics ou sa représentante. Le point sur la sécurité des locaux et des personnes sera abordé en leur mentionnant qu'une formation *via* une visite des locaux avec un zoom sur les sorties de secours leur sera dispensée en fonction de leur emploi du temps par le conseiller de prévention de l'établissement. Dans la foulée, une visite de la bibliothèque leur sera ensuite dispensée, ils pourront ainsi visualiser la distribution des différents espaces et collections. Ce premier module sera d'une durée de deux heures. Le second module portera sur l'organisation des collections en leur présentant la classification adoptée et le plan des collections en libre accès. Ce module sera dispensé par l'expert catalogueur et aura une durée d'une heure suivie d'un exercice pratique d'une durée de 30 minutes sur le rangement des collections encadré par un magasinier qui aura préalablement préparé un chariot avec différents ouvrages aux cotes quelque peu difficiles.

Le troisième module sera celui des prêts retours et des inscriptions des différents types d'usagers dans le SIGB en deux temps : théorie et exercices. Ce module SIGB sera dispensé en 1 h 30 en doublon par le gestionnaire du SIGB et un référent du service aux publics pour une complémentarité de leurs compétences et afin de leur souligner l'importance du relais de l'information, surtout quand ils sont en poste en soirée sans titulaires présents ainsi que celui des mémentos de service public dans lesquels toutes les procédures sont décrites. Enfin, le quatrième et dernier module de formation sera celui de la méthodologie de la recherche documentaire et de l'utilisation du site web de la bibliothèque. Il sera dispensé sur une heure par un formateur. En sus de ces formations de base dispensées avant leur prise de fonction sur un poste, sera dispensée une visite des locaux sur la sécurité et les procédures à tenir lors d'une évacuation, visite effectuée par le conseiller prévention, d'une durée d'une heure selon les disponibilités des étudiants.
Ces formations pourront se faire sur un ou deux groupes selon les disponibilités des étudiants qui seront définies à la rentrée sitôt qu'ils auront connaissance de leur emploi du temps. D'autres microformations seront dispensées à la rentrée pour l'ensemble des agents, dont les moniteurs-étudiants, telle que l'utilisation du matériel de reprographie. À la fin de ces temps de formation, un questionnaire d'évaluation sera soumis aux moniteurs-étudiants afin d'avoir un retour sur les contenus et les modalités d'apprentissage.

Le tableau joint synthétise les formations, les moyens humains et matériels nécessaires à la bonne prise de poste des nouveaux moniteurs-étudiants.

Le bibliothécaire assistant spécialisé de classe normale

Les modules de formation et leurs besoins en moyens humains et matériels

Modules	Contenus	Intervenants	Volume horaire	Moyens matériels
Environnement professionnel	Horaires Règlement intérieur Les équipes/ organigramme Les services avec zoom sur le service au public et ses mémentos	Responsable des services aux publics ou sa référente	2 h	Salle de formation informatisée avec projecteur
Organisation des collections	Classification Plan de classement Exercices de rangement	Expert catalogueur Magasinier	1 h + 30 min	Salle de formation informatisée Chariots Documents

Modules	Contenus	Intervenants	Volume horaire	Moyens matériels
SIGB	Modules circulation et inscription : théorie et exercices	Responsable SIGB Représentant service aux publics	1 h 30	Salle de formation informatisée avec postes informatiques pour la pratique
Recherche documentaire et site web	Méthodologie à la rechercher documentaire Utilisation site web	Formateur	1 h	Salle de formation informatisée avec postes informatiques pour la pratique
Sécurité des locaux et des personnes	Visite des locaux avec zoom sur sorties de secours et présentation du plan d'évacuation	Conseiller prévention	1 h	Tour de bras : sécurité

Les questions

Notation sur 6

Question 1 : Qu'est-ce que CollEx ? *(2 points)*
Réponse attendue en 8 lignes

CollEx (Collections d'excellence pour la recherche), est une infrastructure de recherche qui vise à rénover le réseau Cadist, en mettant les services aux chercheurs au cœur des projets de collections. Elle a pour mission d'accompagner la mise en œuvre des actions de préservation mutualisées.
Elle est organisée de manière distribuée entre de grandes bibliothèques de recherche, une plate-forme nationale, Persée, la BnF et des opérateurs nationaux en information scientifique et technique (Abes, le Centre technique du livre de l'enseignement supérieur et l'Institut national de l'information scientifique et technique).

Question 2 : Dans quelles institutions peut-on consulter les archives du Web ? *(2 points)*
Réponse attendue en 8 lignes

Depuis 2006, la BnF (Bibliothèque nationale de France) assure le dépôt légal de l'Internet français. Les archives du Web sont consultables par tous les chercheurs accrédités depuis l'application Archives de l'Internet de la BnF, accessible dans toutes les salles de recherche des différents sites de la BnF. Elles sont également consultables dans les bibliothèques de dépôt légal imprimeur en région offrant un accès distant.
L'Ina, Institut national de l'audiovisuel, est responsable de la collecte des sites des chaînes de télévision et de radio.

Question 3 : Citez deux organismes de gestion[2] du droit d'auteur. *(1 point)*
Réponse attendue en 5 lignes

La Sofia (Société française des intérêts des auteurs de l'écrit) et la Sacem (Société des auteurs, compositeurs et éditeurs de musique) sont deux organismes de gestion du droit d'auteur.
Elles sont chargées de reverser aux auteurs et aux éditeurs leur part et de prendre en charge une partie des cotisations des auteurs au titre de leur retraite complémentaire.

Question 4 : Quelles sont les différentes fonctions publiques ? *(1 point)*
Réponse attendue en 5 lignes

Les fonctions publiques sont au nombre de trois : la fonction publique d'État (FPE), la fonction publique territoriale (FPT) et la fonction publique hospitalière (FPH). C'est le ministre de l'Action et des Comptes publics qui est chargé de la gestion de la fonction publique.

Un des textes commenté (concours externe)

Le texte choisi pour illustrer le commentaire de texte est « Gallica, la plus grande bibliothèque numérique, a 20 ans » de Christine Siméone (France Inter, 24 mars 2018 [extraits : deux textes].
Disponible sur www.franceinter.fr/culture/gallica-bnf-anniversaire-20-ans-google-microsoft-numerique-digital).

Information : la reproduction du texte intégral est interdite pour des raisons de droits d'auteur et de propriété intellectuelle.
Ceci est un exemple de commentaire de texte. Il n'est pas le commentaire idéal.

2. Une liste d'organismes gérant collectivement les droits d'auteurs est disponible sur le site du ministère de la Culture, www.culture.gouv.fr/Sites-thematiques/Propriete-litteraire-et-artistique/Conseil-superieur-de-la-propriete-litteraire-et-artistique/Liens-utiles/Organismes-de-gestion-collective [consulté le 01/05/2020].

Les apports de la première lecture

- **L'auteur**

Christine Siméone, directrice du service culture de France Inter.

- **Le titre**

« Gallica, la plus grande bibliothèque numérique, a 20 ans ».

- **La source**

France Inter, radio publique.

- **La date du document**

Publié le 24 mars 2018.

Les apports de la deuxième lecture

- **Le premier paragraphe**

Il est en gras. Il présente ce qu'est Gallica, la bibliothèque numérique de la BnF, fondée il y a 20 ans.

- **La nature de l'article**

C'est un article paru sur le site de France Inter sur Gallica : son histoire, son contenu, ses usagers.

L'analyse du texte

- **La problématique**

Deux axes majeurs, qui sont liés, sont au cœur de l'essor de Gallica : Comment rendre visible les documents numérisés de Gallica sur Google afin de capter les publics lycéens et étudiants ?

- **L'histoire de Gallica**

La genèse de Gallica :	Les apports du candidat :
• le projet de numérisation des ouvrages des bibliothèques par Google ; • le contenu du projet ; • ses dangers ; • la contre-offensive : Gallica, la bibliothèque numérique faite « maison ».	• grande polémique à l'époque du projet Google ; • les avantages d'une bibliothèque numérique.

- Les ressources documentaires de Gallica

Le contenu de Gallica :
- la nature des documents ;
- deux exemples de fonds documentaires spécialisés issus de coopération :
  - des films diffusés dans le cadre scolaire,
  - les documents de la diplomatie française.

Les apports du candidat :
- l'avantage de la coopération à des fins d'enrichissement documentaires :
  - l'exemple des bibliothèques partenaires ;
- une coopération inversée : la contribution de Gallica au sein d'Europeana, la bibliothèque numérique européenne.

- Les usagers de Gallica

Les usagers de Gallica :
- qui sont-ils ?
- quelles thématiques sont le plus souvent consultées ?
- le défi actuel : capter les publics lycéens et étudiants ;
- le grand enjeu : le référencement par Google des titres numérisés sur Gallica.

Les apports du candidat :
- pourquoi les publics lycéens et estudiantins sont des non-usagers de Gallica ?
- en quoi le grand enjeu est un enjeu capital ?
- pourquoi une telle réticence de Google ?

La rédaction du plan, de l'introduction et de la conclusion

- L'introduction

Le texte est un article de Christine Siméone, responsable du service culture de France Inter. Cet article est paru sur le site de la radio le 24 mars 2018 à l'occasion des 20 ans de Gallica, la bibliothèque numérique de la BnF. Sa création a été la réaction au projet de Google de numériser à grande échelle les ouvrages des bibliothèques à des conditions non acceptées par la BnF. Aujourd'hui son enjeu capital est le référencement des ouvrages numérisés présents sur Gallica par Google afin d'attirer un nouveau public : les lycéens et les étudiants.

- Le plan détaillé

Première partie : l'histoire de Gallica
- Le projet de numérisation des ouvrages des bibliothèques par Google
  - La grande polémique à l'époque sur le projet Google
  - Le contenu du projet
  - Ses dangers
- La contre-offensive : Gallica, la bibliothèque numérique faite « maison »
  - Les avantages d'une bibliothèque numérique

Deuxième partie : Les ressources documentaires de Gallica
- La nature des documents
- Deux exemples de fonds documentaires spécialisés issus de coopération
  - Des films diffusés dans le cadre scolaire
  - Les documents de la diplomatie française

- L'avantage de la coopération à des fins d'enrichissement documentaires
  - L'exemple des bibliothèques partenaires
- Une coopération inversée : la contribution de Gallica au sein d'Europeana, la bibliothèque numérique européenne

Troisième partie : Les usagers de Gallica

- Qui sont-ils ?
- Quelles thématiques sont le plus souvent consultées ?
- Le défi actuel : capter les publics lycéens et étudiants
  - Pourquoi les publics lycéens et estudiantins sont des non-usagers de Gallica ?
- Le grand enjeu : le référencement par Google des titres numérisés sur Gallica
  - En quoi ce grand enjeu est-il capital ?
  - Pourquoi Google est réticent ?

- La conclusion

Gallica, la bibliothèque numérique de la BnF, fête ses 20 ans. Elle est née suite à la volonté de Google de numériser en masse les ouvrages des bibliothèques. Des batailles furent menées contre le projet de la multinationale et un refus fut acté, grâce à deux présidents de la BnF. La dernière bataille à mener par le président actuel de Gallica est de taille : faire référencer les ouvrages numérisés sur Gallica par Google afin d'attirer de nouveaux publics.

3. Corrections pour la session 2017

Les meilleures copies du concours pour la session 2017 sont à retrouver sur le site du ministère à l'adresse suivante : www.enseignementsup-recherche.gouv.fr/cid118948/copies-les-mieux-notees-de-la-session-2017.html [consulté le 07/05/2020].

La note

» Le libellé

Analyse d'un dossier technique 2017 (notation sur 14)

Bibliothécaire assistant(e) spécialisé(e) dans une bibliothèque universitaire de sciences humaines et sociales, vous êtes affecté(e) au département des Services aux publics.

Au sein de cette bibliothèque universitaire, la plupart des collections imprimées (100 000 documents environ) sont en libre accès dans des rayonnages ouverts. Après un fort orage, une inondation a été détectée par l'équipe de la bibliothèque, au moment de l'ouverture au public. Dans le secteur histoire de l'art, trois rayonnages (30 ml environ) contenant des collections historiques ont été touchés : pendant le week-end, l'eau a ruisselé du plafond, le long des rayonnages, sur les mobiliers et sur la moquette. L'écoulement est arrêté.

Vous avez été chargé(e) par votre responsable de gérer la situation.

Dans une note que vous lui adressez par la suite, vous présentez *a posteriori* l'ensemble des actions que vous avez mises en place en indiquant :

- **les actions immédiates, les moyens et les acteurs sollicités ;**
- **les actions à moyen et long terme, les moyens à mobiliser et les acteurs appelés à participer.**

Vous justifierez les choix effectués, préciserez les répercussions sur le public et sur les équipes, décrirez la communication interne et externe mise en place.
Votre note intégrera un tableau de gestion détaillé, récapitulant pour chacune des étapes les personnels ou services concernés, les moyens mobilisés et le calendrier, incluant les actions à mettre en place à la suite de ce sinistre (tableau noté sur 6 points).
L'ensemble de la note ne dépassera pas 4 à 5 pages.

À la lecture du libellé, la note est à adresser au responsable. Le plan de la note se dessine clairement. Une première partie présentera *a posteriori* les actions immédiates, les moyens et les acteurs sollicités et une deuxième et dernière partie relatera les actions à moyen et long termes, les moyens à mobiliser et les acteurs appelés à participer. La note sera accompagnée d'un tableau de gestion détaillé, récapitulant pour chacune des étapes les personnels ou services concernés, les moyens mobilisés et le calendrier ainsi que les actions à mettre en place à la suite du sinistre. Le tableau est considéré comme une pièce jointe qu'il faudra mentionner sur l'étiquette de la note.

La méthode QQQOCP

- **Qui**

Note à adresser au responsable des services aux publics.

- **Quand**

Le lundi au moment de l'ouverture au public, une inondation a été détectée par l'équipe de la bibliothèque. Un fort orage a eu lieu pendant le week-end.

- **Quoi**

Pendant le week-end, l'eau a ruisselé du plafond, le long des rayonnages, sur les mobiliers et sur la moquette, provoquant une inondation.
Les collections touchées sont trois rayonnages (30 mètres linéaires) du secteur histoire de l'art, contenant des collections historiques. Un mètre linéaire peut contenir entre 30 et 40 ouvrages in-8°. Ce sont donc environ 1 200 ouvrages qui sont touchés.
L'écoulement est arrêté le lundi.

- **Où**

Dans une bibliothèque universitaire de sciences humaines et sociales dont les collections imprimées (100 000 documents) sont en libre accès.
Les dégâts sont situés dans les rayonnages de l'histoire de l'art.

- **Comment**

Ruissellement du plafond, le long des rayonnages, sur les mobiliers et sur la moquette.

- **Pourquoi**

Un fort orage a éclaté pendant le week-end.

Le dossier annexe

- **Document 1 : Organigramme de la bibliothèque universitaire au 1er septembre 2016**

Ce document aide le candidat à identifier les services et collègues sur lesquels il pouvait s'appuyer dans cette situation.

- **Document 2 : Caroline Laffont et Raphaële Mouren, « Les ennemis du livre », *Bulletin des bibliothèques de France (BBF)*, n° 1, 2005, p. 54-63, http://bbf.enssib.fr/consulter/bbf-2005-01-0054-013. ISSN 1292-8399. Extrait**

Ce document identifie les moyens et techniques mobilisés pour face à la situation.

- **Document 3 : Fiche pratique, « Séchage à l'air », BnF, Direction des services et réseaux, département de la Conservation, septembre 2007, www.bnf.fr/documents/sechage_air.pdf**

Comme le précédent, ce document identifie les moyens et techniques mobilisés pour face à la situation.

- **Document 4 : Université de Strasbourg, « La vie des Bibliothèques. Un patrimoine livresque sous haute surveillance », extrait du site de l'université, www.unistra.fr/index.php?id=25060**

C'est le récit d'une situation réelle d'inondation sur laquelle il faut retenir le kit d'intervention et l'intervention des services de maintenance de la direction du patrimoine immobilier de l'université dans les risques de récidive.

Le plan détaillé

« *Le candidat devait rédiger une note à son responsable hiérarchique, note dans laquelle il devait restituer les actions mises en place et les actions à prévoir, pour résoudre l'incident et assurer son suivi. [...] C'est un exercice court, à visée opérationnelle, qui exige clarté et concision dans la rédaction : ainsi le candidat ne doit pas se perdre dans des conditions générales sur la conservation ou les ennemis du livre. [...] Le candidat était libre de poser ses propres prérequis (il y a/ou pas un plan d'urgence, les collections concernées sont partiellement patrimoniales ou pas, la bibliothèque dispose ou pas d'espaces vides et utilisables...) sous réserve d'une cohérence globale entre le sujet, les prérequis et les actions menées* » (rapport de jury, 2017).

- **Première partie**

Les actions immédiates

- Description des services et des agents impliqués
- Description des moyens et des techniques mobilisés pour faire face à cette situation
- Impacts sur le bâtiment, les collections, le système d'information, la communication interne et externe

- **Deuxième partie**

Les actions à moyen et à long terme

- Description des services et des agents impliqués
- Identification des moyens et des techniques mobilisés pour prévenir à l'avenir cette situation
- Impacts sur le bâtiment, les collections, le système d'information, la communication interne et externe, la formation

La pièce jointe

Il est demandé un tableau de gestion récapitulant les actions, les personnels ou services concernés, les moyens matériels à mobiliser incluant un calendrier.

La note rédigée

Bibliothèque universitaire

Date de l'épreuve,
Lieu (sans mention de lieu précis)

Note à l'attention du responsable du pôle Publics

Objet : Rapport sur la gestion de l'inondation dans le secteur histoire de l'art

Pièce jointe : Tableau de gestion récapitulatif par étapes

Suite à un fort orage ayant eu lieu le week-end dernier, il a été constaté par l'équipe de la bibliothèque de sciences humaines et sociales, lors de la réouverture au public le lundi, une inondation *via* des ruissellements du plafond qui ont touché 30 mètres linéaires de rayonnages dans le secteur de l'histoire de l'art, soit environ 1 200 ouvrages, notamment issus des collections historiques. Du mobilier et la moquette ont été également touchés.
Vous trouverez dans cette note, d'une part, les actions mises en place, les moyens utilisés et les acteurs sollicités dans l'immédiateté et, d'autre part, les actions à moyen et à long termes ainsi que les moyens à mobiliser et les acteurs qui seront appelés à participer. Pour chacune des parties, les choix seront justifiés ainsi que les répercussions sur le public et les équipes précisées, en décrivant également la communication interne et externe mise en place.

Suite au constat d'inondation dans le secteur histoire de l'art, vous m'avez désigné responsable pour gérer la situation. Un comptage du personnel présent a été effectué. Devant l'ampleur des documents touchés, l'ensemble des agents a été réquisitionné et réparti selon le plan d'urgence en vigueur dans l'établissement. L'établissement est resté fermé durant les deux premières heures. Par la suite, le personnel étant en nombre suffisant, la bibliothèque a ouvert de nouveau ses portes, limitant les agents en poste aux fonctions de prêt/retour et aux renseignements. Des affiches ont été créées par le service Communication et mises en place à l'entrée et sur les points stratégiques de la bibliothèque (banque de prêt, de renseignement, entrée des salles de lecture) et l'information a été mise en ligne sur la page du site web du SCD dédiée aux sciences humaines par notre webmaster. Ensuite, un mail d'information à destination des autres bibliothèques puis du personnel de l'université a été réalisé afin de les informer de la situation. Avant l'ouverture, le périmètre touché a été mis sous ruban de signalisation afin d'interdire au public son accès par le responsable de la maintenance du bâtiment et la salle aérée afin d'évacuer l'humidité présente. Des photos ont été prises des rayonnages pour les assurances.
Les équipes constituées et les membres du service du fonds patrimonial présents, la répartition des tâches de chacun effectuée, un premier examen minutieux des documents touchés a été effectué. Un tri a été mis en place : ouvrages secs, humides ou très mouillés. L'ensemble des chariots disponibles a été réquisitionné par le responsable de l'équipe de magasiniers. Selon l'état du document, ce dernier est mis sur un des chariots étiquetés de sa salle de destination, chariots déplacés ensuite dans une des salles mentionnées sur le plan d'urgence. Les ouvrages atteints par l'inondation sont disposés en quinconce sur les tables et des buvards ou papiers absorbants ont été intercalés sur les pages touchées. Le personnel chargé de ces tâches a veillé à changer les buvards ou papiers absorbants régulièrement. Le constat a été fait très vite sur le nombre insuffisant de buvards. Aussi, les autres bibliothèques ont été sollicitées en urgence par le responsable de la bibliothèque afin de nous faire parvenir au plus vite leur stock disponible. Les documents très atteints par l'humidité ont été placés dans des sacs prévus à cet effet en vue d'être acheminés vers le centre local homologué pour leur congélation, centre mentionné dans le plan d'urgence. Une liste des documents issus du SIGB concernant les rayonnages touchés a été extraite par le service des ressources documentaires. Ces listes ont permis d'identifier rapidement les documents concernés et de changer leur statut sur le SIGB fait par le service catalogage. Une liste uniquement constituée des documents atteints a été réalisée, mentionnant au fur et à mesure du constat l'état du document, sa salle de destination et le suivi à faire. Cette liste a servi pour la déclaration du sinistre aux assurances que vous avez effectuée. Pour le mobilier et la moquette, les traitements ont été les suivants : le mobilier, y compris les rayonnages impactés, a été séché et l'aspirateur à eau passé sur la moquette par les personnes en charge de la maintenance du bâtiment.
Durant cette journée, l'impact a été très important sur le personnel de la bibliothèque des sciences humaines et sociales qui s'est mobilisé et a été réparti sans souci entre les diverses tâches qui lui ont été attribuées. Comme il avait été sensibilisé par une formation régulière à la prévention, à la conservation des documents et au plan d'urgence, le travail a été efficace. Le planning sur l'ensemble de la semaine a été remanié par le responsable de celui-ci, allégeant en matière d'accueil les agents en charge du suivi des documents atteints.

L'impact au niveau des usagers a été moindre, hormis les usagers des rayonnages concernés par l'inondation. Le service de substitution que constitue le PEB leur a été proposé à titre exceptionnel sur des titres présents sur nos rayonnages. Au niveau des collections, le service des ressources documentaires a été très sollicité et a déjà organisé le retour des collections saines au sein de rayonnages différents afin de ne pas pénaliser nos usagers.

Sur le moyen et le long termes, il peut être envisagé de créer un véritable lieu pour le fonds patrimonial dont les collections seront en accès indirect et sous la surveillance d'un bibliothécaire afin de préserver ces documents dont certains sont rares et précieux. Ce lieu reste à définir, avec les normes en vigueur en ce qui concerne la conservation. Les documents concernés seront sélectionnés par le service du fonds patrimonial en collaboration avec le service des ressources documentaires.
À moyen terme, les collections adjacentes à celles touchées par l'inondation seront déplacées pour éviter de nouveaux dégâts des eaux suite aux prochaines fortes pluies, au moins jusqu'au passage de l'expert désigné par l'assurance. Ce déplacement de collections sera fait sous la direction des ressources documentaires. Un bilan sera également fait avec l'ensemble de l'équipe qui est intervenue afin de recenser les points d'amélioration comme le stock de buvards qui pourrait être plus important. Les collections touchées par l'inondation vont être surveillées régulièrement afin qu'un développement microbien ne se fasse pas et une restauration ou un achat *via* un réseau d'ouvrages anciens sera envisagé au cas par cas si le budget du service des ressources documentaires le permet.
Sur le long terme, suite au diagnostic des services chargés de la maintenance des bâtiments de l'université et de l'expert des assurances, des travaux devront être envisagés afin que l'isolation soit de nouveau efficace pour les bâtiments de la bibliothèque de sciences humaines et sociales. Des tours des locaux vont être demandés auprès de ce même service de manière plus régulière afin de déceler les défaillances potentielles du bâtiment du fait de sa vétusté, le bâtiment datant des années 1970.

Le bibliothécaire assistant spécialisé de classe normale

Tableau de gestion récapitulatif par étapes

Quand	Étapes	Services et personnels concernés	Moyens matériels mobilisés
Lundi – 8 h 30-10 h 30	Fermeture de la bibliothèque	Tous	Néant
	Isolement secteur documentaire Histoire de l'art	Agent chargé de la maintenance du bâtiment	Ruban travaux
	Aération salle du secteur documentaire	Gestionnaire de la situation d'urgence	Néant
	Prise de photos du sinistre	Gestionnaire de la situation d'urgence	Appareil photo de la bibliothèque
	Réquisition et préparation des chariots disponibles selon la salle de destination Acheminement du kit d'urgence	Responsable de l'équipe des magasiniers	Chariots Kit d'urgence
	Constitution des équipes selon le plan d'urgence en situation d'inondation	Gestionnaire de la situation d'urgence	Néant
	1er examen des documents touchés suivi du tri et répartition sur les chariots	Équipe désignée dont du personnel gérant le fonds patrimonial Magasiniers	Gants Chariots
	Traitement des documents touchés par salle de destination	Équipe désignée par salle de destination	Salles réquisitionnées mentionnées sur le plan d'urgence Buvards Papiers absorbants
	Traitement du mobilier et de la moquette	Agent chargé de la maintenance du bâtiment	Serpillières Chiffons Aspirateur à eau
	Extraction de la liste des documents du secteur Histoire de l'art Pointage des documents atteints Changement de leur statut dans SIGB	Service Ressources documentaires Service Catalogage	SIGB
	Création d'affiches et mise en place de celles-ci	Service Communication	Papier A4

Quand	Étapes	Services et personnels concernés	Moyens matériels mobilisés
Lundi – 8 h 30-10 h 30	Mise en ligne de l'information sur la page web dédiée aux sciences humaines du site du SCD	Webmaster	Site Web SCD
	Mail à l'ensemble du personnel du SCD et à la communauté universitaire	Responsable bibliothèque SHS	Webmail institutionnel
	Réquisition des buvards et papiers absorbants d'autres bibliothèques	Responsable bibliothèque SHS Vagmestre	Voiture navette SCD
	Remaniement planning de la semaine	Responsable planning	Logiciel planning
Lundi – 10 h 30-19 h	Ouverture de la bibliothèque 2 h plus tard	Deux magasiniers Un Bibas	Néant
	Continuation de l'examen des documents touchés suivi du tri et répartition sur les chariots	Équipe désignée, dont du personnel gérant le fonds patrimonial Magasiniers	Gants Chariots
	Continuation pointage des documents atteints Changement de leur statut dans SIGB	Service Ressources documentaires Service Catalogage	SIGB
	Création d'une liste de suivi de l'état des documents	Équipe désignée	Tableur
	Réception des buvards et des papiers absorbants	Vagmestre Agents à l'accueil	Voiture navette SCD
	Surveillance des documents en traitement	Agents chargés du fonds patrimonial Magasiniers	Buvards Papiers absorbants
	Continuation remaniement planning de la semaine	Responsable planning	Logiciel planning
Mardi-Vendredi	Surveillance des documents en traitement	Agents chargés du fonds patrimonial Magasiniers	Buvards Papiers absorbants
Dans les 15 jours	Bilan de la situation d'urgence	Agents intervenus	Salle de réunion
	Déplacement des collections adjacentes au secteur touché Changement de leur localisation dans le SIGB	Service des ressources documentaires Magasiniers Service catalogage	Rayonnages disponibles Chariots SIGB
Dans le mois qui suit	Mise en place de ronde régulière au sein des bâtiments	Agent chargé de la maintenance du bâtiment Service Maintenance des bâtiments de l'Université	Cahier de suivi

Quand	Étapes	Services et personnels concernés	Moyens matériels mobilisés
Dans les 6 à 12 mois	Création d'un espace propre au fonds patrimonial	Service du fonds patrimonial Direction du SCD	Salle disponible
	Travaux d'isolation	Expertise d'une entreprise du secteur Service de maintenance des bâtiments de l'université	Néant

Les questions

Notation sur 6

Question 1 : Que désigne le terme « **archive ouverte** » ? Quelle est l'utilité d'une archive ouverte ? Donnez un exemple. *(2 points)*
Réponse attendue en 8 lignes

Le terme « Archive ouverte » désigne un mouvement, l'*open access*, et des plates-formes d'auto-archivage des données de la recherche. Le mouvement de l'*open access* est né au début des années 2000 afin de libérer les données de la recherche. Une archive ouverte est un réservoir où sont déposées des publications issues de la recherche scientifique et de l'enseignement dont l'accès est libre et gratuit. L'auteur dépose ses données de recherche. Depuis 2016, le dépôt est cadré juridiquement par la loi pour la République numérique. Hal, Hyper articles en ligne, est la plate-forme nationale des archives ouvertes de l'enseignement supérieur et de la recherche en France.

Question 2 : Quelles sont les principales caractéristiques d'un **logiciel libre** ? Donnez des exemples. *(2 points)*
Réponse attendue en 8 lignes

La caractéristique première d'un logiciel libre est l'accès à son code source, ce qui lui permet d'être libre de droits sur son utilisation, de copie, d'étude, de modification et de redistribution du logiciel modifié. C'est un logiciel dit non propriétaire, contrairement au logiciel dit propriétaire dont le code source est secret. Un logiciel libre n'est pas systématiquement gratuit.
Libreoffice est un logiciel libre de bureautique, Koha est un logiciel libre de SIGB (système informatisé de gestion de bibliothèque) et Linux est un système d'exploitation libre.

Question 3 : « Les fonctionnaires et agents non titulaires sont soumis au devoir de réserve. »
Définissez le **devoir de réserve**. *(1 point)*
Réponse attendue en 5 lignes

Le devoir de réserve nommé aussi obligation de réserve est défini avec l'ensemble des droits et obligations des fonctionnaires par la loi relative sur les droits des fonctionnaires de 1983. Le devoir de réserve d'un fonctionnaire porte sur le fait que ce dernier doit faire preuve de discrétion sur ses opinions dans le service. L'objectif est de garantir la neutralité et l'impartialité de l'administration et de ne pas nuire à son renom.

Question 4 : Pour quels types de documents utilise-t-on le **format de description EAD** ? *(1 point)*
Réponse attendue en 5 lignes

Le format EAD (Encoded Archival Description), est un format basé sur le langage XML. Il structure les descriptions de manuscrits ou de documents d'archives. Ce format permet de construire une description hiérarchisée restituant l'imbrication des éléments et sous-éléments. Il peut être associé au format MARC.

3 L'épreuve d'admission pour le concours interne

1. Un exemple de dossier RAEP

Le parcours de formation

Pour rappel, selon le guide de remplissage fourni par le ministère, le candidat indiquera dans le tableau du dossier les formations suivies qu'il jugera importantes pour l'acquisition de ses compétences professionnelles (formations professionnelles civiles et militaires, stages…). Il devra préciser pour chacune d'entre elles leur durée exacte. Le candidat devra joindre une attestation de ses formations.

Période	Durée	Organisme de formation	Spécialité	Intitulé de la formation et intitulé du titre éventuellement obtenu
Du 03/06/2016 au 03/06/2016	1 jour	Université de […]	Sécurité	Équipier de première intervention
Du 09/04/2016 au 11/04/2016	3 jours	CRFCB de […]	Service public	Bien vivre l'accueil du public en bibliothèque
Du 23/10/2019 au 25/10/2019	3 jours	BnF	Champs disciplinaires	Cartes et plans en bibliothèque : identifier, décrire, valoriser et conserver un fonds cartographique
Du 01/10/2018 au 30/04/2019	7 mois	CRFCB de […]	Formation – Concours	Préparation au concours de bibliothécaire assistant de classe normale
Du 18/12/2018 au 17/01/2019	2 jours	Université de […]	Formation – Concours	RAEP : méthodologie et atelier de rédaction
Du 14/01/2020 au 14/01/2020	1 jour	CRFCB de […]	Journée professionnelle	Visite et présentation de la bibliothèque départementale de prêt de […]

Le parcours professionnel

Pour rappel, selon le guide de remplissage fourni par le ministère, le candidat présentera ses services ou activités antérieurs et actuels dans le secteur public ou privé dans le tableau du dossier en commençant par l'expérience la plus récente. Il précisera pour chaque activité la période d'exercice, sa durée, son niveau, l'organisme employeur et les compétences acquises.

Période (en cas de temps partiel, préciser en % la quotité hebdomadaire travaillée)	Durée	Nom, activité et lieu de lorganisme	Activité (emploi/ fonction, service, niveau catégorie A/B/C)	Compétences acquises
Du 01/09/2019 à ce jour Quotité (en %) 100	18 mois	BU Sciences/ Université [...] à [...]	Responsable du rangement du fonds documentaire sport (aide au désherbage, cotation des dons) Gestionnaire adjointe des collections de cartes (catalogage rétrospectif, tri de dons, valorisation) Participation au service public (inscriptions, prêts/ retours) Magasinier principal, stagiaire puis titulaire	Connaissance approfondie des systèmes de classification Bonne utilisation des logiciels de catalogage Connaissance des règles de conservation et de tri des documents cartographiques

Période (en cas de temps partiel, préciser en % la quotité hebdomadaire travaillée)	Durée	Nom, activité et lieu de lorganisme	Activité (emploi/ fonction, service, niveau catégorie A/B/C)	Compétences acquises
Du 01/09/2017 au 31/08/2019 Quotité (en %) 100	2 ans	BU pluridisciplinaire de [...]/ Université de [...]	Responsable de l'équipe des magasiniers et des moniteurs-étudiants (planning de service public, gestion des heures supplémentaires) Participation au service public Équipement des monographies Magasinier contractuel	Connaissance générale des règles et textes en vigueur en matière de gestion de ressources humaines Coordination et animation d'une équipe Capacité à hiérarchiser les priorités et gérer les urgences Capacité à communiquer et gérer les conflits
Du 01/01/2016 au 31/12/2016 Quotité (en %) divers	4 mois	Mairie de [...], préfecture de [...], ministère de [...]	Recensement de la population (mairie), participation à la mise sous pli pour les élections (préfecture), service central d'État civil (ministère)	Capacité à participer à des actes publics

Le rapport d'activités

Pour rappel, selon le guide de remplissage fourni par le ministère, le candidat présentera les éléments qui constituent, selon lui, les acquis de son expérience professionnelle sous forme d'un rapport d'activités de deux pages dactylographiées au maximum. Le rapport d'activités n'est ni un *curriculum vitae*, ni une lettre de motivation. Il a pour but de préciser son expérience et son niveau de qualification. Il doit faire ressortir ses atouts au regard des connaissances, compétences et aptitudes recherchées, et convaincre le jury que le candidat est apte à remplir les fonctions postulées. Il pourra indiquer, outre les différents emplois qu'il a exercés au cours de sa carrière, les fonctions bénévoles ainsi que toute autre activité qu'il souhaitera porter à la connaissance du jury (participation à des groupes de travail, à des instances représentatives, tutorat, volontariat...) en faisant ressortir pour chaque emploi ou activité son niveau de responsabilité, les compétences et les connaissances acquises. Le candidat pourra joindre à cette quatrième partie du dossier, à titre d'illustration de ses compétences professionnelles, un ou deux documents ou travaux ou présenter une ou deux actions, si possible de nature différente, qu'il a réalisées dans le cadre de votre activité et qu'il vous paraîtrait pertinent de porter à la connaissance du jury, au regard de l'expérience professionnelle recherchée.

Si le candidat choisit de présenter une ou deux actions, il lui est suggéré de suivre la chronologie suivante :
- la situation à traiter ;
- le processus d'élaboration de la réponse à la situation ;
- les objectifs à court, moyen et long terme ;
- l'action menée ou proposée ;
- les résultats obtenus.

S'agissant des documents susceptibles d'être présentés, ils peuvent être de nature très variée : note, fiche, lettre, rapport, dossier préparatoire d'une réunion, compte rendu, circulaire, relevé de conclusion, mémoire en défense, guide méthodologique, supports de communication (affiche, plaquette, ordre du jour d'une réunion...), organisation de réunions, négociation auprès de prestataires privés, bons de commande... Ces documents doivent faire ressortir clairement la qualité du travail du candidat et le niveau de ses compétences. Le choix devra se porter non pour leur épaisseur ou leur format, mais pour leur pertinence et leur caractère récent. Il veillera à éviter d'alourdir le dossier inutilement en y joignant des documents trop volumineux (cinq pages maximum par document), et à supprimer toute référence nominative à une personne autre que lui-même.

Chaque document pourra, en outre, être accompagné d'un descriptif de deux pages au maximum, obligatoirement dactylographié, afin d'aider le jury à analyser au mieux les missions que le candidat a exercées et les compétences qu'il maîtrise. Il doit lui apporter des informations qui expliqueront, autour de chacun des documents qu'il aura choisis, son activité professionnelle. Il précisera pour chaque document le type de document choisi,

le nombre de pages et la nature des missions et des compétences qu'il estimera attester à l'aide du document.
Cela est un exemple de rapport d'activités. Il y a autant de rapports d'activité existants que de candidats. Le rapport doit être le reflet de l'expérience et des compétences du candidat.

D'un niveau bac + 2 en histoire et géographie, je travaille actuellement en bibliothèque universitaire (BU) en tant que magasinier principal.
Au cours de ma carrière, j'ai connu différents environnements professionnels liés aux livres qui m'ont permis de développer mon sens de la curiosité et de l'ouverture, enrichissant ainsi mes multiples compétences professionnelles au sein des acteurs de la chaîne du livre. De 2010 à 2016 je fus salariée en librairies dans la région [...]. J'ai exercé pendant cinq ans dans une grande enseigne nationale culturelle, puis dans des structures spécialisées indépendantes. Mes fonctions correspondaient à celles d'un gestionnaire de domaine documentaire ; j'y réalisais les offices, les réassorts ainsi que les retours de documents vers les maisons d'édition en travaillant en collaboration avec leurs représentants. En 2016, souhaitant m'orienter vers les métiers des bibliothèques, j'ai suivi une formation au centre régional de formation aux carrières des bibliothèques (CRFCB) de [...], tout en étant magasinier contractuel à la BU, section Santé, de l'université de [...]. Un an plus tard, en 2017, j'ai obtenu le concours de magasinier principal de 2e classe et ai été affectée à la BU pluridisciplinaire de l'université de [...]. Depuis 2019, j'exerce à la BU de sciences de l'université [...]. Dans un premier temps, je vais aborder ma fonction de responsable du rangement de domaines documentaires sur le plan des monographies, ensuite, celle d'encadrante, et enfin je terminerai par ma fonction de formatrice.

[...] est une ville comptant environ [...] étudiants répartis sur [...] universités et [...] établissements d'enseignement supérieur.
L'université [...] (sciences, sport, ingénierie, métiers de la santé) accueille annuellement 30 000 étudiants, dont la moitié sur le pôle sciences. 5 700 sont inscrits à la BU sciences. Celle-ci offre 942 places assises, 105 postes informatiques publics sur 4 585 m^2. Les entrées journalières sont de l'ordre de 2 200, les prêts annuels de 100 000. 1 900 étudiants se voient offrir une formation aux différents dispositifs de recherches documentaires chaque année. La BU sciences emploie 33 équivalents temps-plein (ETP) (chiffres 2019). Elle est organisée autour de trois services et d'une mission : le service des ressources et de la politique documentaire auquel je suis rattachée en tant que responsable du rangement du domaine documentaire du fonds sport, le service aux publics, le service formation et valorisation et la mission patrimoine. Le fonds sport est intégré à la BU sciences depuis 2008.

Ma fonction principale est celle de responsable du rangement du domaine documentaire du fonds sport, que j'assure sous la responsabilité d'une gestionnaire, la bibliothécaire assistante spécialisée de classe supérieure.
Depuis 2010, nous avons réalisé un premier désherbage (magasin, pilon, don) du fonds depuis sa création, ce qui permet une meilleure adéquation du fonds avec la demande des lecteurs. En parallèle, j'ai collaboré avec ma responsable sur un système de cotes validées développant la lisibilité du fonds pour les lecteurs, ainsi que la création d'un blog afin de mettre en avant les offices. Nous avons développé les relations avec les enseignants-chercheurs,

améliorant ainsi l'offre documentaire par leurs bibliographies, leurs suggestions d'achat et leurs dons de documents.
Dans le cadre de cette activité, nous utilisons de la documentation professionnelle propre à l'acquisition des nouveautés telles qu'Électre et Livres hebdo pour les plus générales, mais aussi des sites spécialisés dans le domaine du sport comme les fédérations sportives ou bien l'Institut national de la jeunesse et de l'éducation populaire (Injep). Les documents de statistiques de prêts mensuels servent aussi à réaliser le désherbage. Depuis trois ans, les prêts sont en constante augmentation. Le budget annuel de ce fonds documentaire est de 16 500 euros, soit 8 % de l'enveloppe budgétaire des acquisitions de monographies.

Mes premières fonctions d'encadrement se situent au sein de la bibliothèque pluridisciplinaire de l'université de [...] où 70 % des étudiants empruntaient à la BU et où la fréquentation journalière moyenne était de 1 400 étudiants.
J'ai encadré 13 magasiniers au niveau du service public et du rangement, ainsi que 25 moniteurs-étudiants pendant quatre ans. J'avais pour directive de ma hiérarchie de réaliser le planning hebdomadaire de service public (accueil et rangement) des magasiniers et des moniteurs-étudiants, de gérer leurs absences et les permanences journalières des nocturnes. Chaque année universitaire, je participais au recrutement des moniteurs-étudiants et les formais à l'accueil et au rangement. Je réalisais le planning type annuel de ces agents.
Parallèlement, j'assurais le contrôle des horaires et des heures effectuées des moniteurs-étudiants, ainsi que les heures supplémentaires des magasiniers réalisées dans le cadre des nocturnes journalières. J'ai participé dans mes fonctions à la mise en place des extensions des horaires d'ouverture (nocturnes quotidiennes et samedi journée entière). Je réalisais les entretiens annuels d'évaluation des magasiniers.
Cette première expérience d'encadrement m'a permis de développer mon sens relationnel dans une posture hiérarchique, ma capacité à dynamiser une équipe, à gérer les conflits et à apprendre à utiliser les outils managériaux disponibles (fiches entretien évaluation du ministère, document de gestion des permanences, document de gestion des heures supplémentaires). En matière de gestion de projets, j'ai réalisé celui des extensions des horaires d'ouverture côté planning de service public avec la création d'outils adaptés et le recrutement de 25 moniteurs-étudiants.

Je suis formatrice dans le domaine du catalogage des cartes et plans sur le Sudoc. Je crée des exercices ainsi que des fiches de méthodologie et un didacticiel. Cette expérience m'a permis de m'affirmer quant à ma réalisation en tant que formatrice, j'ai développé mon sens de la pédagogie et de l'initiative, une remise en question continue des pratiques professionnelles et une adaptabilité constante.

Mes motivations pour ce statut de bibliothécaire assistant spécialisé sont liées à un désir d'évolution dans ma carrière, développant le côté technique du métier ainsi que le côté relationnel par les formations et les responsabilités d'encadrante.
J'envisage un avenir professionnel avec une fonction de formatrice de plus en plus importante par des formations en présentiel au sein d'un organisme ou d'un service dédié à cet item. En parallèle, je continuerai à développer des compétences professionnelles car je tiens à conserver mon dynamisme et ma curiosité professionnelle.

2. Un exemple d'exposé oral de 5 minutes

Voici un exemple d'exposé oral. Il y a autant d'exposés que de candidats. Il faut que l'exposé ressemble au candidat tant au niveau de l'expérience que du vocabulaire et des tournures de phrases. Il est conseillé au candidat de ne pas apprendre par cœur son exposé, mais uniquement les grandes lignes.

Je m'appelle Aurélie Dupont, j'ai 30 ans et j'habite Lille.
Après quelques années passées à travailler en librairie, j'ai rejoint le monde des bibliothèques en 2016 en tant que magasinier contractuel à la BU, section Santé de [...], où j'ai appris les bases du métier.
En 2017, j'ai obtenu le concours d'État de magasinier principal de 2e classe. J'ai été mutée à la BU pluridisciplinaire de [...] en région [...] sur un poste de responsable de l'équipe des magasiniers où j'ai développé des compétences d'encadrement et organisationnelles en encadrant 13 magasiniers et 25 moniteurs-étudiants.
En 2019, j'ai obtenu ma mutation à la BU sciences de [...] sur un poste de responsable du rangement de domaine documentaire.
Après vous avoir présenté mon environnement professionnel, je vais vous présenter dans un premier temps mes fonctions actuelles en tant que magasinier principal à la BU sciences. Et j'évoquerai dans un second temps mes motivations pour le poste de bibliothécaire assistant spécialisé de classe normale.

[...] est la deuxième ville universitaire de France avec 100 000 étudiants répartis sur trois universités et 14 établissements supérieurs. L'université [...] se situe parmi les premières françaises, elle compte plus de 32 000 étudiants à la rentrée 2012. Le pôle Sciences attire la moitié de ses étudiants. Plus de 5 000 de ces derniers sont inscrits à la BU sciences. Elle offre 942 places assises pour une surface de 4 585 m^2 sur deux niveaux. Elle est organisée autour de trois services et d'une mission : le service Ressources et politique documentaire, le service aux publics, le service Formation et valorisation et la mission patrimoine. Nous sommes une équipe de 33 équivalents temps-plein.
Toutes les tâches dont je vais vous parler ont eu l'aval des responsables de services.
Mes fonctions à la BU sciences sont centrées autour de trois axes : responsabilité du rangement du fonds sport, gestion et valorisation des cartes et l'axe formation.
J'exerce les fonctions de responsable du rangement du fonds documentaire sport et depuis la rentrée 2019, je seconde le bibliothécaire assistant spécialisé de classe supérieure, responsable de la cartothèque. Je participe au service public à hauteur de 15 heures hebdomadaires.
Le fonds sport est présent depuis 2008 à la BU sciences, il représente plus de 5 000 documents et a un budget de 16 500 euros annuels.
Depuis ma prise de fonction, nous avons entrepris le désherbage, l'enrichissement du fonds. Nous avons mis en place un système de cotes validées avec pour objectif une meilleure visibilité du fonds accompagné de l'amélioration de la signalétique de rayonnages. Nous avons désherbé la collection du magasin, environ 500 documents, et j'ai traité un don de 200 monographies en les équipant d'une cotation en CDU.

Nous développons une collaboration active avec les enseignants-chercheurs et, depuis la rentrée, avec le ministère des Sports.
La valorisation du fonds documentaire se traduit par la mise en avant des offices et des nouveaux titres sur les rayonnages et sur le site web, ainsi que par la création de fiches thématiques recensant les ressources imprimées et électroniques et les sites institutionnels sur le thème abordé. Ces fiches sont mises en ligne depuis la rentrée.

Depuis la rentrée 2019, je seconde le responsable de la cartothèque. Je suis en phase d'apprentissage sur le catalogage rétrospectif et la valorisation des documents. J'ai suivi une formation à la BnF sur les cartes et plans en octobre 2019. Ce nouvel axe de travail est plaisant tant par la diversité du support que par la technicité qu'il m'apporte. L'équipe de la cartothèque a rejoint le réseau national des cartothécaires (géoréseau) depuis un an.
En parallèle, j'ai collaboré au catalogage rétrospectif d'un fonds de 200 documents de la fin du XVIIIe-début XIXe en magasin.

En ce qui concerne l'axe formation, j'ai formé des moniteurs-étudiants, je participe à la formation des étudiants en première année de licence de sport à la recherche documentaire.

Mes motivations pour ce concours de bibliothécaire assistant spécialisé de classe normale sont liées à un désir d'évolution dans ma carrière développant le côté technique du métier ainsi que le côté pédagogique par les formations.
J'envisage un avenir professionnel avec une fonction de formatrice de plus en plus importante.
En parallèle, je continuerai à développer des compétences professionnelles car je tiens à conserver mon dynamisme et ma curiosité professionnelle.

3. Les questions qui pourraient être posées

Sur le rapport d'activités

Ce sont des exemples de questions, bien d'autres pourraient être posées.

- Pourquoi rejoindre la fonction publique d'État ?
- Pourquoi avoir choisi la filière bibliothèque ?
- Quelle définition donner au terme « service public » ?
- Citez plusieurs organismes de formation aux carrières de bibliothèques.
- Quelle est la définition d'une monographie ?
- Quels sont les différents types de documents ?
- Quelle est la différence entre une monographie et un périodique ?
- Quelles sont les qualités d'un bon encadrant ?
- Quelles sont les qualités d'une bonne formatrice ?

- Quelles sont les missions d'une bibliothèque universitaire ?
- Quelles sont les missions d'un bibliothécaire assistant de classe normale/supérieure ?
- Quelle est la définition d'un désherbage ? Quelles sont les différentes étapes ?
- Comment définir un système de cotes validées ?
- Qu'est-ce qu'un office ?
- Comment améliorer les relations avec les enseignants-chercheurs ?
- Quelles sont les ressources professionnelles autres que Électre et Livres hebdo ?
- Quelle définition donner à l'emploi des moniteurs-étudiants ?
- Quelle est leur spécificité au niveau encadrement ?
- Quelles qualités faut-il avoir pour faire un bon planning de service public ?
- Quels sont les critères pour employer les « bons » moniteurs-étudiants ?
- Comment les former à l'accueil/au rangement ?
- Quelle est la définition d'un planning type ?
- Pourquoi la BU a-t-elle étendu ses horaires d'ouverture ? Quels sont les avantages/inconvénients ?
- À propos de la gestion de conflits, quels sont les critères pour éviter les conflits ?
- Quelles sont les spécificités du catalogage des cartes et plans ?
- Quelles répercussions en termes de FRBR et de RDA ?
- Dans 5 ou 10 ans, quelle sera votre situation professionnelle ?

Sur l'exposé oral

Ce sont des exemples de questions, bien d'autres pourraient être posées.

- Pourquoi avoir quitté le monde de la librairie ?
- Quelles sont les bases du métier d'un magasinier principal ?
- Quelles sont les disciplines appartenant au fonds documentaire de la filière sportive ?
- Comment sont acceptés les dons au sein d'une bibliothèque ?
- Quelles sont les différentes classifications rencontrées au sein des bibliothèques en France ?
- Quelle est la différence entre classification et classement ?
- Quelle définition est donnée au catalogage rétrospectif ?
- Quels sont les différents types de SIGB ? Sont-ils tous payants ? si non, quels sont les noms de ceux qui ne le sont pas ?
- Quels sont les organismes de formation continue ?
- Quelles bibliothèques autres que la BnF dépendent du ministère de la Culture ?
- De quel(s) ministère(s) peuvent dépendre les bibliothèques ?
- Quels sont les axes principaux de la recherche documentaire ?
- Sous quelle forme les formations sont-elles dispensées ?
- Les enseignants-chercheurs participent-ils aux formations ?

Annexes

1. La déclaration de Mexico sur les politiques culturelles

Unesco
Déclaration de Mexico sur les politiques culturelles,
Conférence mondiale sur les politiques culturelles
Mexico City, 26 juillet-6 août 1982

Le monde a subi ces dernières années de profondes transformations. Les progrès de la science et de la technique ont modifié la place de l'homme dans le monde et la nature de ses relations sociales.

L'éducation et la culture, dont la signification et la portée se sont considérablement élargies, sont essentielles pour un authentique développement de l'individu et de la société.

De nos jours, bien que les possibilités de dialogue se soient accrues, la communauté des nations doit également faire face à de sérieuses difficultés économiques, l'inégalité entre les pays va croissant, de multiples conflits et de graves tensions menacent la paix et la sécurité.

Aussi est-il aujourd'hui plus urgent que jamais de resserrer la collaboration entre les nations, de garantir le respect du droit d'autrui et d'assurer l'exercice des libertés fondamentales de l'homme et des peuples et de leur droit à l'autodétermination. Plus que jamais, il est urgent d'élever dans l'esprit de chaque individu les « défenses de la paix » qui, comme l'affirme l'Acte constitutif de l'Unesco, peuvent l'être notamment par l'éducation, la science et la culture.

Avec la tenue à Mexico de la Conférence mondiale sur les politiques culturelles, la communauté internationale a décidé de contribuer effectivement au rapprochement des peuples et à une meilleure compréhension entre les hommes.

C'est pourquoi, en exprimant l'espoir d'une convergence ultime des objectifs culturels et spirituels de l'humanité, la Conférence convient :

- que, dans son sens le plus large, la culture peut aujourd'hui être considérée comme l'ensemble des traits distinctifs, spirituels et matériels, intellectuels et affectifs, qui caractérisent une société ou un groupe social. Elle englobe, outre les arts et les lettres, les modes de vie, les droits fondamentaux de l'être humain, les systèmes de valeurs, les traditions et les croyances ;
- et que la culture donne à l'homme la capacité de réflexion sur lui-même. C'est elle qui fait de nous des êtres spécifiquement humains, rationnels, critiques et éthiquement engagés. C'est par elle que nous discernons des valeurs et effectuons des choix. C'est par elle que l'homme s'exprime, prend conscience de lui-même, se reconnaît comme un projet inachevé, remet en question ses propres réalisations, recherche inlassablement de nouvelles significations et crée des œuvres qui le transcendent.

En conséquence, la Conférence affirme solennellement les principes suivants, qui doivent régir les politiques culturelles :

Identité culturelle

1. Toute culture représente un ensemble de valeurs unique et irremplaçable puisque c'est par ses traditions et ses formes d'expression que chaque peuple peut manifester de la façon la plus accomplie sa présence dans le monde.
2. L'affirmation de l'identité culturelle contribue donc à la libération des peuples. Inversement, toute forme de domination nie ou compromet cette identité.
3. L'identité culturelle est une richesse stimulante qui accroît les possibilités d'épanouissement de l'espèce humaine en incitant chaque peuple, chaque groupe à se nourrir de son passé, à accueillir les apports extérieurs compatibles avec ses caractéristiques propres et à continuer ainsi le processus de sa propre création.
4. Toutes les cultures font partie du patrimoine commun de l'humanité. L'identité culturelle d'un peuple se renouvelle et s'enrichit au contact des traditions et des valeurs des autres peuples. La culture est dialogue, échange d'idées et d'expériences, appréciation d'autres valeurs et traditions ; dans l'isolement, elle s'épuise et meurt.
5. L'universel ne peut être posé abstraitement par aucune culture particulière ; il émerge de l'expérience de tous les peuples du monde affirmant chacun son identité. Identité culturelle et diversité culturelle sont indissociables.
6. Loin d'entraver la communion dans les valeurs universelles qui unissent les peuples, les particularités culturelles la favorisent. La reconnaissance du fait que des identités culturelles multiples se côtoient là où coexistent des traditions différentes constitue donc l'essence même du pluralisme culturel.
7. La communauté internationale considère de son devoir de veiller à préserver et à défendre l'identité culturelle de chaque peuple.
8. Tout cela appelle des politiques culturelles de nature à protéger, encourager et enrichir l'identité et le patrimoine culturel de chaque peuple, et à instaurer le respect et l'estime les plus absolus pour les minorités culturelles et les autres cultures du monde. L'humanité s'appauvrit lorsque la culture d'un groupe déterminé est méconnue ou détruite.
9. Il faut reconnaître l'égalité en dignité de toutes les cultures et le droit de chaque peuple et de chaque communauté culturelle d'affirmer, de préserver et de voir respecter son identité culturelle.

Dimension culturelle du développement

10. La culture constitue une dimension fondamentale du processus de développement et contribue à renforcer l'indépendance, la souveraineté et l'identité des nations. La croissance a souvent été conçue en termes quantitatifs, sans que soit prise en compte sa nécessaire dimension qualitative, c'est-à-dire la satisfaction des aspirations spirituelles et culturelles de l'être humain. Le développement authentique a pour but le bien-être et la satisfaction constante de tous et de chacun.
11. Il est indispensable d'humaniser le développement, qui doit avoir pour finalité ultime la personne considérée dans sa dignité individuelle et sa responsabilité sociale. Le développement suppose que chaque individu et chaque peuple aient la possibilité de s'informer, d'apprendre et de communiquer son expérience.

12. Pour donner à tous les hommes l'occasion de se forger un meilleur destin, il convient d'adapter en permanence le rythme du développement.
13. Un nombre toujours croissant de femmes et d'hommes souhaitent un monde meilleur. Ils recherchent non pas seulement la satisfaction des besoins essentiels mais aussi l'épanouissement de l'être humain, son bien-être, et sa coexistence dans la solidarité avec tous les peuples. Leur objectif n'est pas la production, le gain ou la consommation en soi, c'est leur pleine réalisation individuelle et collective, et la préservation de la nature.
14. L'homme est à l'origine du développement ; il en est aussi la fin.
15. Toute politique culturelle doit retrouver le sens profond et humain du développement. Des modèles nouveaux s'imposent. Et c'est dans le domaine de la culture et de l'éducation qu'il nous faudra les trouver.
16. Un développement équilibré ne peut être assuré que par l'intégration des données culturelles dans les stratégies qui visent à le réaliser ; par conséquent, ces stratégies devraient toujours prendre en compte le contexte historique, social et culturel de chaque société.

Culture et démocratie

17. L'article 27 de la Déclaration universelle des droits de l'homme stipule : « Toute personne a le droit de prendre part librement à la vie culturelle de la communauté, de jouir des arts et de participer au progrès scientifique et aux bienfaits qui en résultent. » Les États doivent prendre toutes les mesures nécessaires pour atteindre cet objectif.
18. La culture émane de la communauté tout entière et c'est à elle qu'elle doit retourner : ni sa production, ni ses bienfaits ne sauraient être l'apanage d'élites. La démocratie culturelle repose sur la participation la plus large de l'individu et de la société au processus de création de biens culturels et aux décisions qui concernent la vie culturelle, de même qu'à la diffusion et à la jouissance de la culture.
19. Il s'agit, surtout, d'ouvrir de nouvelles voies à la démocratie en assurant l'égalité des chances dans les domaines de l'éducation et de la culture.
20. Il faut décentraliser géographiquement et administrativement la vie culturelle, en veillant à ce que les institutions responsables soient mieux informées des préférences, des choix et des besoins de la société dans le domaine de la culture. Il est donc essentiel de multiplier les occasions de dialogue entre la population et les organismes culturels.
21. La démocratisation de la culture exige, tout d'abord, la décentralisation de l'accès aux loisirs et aux arts. Une politique culturelle démocratique apportera à toutes les communautés et à toute la population la possibilité de jouir des chefs-d'œuvre artistiques.
22. Afin de garantir la participation de tous les individus à la vie culturelle, il faut éliminer les inégalités qui découlent notamment de l'origine et de la position sociale, de l'éducation, de la nationalité, de l'âge, de la langue, du sexe, des convictions religieuses, de la santé ou de l'appartenance à des groupes ethniques minoritaires ou marginaux.

Patrimoine culturel

23. Le patrimoine culturel d'un peuple s'étend aux œuvres de ses artistes, de ses architectes, de ses musiciens, de ses écrivains, de ses savants, aussi bien qu'aux créations anonymes, surgies de l'âme populaire, et à l'ensemble des valeurs qui donnent un sens à la vie.

Il comprend les œuvres matérielles et non matérielles qui expriment la créativité de ce peuple : langue, rites, croyances, lieux et monuments historiques, littérature, œuvres d'art, archives et bibliothèques.

24. Tout peuple a le droit et le devoir de défendre et de préserver son patrimoine culturel, puisque les sociétés trouvent leur identité dans les valeurs qui sont pour elles une source d'inspiration créatrice.

25. Le patrimoine culturel a été souvent endommagé ou détruit par négligence ainsi que par les processus d'urbanisation, d'industrialisation et de pénétration technologique. Mais plus inacceptables encore sont les atteintes portées au patrimoine culturel par le colonialisme, les conflits armés, l'occupation étrangère et les valeurs imposées de l'extérieur. Toutes ces actions contribuent à rompre les liens unissant les peuples à leur passé et à effacer celui-ci de leur mémoire. Ce sont la préservation et l'appréciation de leur patrimoine culturel qui permettent donc aux peuples de défendre leur souveraineté et leur indépendance et, par là même, d'affirmer et de promouvoir leur identité culturelle.

26. La restitution à leurs pays d'origine des œuvres qui leur ont été retirées de façon illicite est un principe fondamental des relations culturelles entre les peuples. À cet égard, les instruments, accords et résolutions internationaux existants pourraient être renforcés pour en accroître l'efficacité.

Création artistique et intellectuelle et éducation artistique

27. L'épanouissement de la culture est indissociable tout autant de l'indépendance des peuples que de la liberté des individus. La liberté d'opinion et d'expression est indispensable à l'activité créatrice de l'artiste et de l'intellectuel.

28. Il est indispensable de créer des conditions sociales et culturelles propres à faciliter, stimuler et garantir la création artistique et intellectuelle, sans aucune discrimination de caractère politique, idéologique, économique et social.

29. Le développement et la promotion de l'éducation artistique supposent non seulement l'élaboration de programmes spécifiques propres à éveiller la sensibilité artistique et à aider les groupes ou institutions de création et de diffusion, mais aussi la promotion d'activités de nature à sensibiliser l'opinion publique à l'importance sociale de l'art et de la création intellectuelle.

Rapports de la culture avec l'éducation, la science et la communication

30. Le développement global de la société exige des politiques complémentaires dans les domaines de la culture, de l'éducation, de la science et de la communication, afin d'établir un équilibre harmonieux entre le progrès technique et l'élévation intellectuelle et morale de l'humanité.

31. L'éducation est par excellence un moyen de transmission des valeurs culturelles nationales et universelles et doit permettre d'assimiler les connaissances scientifiques et techniques sans porter atteinte aux capacités et aux valeurs des peuples.

32. Il faut aujourd'hui une éducation globale et novatrice, visant non seulement à informer et à transmettre, mais aussi à former et à renouveler ; une éducation qui permette aux élèves de prendre conscience des réalités de leur temps et de leur milieu, qui favorise l'épanouissement de la personnalité, qui enseigne l'autodiscipline, le respect d'autrui, la solidarité sociale

et internationale, qui prépare à l'organisation et à la productivité, à la production de biens et de services vraiment nécessaires ; qui incite au renouvellement et stimule la créativité.
33. Il importe de revaloriser les langues nationales comme véhicules du savoir.
34. L'alphabétisation est une condition indispensable du développement culturel des peuples.
35. L'enseignement des sciences et de la technologie doit avant tout être conçu comme un processus culturel de développement de l'esprit critique, et être incorporé aux systèmes éducatifs en fonction des exigences du développement des peuples.
36. La circulation libre et la diffusion plus large et mieux équilibrée de l'information, des idées et des connaissances, qui constituent quelques-uns des principes d'un nouvel ordre mondial de l'information et de la communication, impliquent le droit de toutes les nations non seulement de recevoir mais aussi de transmettre des messages culturels, éducatifs, scientifiques et technologiques.
37. Les moyens de communication modernes doivent faciliter l'information objective sur les tendances culturelles qui peuvent être observées dans les différents pays, sans pour autant porter préjudice à la liberté créatrice et à l'identité culturelle des nations.
38. Les progrès technologiques de ces dernières années ont entraîné l'essor des industries culturelles. Quelle que soit leur organisation, celles-ci jouent un rôle important dans la diffusion des biens culturels. Dans leurs activités internationales, cependant, elles méconnaissent souvent les valeurs traditionnelles de la société, et suscitent des espoirs et des aspirations qui ne correspondent pas aux besoins réels de son développement. D'autre part, l'absence, surtout dans les pays en développement, d'industries culturelles nationales peut entraîner dépendance culturelle et aliénation.
39. Il est donc indispensable d'appuyer l'implantation d'industries culturelles, grâce à des programmes d'aide bilatérale ou multilatérale, dans les pays où elles font défaut, en veillant dans tous les cas à ce que la production et la diffusion des biens culturels répondent aux exigences du développement global de chaque société.
40. Les moyens de communication modernes jouent aujourd'hui un rôle fondamental en matière d'éducation et de diffusion culturelle. La société doit donc s'efforcer d'utiliser les techniques nouvelles de production et de communication de façon à les mettre au service d'un authentique développement individuel et collectif et à favoriser l'indépendance des nations en préservant leur souveraineté et en consolidant la paix dans le monde.

Planification, administration et financement des activités culturelles
41. La culture est le fondement nécessaire de tout développement authentique. La société doit déployer des efforts importants en vue de planifier, d'administrer et de financer les activités culturelles.
Il convient, à cet effet, de prendre en considération les besoins et les problèmes de chaque société tout en veillant à assurer la liberté nécessaire à la création culturelle tant dans son contenu que dans son orientation.
42. Pour que le développement culturel dans les États membres soit effectif, il faut accroître les budgets qui y sont consacrés et utiliser des fonds de sources diverses dans la mesure du possible. Il faut également intensifier la formation de personnel pour les tâches de planification et d'administration culturelles.

Coopération culturelle internationale

43. Il est essentiel pour l'activité créatrice de l'homme et l'épanouissement complet de l'individu et de la société d'assurer la plus large diffusion des idées et des connaissances sur la base de l'échange et de la rencontre entre cultures.

44. Une coopération et une compréhension sous-régionale, régionales, interrégionales et internationales plus vastes en matière culturelle sont des conditions préalables à la création d'un climat de respect, de confiance, de dialogue et de paix entre les nations. Pour instaurer pleinement ce climat, il faut réduire et éliminer les tensions et les conflits actuels, arrêter la course aux armements et réaliser le désarmement.

45. La Conférence réaffirme solennellement la valeur et l'applicabilité de la Déclaration des principes de la coopération culturelle internationale adoptée à sa quatorzième session, par la Conférence générale de l'Organisation des Nations unies pour l'éducation, la science et la culture.

46. La coopération culturelle internationale doit reposer sur le respect de l'identité culturelle, de la dignité et de la valeur de chaque culture, de l'indépendance, de la souveraineté nationale et de la non-intervention.

Par conséquent, les rapports de coopération entre les nations doivent éviter toute forme de subordination ou de substitution d'une culture à une autre. Il est en outre indispensable de rééquilibrer les échanges et la coopération culturels pour que les cultures les moins connues, en particulier celles de quelques pays en développement, fassent l'objet d'une plus large diffusion dans tous les pays.

47. Les échanges dans les domaines de la culture, de la science et de l'éducation doivent consolider la paix, respecter les droits de l'homme, et contribuer à l'élimination du colonialisme, du néocolonialisme, du racisme, de l'apartheid et de toute forme d'agression, de domination ou d'intervention. La coopération culturelle doit également favoriser l'instauration d'un climat international propice au désarmement, afin que les ressources humaines et les sommes énormes qui sont affectées à l'armement puissent être consacrées à des objectifs constructifs tels que des programmes de développement culturel, scientifique et technologique.

48. Il est nécessaire de diversifier et de promouvoir la coopération culturelle internationale dans un cadre interdisciplinaire et en prenant spécialement en compte la formation de personnel qualifié en matière de services culturels.

49. Il convient de stimuler, en particulier, la coopération entre pays en développement, de manière que la connaissance d'autres cultures et d'autres expériences de développement enrichisse la vie de leurs peuples.

50. La Conférence réaffirme que le facteur éducatif et culturel est un élément essentiel des efforts déployés pour instaurer un nouvel ordre économique international.

Unesco

51. Dans un monde bouleversé par des conflits qui mettent en danger les valeurs culturelles des civilisations, les États membres et le Secrétariat de l'Organisation des Nations unies pour l'éducation, la science et la culture doivent multiplier leurs efforts destinés à préserver ces valeurs et approfondir leur action en faveur du développement de l'humanité. Une paix durable doit être établie pour assurer l'existence même de la culture humaine.

52. Dans cette situation, les objectifs de l'Unesco, tels qu'ils sont définis dans son Acte constitutif, acquièrent une importante capitale.

53. La Conférence mondiale sur les politiques culturelles lance un appel à l'Unesco pour qu'elle poursuive et renforce son action de rapprochement culturel entre les peuples et les nations, et continue à accomplir la noble tâche de contribuer à ce que les hommes, au-delà de leurs diversités, réalisent le vieux rêve de fraternité universelle.
54. La communauté internationale rassemblée à cette Conférence fait sienne la devise de Benito Juarez : « Entre les individus comme entre les nations, le respect du droit de l'autre est la paix.

Unesco

2. La charte des bibliothèques

Adoptée par le Conseil supérieur des bibliothèques le 7 novembre 1991

Article 1
Pour exercer les droits à la formation permanente, à l'information et à la culture reconnus par la Constitution[1], tout citoyen doit pouvoir, tout au long de sa vie, accéder librement aux livres et aux autres sources documentaires.

Article 2
La présente charte a pour objet de définir les conditions d'exercice de ces droits, les missions des bibliothèques qui dépendent de collectivités publiques[2], et les obligations respectives de ces collectivités dans le respect de la législation et de la réglementation en vigueur[3] et des dispositions particulières relatives à la préservation du patrimoine.

Titre I : Missions et accessibilité des bibliothèques

Article 3
La bibliothèque est un service public nécessaire à l'exercice de la démocratie. Elle doit assurer l'égalité d'accès à la lecture et aux sources documentaires pour permettre l'indépendance intellectuelle de chaque individu et contribuer au progrès de la société.

1. Constitution du 4 octobre 1958, préambule reprenant celui de la Constitution du 27 octobre 1946 : La nation garantit l'égal accès de l'enfant et de l'adulte à l'instruction, à la formation professionnelle et à la culture. L'organisation de l'enseignement public gratuit et laïque à tous les degrés est un devoir de l'État.

2. Par collectivité publique, nous entendons non seulement l'État, les collectivités locales et les établissements publics, mais toute personne morale de droit public et les personnes morales de droit privé contrôlées par des personnes morales de droit public.

3. Notamment celles concernant la propriété littéraire et artistique (lois du 11 mars 1957 et du 3 juillet 1985), les archives (loi du 3 janvier 1979) et les publications destinées à la jeunesse (loi du 16 juillet 1949), ainsi que, pour les bibliothèques publiques, le décret sur leur contrôle technique de l'État du 9 novembre 1988.

Article 4
Les bibliothèques qui dépendent des collectivités publiques sont ouvertes à tous. Aucun citoyen ne doit en être exclu du fait de sa situation personnelle[4]. En conséquence, elles doivent rendre leurs collections accessibles par tous les moyens appropriés, notamment par des locaux d'accès facile, des horaires d'ouverture adaptés aux besoins du public, des équipements de desserte de proximité et le recours aux techniques de communication à distance.

Article 5
L'accès du public à l'information, à la formation et à la culture est d'abord assuré dans le cadre du réseau des bibliothèques de lecture publique. Les bibliothèques scolaires sont ouvertes aux élèves et à ceux qui concourent à leur formation. Elles peuvent également être ouvertes à d'autres utilisateurs dans le cadre des conventions prévues par la loi[5]. Les bibliothèques universitaires et spécialisées sont ouvertes aux usagers et aux personnels des établissements dont elles dépendent. Elles sont également ouvertes à d'autres utilisateurs dans des conditions précisées par les autorités responsables. D'une manière générale, toute bibliothèque doit s'inscrire dans un ensemble organisé dont l'objectif est de fonctionner en réseau. En conséquence, toute demande doit pouvoir être satisfaite. Les bibliothèques ont un rôle de formation des usagers aux méthodes de recherche des documents ainsi qu'à l'utilisation des réseaux documentaires.

Article 6
La consultation sur place des catalogues et des collections doit être gratuite pour l'usager. Les autres services proposés par la bibliothèque peuvent être tarifés au moindre prix, notamment ceux qui sont rendus à distance, ceux qui donnent lieu à la délivrance d'un document dont l'usager devient propriétaire[6], ou à une recherche documentaire individualisée approfondie[7]. Il est souhaitable que le prêt à domicile soit aussi gratuit ou qu'il fasse l'objet des exonérations les plus larges en faveur des enfants et des adolescents, des publics empêchés ou défavorisés.

4. Notamment les personnes empêchées ou éloignées ; par personnes empêchées, nous entendons les personnes malades ou hospitalisées, les militaires, les détenus ; par personnes éloignées, nous entendons celles qui habitent des petites communes rurales ou à l'étranger. Cf. la législation en la matière, notamment la loi du 30 juin 1975 précisée par le décret du 1er février 1978 et la circulaire du ministère des Affaires sociales du 29 janvier 1979 sur les mesures destinées à rendre accessibles aux personnes handicapées les installations ouvertes au public.

5. Décret du 8 août 1985 sur les activités éducatives, sportives et culturelles complémentaires organisées par les communes, départements ou régions, dans les établissements d'enseignement public pendant les heures d'ouverture. Circulaire du 22 mars 1985 relative aux modalités de mise à disposition, prévue par l'article 19 de la loi n° 83-8 du 7 janvier 1983 relative à la répartition de compétences entre les communes, les départements, les régions et l'État.

6. Ceci vise entre autres les listages résultant des recherches menées sur les bases de données et les reproductions de documents sur tous supports emportés par l'usager.

7. Par recherche documentaire individualisée approfondie, on entend une recherche menée par le personnel de la bibliothèque à la demande exclusive d'un usager ou d'un groupe d'usagers, et qui excède les informations nécessaires à la consultation des collections.

Article 7

Les collections des bibliothèques des collectivités publiques doivent être représentatives, chacune à son niveau ou dans sa spécialité, de l'ensemble des connaissances, des courants d'opinion et des productions éditoriales. Elles doivent répondre aux intérêts de tous les membres de la collectivité à desservir et de tous les courants d'opinion, dans le respect de la Constitution et des lois. Elles doivent être régulièrement renouvelées et actualisées. Les collections des bibliothèques universitaires et spécialisées doivent également répondre aux besoins d'enseignement et de recherche des établissements en cohérence avec les fonds existants et avec ceux des bibliothèques appartenant au même ensemble ou à la même spécialité. D'une manière générale, chaque bibliothèque doit élaborer et publier la politique de développement de ses collections et de ses services en concertation avec les bibliothèques proches ou apparentées.

Article 8

Toute bibliothèque d'une collectivité publique est responsable des fonds et documents patrimoniaux dont elle a la propriété ou l'usage. Les collections patrimoniales sont formées des collections nationales constituées par dépôt légal et des documents anciens[8], rares ou précieux[9]. Elles sont soumises à des règles particulières de désaffectation ou d'échange[10]. Leurs conditions de conservation satisfont aux règles techniques en usage et sont soumises au contrôle technique de l'État[11]. Les collections patrimoniales doivent être traitées et mises en valeur[12] par les collectivités publiques qui en ont la propriété ou l'usage. Les responsabilités patrimoniales des bibliothèques des collectivités publiques doivent être assurées dans le cadre de coopérations, notamment par la constitution de catalogues collectifs, la gestion d'équipements collectifs, le développement d'une politique de conservation, de reproduction et de plans de sauvegarde concertés.

8. Par document, on entend non seulement les unités bibliographiques, mais des collections dont la valeur globale peut être sans rapport avec celle de chacun des éléments qui la composent. Il faut entendre aussi le document dans sa particularité dont la valeur peut être sans rapport avec celle des autres exemplaires connus.

9. Par document ancien, on entend tout document de plus de cent ans. Par document rare, on entend tout document qui ne se trouve dans aucune autre bibliothèque proche ou apparentée ou, pour une bibliothèque spécialisée, tout document qui entre dans sa spécialité. Le caractère précieux d'un document doit être, indépendamment de sa rareté, apprécié en fonction de sa valeur vénale, culturelle ou scientifique, en particulier pour les documents d'intérêt local ou ceux qui entrent dans la spécialité d'une bibliothèque spécialisée.

10. Ces règles s'ajoutent aux procédures des Domaines. Elles satisfont pour les bibliothèques municipales en particulier aux dispositions du Code des communes (R. 341-1 à 341-5) livre II, titre IV, modifié par le décret 88-1037 du 9 novembre 1988.

11. Par condition de conservation, on entend toute mesure de surveillance, de protection, de reproduction et de communication propre à préserver l'intégrité du document.

12. Par traitées et mises en valeur, on entend non seulement les mesures de préservation mentionnées à l'article précédent, mais le signalement spécifique dans les catalogues collectifs, la description et l'étude scientifique, la présentation au public et la communication, si besoin est sous forme d'un substitut. S'il s'agit de documents qui ne sont pas tombés dans le domaine public, leur reproduction doit se faire dans le respect de la loi sur la propriété littéraire et artistique.

Titre II : Rôle de l'État

Article 9

L'État définit la politique nationale des bibliothèques dans chacun des secteurs concernés. À cet effet il peut développer des programmes d'intérêt national. L'État doit prendre les mesures propres à corriger les inégalités dans l'accès à la lecture et à la documentation et veiller à l'équilibre des ressources documentaires sur l'ensemble du territoire.

Article 10

L'État a des responsabilités particulières en ce qui concerne les fonds patrimoniaux des bibliothèques. Il doit exercer son contrôle et intervenir lorsque l'intégrité des documents est menacée. Il doit donner les conseils nécessaires et émettre toute recommandation utile à leur préservation et à leur mise en valeur, notamment en tenant le registre des documents techniques appropriés. Il organise le dépôt légal. Il est responsable du recensement et de l'inventaire général du patrimoine national et de sa diffusion. Il doit favoriser les actions de concertation et de coopération dans le domaine patrimonial.

Article 11

L'État assure le contrôle technique des bibliothèques dépendant des collectivités publiques.

Article 12

L'État assure la mise en place et la cohésion de services collectifs nationaux entre les bibliothèques[13].

Article 13

L'État doit assurer le fonctionnement de la bibliothèque nationale chargée de collecter, de cataloguer, de conserver, de mettre à la disposition du public et d'exploiter les documents soumis au dépôt légal dont elle a la responsabilité[14]. Cette bibliothèque nationale constitue des collections de référence de la production étrangère et de la production relative à la France ou de langue française. Elle conserve les publications officielles étrangères acquises en application des accords d'échanges internationaux de publications officielles. Elle conduit des programmes de recherche nationaux. Elle est responsable de l'établissement et de l'accessibilité de la bibliographie nationale. Elle participe à la définition de la politique des services collectifs nationaux, à l'établissement des règles de normalisation bibliographique et à leur mise en œuvre. Elle participe aux programmes internationaux de coopération avec les autres bibliothèques nationales et les organismes internationaux de contrôle bibliographique.

13. Notamment en matière de : catalogues collectifs nationaux, circulation et échange de notices bibliographiques, listes d'autorités nationales, normes scientifiques et techniques, circulation et échange de documents, plans concertés d'évaluation et de développement de collections.

14. Décret n° 83-226 du 22 mars 1983 relatif à l'organisation et au régime financier de la Bibliothèque nationale.

Article 14
L'État recueille toutes les données propres à l'évaluation quantitative et qualitative de l'activité des bibliothèques dépendant des collectivités publiques et en assure l'exploitation sur le plan national et international. À ce titre, il tient à jour la carte documentaire de la France.

Article 15
L'État rassemble et complète les études techniques utiles au bon fonctionnement des bibliothèques et à leur coopération. Il initie les programmes de recherche fondamentale nécessaires. Il en fait bénéficier l'ensemble des collectivités qui peuvent demander des avis sur leurs projets et solliciter des expertises. À cette fin, l'État, en accord avec les organismes compétents, assure le fonctionnement de services administratifs et techniques ou de bibliothèques pilotes.

Article 16
L'État peut assurer le fonctionnement partiel ou total de bibliothèques chargées de constituer des collections d'intérêt particulier ou de remplir des services d'intérêt national.

Article 17
L'État prend toutes les initiatives propres à favoriser la coopération entre les bibliothèques et lui fournit des cadres réglementaires. L'État coordonne et encourage les programmes de coopération internationale des bibliothèques françaises et la connexion des réseaux français aux réseaux internationaux.

Article 18 : bibliothèques françaises à l'étranger
L'État entretient à l'étranger un réseau de bibliothèques qui contribuent à la présence et au rayonnement de la culture française. Ainsi, tout établissement culturel français à l'étranger doit entretenir ou constituer un service de bibliothèque destiné non seulement à la communauté des Français résidant à l'étranger, mais aussi au public du pays concerné.

Article 19 : bibliothèques des administrations
Les administrations de l'État doivent donner accès à l'information qu'elles produisent, dans les conditions déterminées par la Commission d'accès aux documents administratifs, notamment par le moyen de bibliothèques ouvertes au public ou inscrites dans un réseau accessible au public.

Article 20 : bibliothèques et centres de documentation et d'information des lycées et collèges
Les établissements scolaires du second degré sont dotés de centres de documentation et d'information gérés et animés par un personnel qualifié nommé par l'État.

Article 21
L'État assure le fonctionnement indépendant d'un Conseil supérieur des bibliothèques qui a pour mission de formuler des avis et des propositions sur tout ce qui touche à la coordination des bibliothèques et des centres de documentation et aux conditions de leur développement.

TITRE III : Responsabilité et compétences des collectivités

Article 22
Toute collectivité publique doit assurer l'accès des citoyens à la formation, l'information et la culture en favorisant le fonctionnement d'un service de lecture publique.

Article 23
Une bibliothèque dépendant d'une collectivité publique nécessite la conjonction de trois conditions :

- la constitution d'une collection régulièrement renouvelée de documents accessibles au public ;
- la nomination d'un personnel qualifié, soit recruté conformément aux statuts de la fonction publique, soit dans le cas de recours à un personnel volontaire non rétribué, formé et encadré par ce personnel ;
- l'aménagement et l'entretien de locaux publics ou ayant l'agrément des pouvoirs publics.

Article 24 : rôle des communes
Toute commune doit assurer le développement, la conservation et l'accès au public des collections dont elle est propriétaire ou dont elle a l'usage. Les communes de plus de dix mille habitants doivent le faire dans le cadre des services d'une bibliothèque municipale ou intercommunale. Les communes de moins de dix mille habitants peuvent avoir recours, pour assurer leur mission, aux services du département et à des services intercommunaux dans les cadres réglementaires et législatifs prévus à cet effet[15]. Les bibliothèques municipales ou intercommunales doivent constituer et entretenir, en concertation avec les archives et les musées, un fonds d'intérêt local. Les bibliothèques municipales ou intercommunales doivent contribuer sur leur territoire au développement de la lecture et à l'action culturelle qui lui est liée, en concertation avec les autres organismes et partenaires communaux. La commune veille à l'accès des enfants au livre notamment par le moyen de bibliothèques d'écoles, de bibliothèques centres documentaires et en organisant les relations entre la bibliothèque municipale ou intercommunale et les écoles.

Article 25 : rôle des départements
Le département doit assurer le développement et la conservation des collections dont il est propriétaire ou dont il a l'usage et leur accès au public dans le cadre d'un service départemental de la lecture publique et par la desserte des communes de moins de dix mille habitants. Le service départemental favorise la création et le développement de bibliothèques municipales ou intercommunales, notamment par des actions de formation, de conseil et d'assistance technique. Le service départemental doit organiser la coopération entre les bibliothèques qu'il dessert notamment en matière de formation continue, de sauvegarde et de mise en valeur du patrimoine, de réseau documentaire et d'action culturelle. Le service départemental doit, dans le cadre de ses missions de solidarité sociale, veiller à ce que soient

15. Loi 82-213 du 2 mars 1982 relative aux droits et libertés des communes, des départements et des régions, art. 23 : le département apporte aux communes qui le demandent son soutien à l'exercice de leur compétence.

assurés la desserte et le développement de la lecture des publics placés dans des conditions particulières dans les établissements situés sur son territoire. Le service départemental doit contribuer sur le territoire départemental au développement de la lecture et à l'action culturelle par des actions spécifiques en concertation avec les autres organismes du département. Le département participe à la constitution et au renouvellement des collections documentaires des bibliothèques et des centres de documentation et d'information des collèges, notamment dans le cadre de la subvention de fonctionnement qu'il leur alloue. Cette subvention s'ajoute aux dépenses pédagogiques prises en charge par l'État[16].

Article 26 : rôle des régions
La région favorise la constitution, le développement, la conservation, l'accessibilité et la mise en valeur de fonds documentaires ou patrimoniaux d'intérêt régional[17]. Elle contribue aux actions d'intérêt régional menées par les bibliothèques de la région. Elle peut élaborer les outils collectifs permettant aux bibliothèques de la région d'assurer ces missions. La région participe à la constitution et au renouvellement des collections documentaires des bibliothèques et des centres de documentation et d'information des lycées, notamment dans le cadre de la subvention de fonctionnement qu'elle leur alloue. Cette subvention s'ajoute aux dépenses pédagogiques prises en charge par l'État.

Article 27 : rôle des universités[18]
Afin d'assurer les missions qui leur ont été reconnues en matière de formation initiale et continue, de recherche scientifique et technique, de diffusion de la culture et de l'information scientifique et technique ainsi que de coopération internationale, chaque université crée un service commun de la documentation ou bibliothèque universitaire[19]. Les bibliothèques assurent la conservation et l'enrichissement des collections qui leur sont confiées. L'université assure aux services communs de la documentation[20] les moyens suffisants pour accomplir leur mission, en personnel, locaux et crédits, que ceux-ci proviennent de l'État, des collectivités territoriales ou des moyens qu'elle leur affecte elle-même. Elle favorise l'association ou l'intégration des bibliothèques et centres de documentation de l'université au service commun de la documentation. Elle favorise la mise en place d'actions de coopération entre les bibliothèques universitaires et les autres organismes documentaires de la région.

Extrait du « Rapport du président pour l'année 1991 »
publié par l'association du Conseil supérieur des bibliothèques
avec le concours des ministères de l'Éducation nationale, de la Culture et de la Recherche

16. Cette subvention est prévue par le décret du 25 février 1985. Elle s'ajoute aussi au financement par l'État de projets spécifiques, notamment dans le cadre des projets d'action éducative.

17. Loi du 2 mars 1982, art. 59 : le conseil régional a compétence pour promouvoir le développement économique, social, sanitaire, culturel et scientifique de la région et l'aménagement de son territoire pour assurer la préservation de son identité, dans le respect de l'intégrité, de l'autonomie et des attributions des départements et des communes.

18. Loi 84-52 du 26 janvier 1984 sur l'enseignement supérieur, art. 4.

19. Ces services peuvent être communs à plusieurs universités : services interétablissements de coopération documentaire ou bibliothèques interuniversitaires.

20. Cf. note 19.

3. La charte pour le développement de la lecture en entreprise

ABF – 1992
Mise à jour le 28 novembre 2016

Tous les chiffres l'attestent, la lecture est actuellement en crise. 25 % des Français ne lisent aucun livre, et 32 % lisent moins de neuf livres par an. L'illettrisme touche un nombre important de la population adulte. Or, le livre, aujourd'hui comme hier, est moyen d'accès au savoir. Pour beaucoup de salariés, le recul de la lecture barre l'accès à toute insertion, ainsi qu'à la formation professionnelle exigée aujourd'hui plus qu'hier.
Le livre, à côté d'autres moyens technologiques, reste un outil indispensable à la communication de la pensée, à la réflexion, à l'esprit critique. Ainsi tout recul de la lecture représente une perte de capacité des citoyens à exercer pleinement leur rôle, à dire leur mot sur les affaires de la société.
En plaçant le livre au cœur des activités culturelles proposées aux salariés, en faisant de la bibliothèque le véritable centre culturel de l'entreprise, les CE et organismes équivalents jouent un rôle important pour favoriser l'accès de tous à la lecture et pour soutenir la création littéraire.
Les BCE (bibliothèques de comités d'entreprise et organismes équivalents) grâce à leur ancrage dans le monde du travail, sont des pôles de résistance au recul de la lecture. Leur fréquentation importante montre que ce recul n'est pas une fatalité. Parallèlement, l'évolution des entreprises – plus de 50 % des salariés travaillent dans des entreprises de moins de 50 salariés – conduit à développer la coopération inter-CE, pour favoriser l'accès à la lecture du plus grand nombre. Ainsi l'on peut dire que les BCE et les inter-CE sont des partenaires à part entière du réseau de lecture publique et jouent un rôle irremplaçable et complémentaire dans ce réseau, bien que de droit privé.
Les organisations signataires appellent les élus d'entreprise à poursuivre et intensifier leurs actions pour la promotion de la culture et en particulier de la lecture.
Pour ce faire, les élus développeront des politiques culturelles, dégageront les moyens nécessaires en budget, locaux et personnel qualifié.

Souhaits et recommandations

Les élus de CE et organismes équivalents, représentants élus des salariés ont la responsabilité de définir et de mettre en œuvre une politique culturelle et d'assurer la gestion de ces activités au bénéfice des salariés et de leur famille, parmi lesquelles la bibliothèque (ou plutôt médiathèque) :
ils doivent veiller à lui allouer un budget constant et suffisant pour l'entretien (conservation), le renouvellement du fonds et l'animation de la bibliothèque.

En tant qu'employeur des personnels de CE, dont les bibliothécaires, ils doivent veiller à la formation de ce personnel, garantie d'un meilleur service, et doivent accorder une totale autonomie (confiance) à ce personnel, garant de la pluralité des fonds (déontologie du métier) dans le cadre d'une politique culturelle claire et d'orientation précise. Il en va de même dans le cas où ce sont des « bénévoles » qui gèrent la bibliothèque.

L'employeur : la direction de l'entreprise doit allouer au CE une subvention lui permettant de remplir ses responsabilités en matière d'activités sociales et culturelles (le rapport Pingaud-Barraud recommandait en 1981, 3 % de la masse salariale et 10 % de cette somme pour les médiathèques).
La direction doit permettre le libre fonctionnement de ces activités : locaux vastes et adaptés au sein de l'entreprise sur un lieu de passage, et le libre accès pour les personnalités invitées par le CE.

Les bibliothécaires ne pouvant remplir pleinement leur mission que dans le long terme, et la périodicité du renouvellement des CE se situant tous les deux ans, se posent alors les problèmes de la définition du champ des compétences et des responsabilités de chacun, et de la garantie de confiance et d'emploi de ceux-ci afin qu'ils puissent exercer leur fonction en dehors de toute pression et de toute censure.
À défaut d'un statut particulier, il nous semble important de rappeler ce qu'est le métier de bibliothécaire : il exerce une compétence fonctionnelle. Cette compétence recouvre « la constitution, l'organisation, l'enrichissement et l'exploitation des collections », c'est-à-dire l'ensemble des décisions concernant l'activité régulière d'une bibliothèque.
Le bibliothécaire est chargé du travail de gestion, assure le suivi de son budget, fait l'évaluation régulière de son action et met en œuvre toute action et met en œuvre toute action de promotion et d'animation. Il exerce sa fonction dans le cadre de la politique définie par les élus du CE. Sa qualification doit être reconnue et payée au niveau des emplois Maîtrise ou Cadre.

Les pouvoirs publics : les ministères et les collectivités territoriales ont la responsabilité première du réseau de lecture publique. Tout en étant de droit privé, les BCE et les inter-CE participent de ce réseau. Il appartient donc aux Pouvoirs publics, en concertation avec les différents partenaires concernés, d'apporter une aide aux actions menées par les BCE par le biais d'actions de sensibilisation, de formation des personnels, de coopération, et d'attribution de subventions.

Partenariat : le tissu des entreprises du secteur privé n'est composé que de 1 800 établissements ou entreprises de plus de 500 salariés. Il est donc bien évident que le nombre et la qualité des BCE ne concernent qu'une partie de la population salariée. Il nous faut réfléchir et impulser des actions qui doivent également concerner les salariés des PME/PMI.
En conséquence, il apparaît nécessaire de mettre en œuvre des actions qui permettraient aux salariés des PME/PMI d'accéder aux mêmes services que ceux des grandes entreprises.

C'est pourquoi il est particulièrement important de développer la coopération BCE/réseau de lecture publique et les accords inter-CE ou même de créer des associations inter-CE.
Ce partenariat permettrait également la préservation du patrimoine des BCE qui ressort de la compétence des bibliothécaires, et qui est parfois menacé même dans les grandes entreprises du fait des mutations économiques et technologiques.

Pour l'ABF : Mme Danset, présidente
Pour la CFDT : M. Masson, secrétaire national
Pour la CFTC : M. Voisin, secrétaire national adjoint
Pour la CGC : Mme Coute, secrétaire nationale à l'enseignement, formation et culture
Pour la CGT : M. Lamoot, secrétaire confédéral
Pour FO : M. Jayer et M. Caillat, secrétaires confédéraux

4. Le manifeste de l'Ifla/Unesco sur la bibliothèque publique (1994)

La liberté, la prospérité, le progrès de la société et l'épanouissement de l'individu sont des valeurs humaines fondamentales, que seule l'existence de citoyens bien informés, capables d'exercer leurs droits démocratiques et de jouer un rôle actif dans la société permet de concrétiser. Or, participation constructive et progrès de la démocratie requièrent une éducation satisfaisante, en même temps qu'un accès gratuit et sans restriction au savoir, à la pensée, à la culture et à l'information.

La bibliothèque publique, clé du savoir à l'échelon local, est un instrument essentiel de l'éducation permanente, d'une prise de décisions indépendante et du développement culturel de l'individu et des groupes sociaux.

Par le présent Manifeste, l'Unesco proclame sa conviction que la bibliothèque publique est une force vivante au service de l'éducation, de la culture et de l'information et un moyen essentiel d'élever dans les esprits les défenses de la paix et de contribuer au progrès spirituel de l'humanité.

L'Unesco encourage en conséquence les autorités nationales et locales à soutenir le développement des bibliothèques publiques et à y contribuer activement.

La bibliothèque publique

La bibliothèque publique est, par excellence, le centre d'information local, où l'utilisateur peut trouver facilement toutes sortes de connaissances et d'informations.

Les services qu'elle assure sont également accessibles à tous, sans distinction d'âge, de race, de sexe, de religion, de nationalité, de langue ou de condition sociale. Des prestations et des équipements spéciaux doivent y être prévus à l'intention de ceux qui ne peuvent, pour une raison ou un autre, utiliser les services et le matériel normalement fournis, par exemple les minorités linguistiques, les handicapés, les personnes hospitalisées ou incarcérées.

La bibliothèque publique doit répondre aux besoins de tous les groupes d'âge. Elle doit recourir, pour les collections qu'elle constitue et les services qu'elle assure, à tous les types de médias appropriés et à toutes les technologies modernes aussi bien qu'aux supports traditionnels. Il est essentiel qu'elle satisfasse aux plus hautes exigences de qualité et soit adaptée aux besoins et au contexte locaux. Elle doit être à la fois reflet des tendances du moment et de l'évolution de la société, et mémoire de l'entreprise et de l'imagination humaine.

Les collections et les services ne doivent être soumis ni à une forme quelconque de censure idéologique, politique ou religieuse, ni à des pressions commerciales.

Les missions de la bibliothèque publique

Les missions fondamentales, à l'accomplissement desquelles doit tendre la bibliothèque publique, ressortissent à l'information, l'alphabétisation, l'éducation et la culture, et consistent à :

1) créer et renforcer l'habitude de la lecture chez l'enfant dès son plus jeune âge ;
2) faciliter l'étude individuelle ainsi que l'enseignement formel à tous les niveaux ;
3) favoriser l'épanouissement créatif de la personnalité ;
4) stimuler l'imagination et la créativité des enfants et des jeunes ;
5) contribuer à faire connaître le patrimoine culturel et apprécier les arts, le progrès scientifique et l'innovation ;
6) donner accès aux expressions culturelles de tous les arts du spectacle ;
7) encourager le dialogue interculturel et favoriser la diversité culturelle ;
8) soutenir la tradition orale ;
9) assurer l'accès de la population à toutes sortes d'informations communautaires ;
10) fournir des services d'information appropriés aux entreprises, associations et groupes d'intérêts locaux ;
11) faciliter l'acquisition de compétences dans le domaine de l'information et de l'informatique ;
12) soutenir les activités et programmes d'alphabétisation destinés à tous les groupes d'âge, y participer, et, au besoin, prendre des initiatives dans ce domaine.

Financement, législation et réseaux

Les services de la bibliothèque publique sont en principe gratuits.

Les services de la bibliothèque publique sont en principe gratuits. La bibliothèque publique relève de la responsabilité des autorités locales et nationales. Elle doit pouvoir s'appuyer sur des textes législatifs spécifiques et être financée par les autorités publiques, nationales ou locales. Elle doit constituer un élément essentiel de toute stratégie à long terme en matière de culture, d'information, d'alphabétisation et d'éducation.

Pour assurer la coordination et la coopération des bibliothèques à l'échelle nationale, les textes législatifs et les stratégies doivent aussi définir les caractéristiques et favoriser la mise en place d'un réseau national de bibliothèques régi par des normes de service convenues.

Le réseau de bibliothèques publiques doit être conçu en ayant à l'esprit les bibliothèques nationales et régionales, les bibliothèques de recherche et les bibliothèques spécialisées, ainsi que les bibliothèques scolaires et universitaires.

Fonctionnement et gestion

Une politique claire doit présider à la définition des objectifs, des priorités et des services en fonction des besoins de la communauté locale. La bibliothèque publique doit être organisée efficacement et selon les normes en vigueur dans la profession.

La bibliothèque doit coopérer avec des partenaires appropriés, par exemple groupes d'usagers et autres spécialistes à l'échelon local, régional, national et international.

Les services doivent être matériellement accessibles à tous les membres de la communauté. Cela suppose que la bibliothèque soit bien située, dispose d'installations propices à la lecture et à l'étude ainsi que de technologies appropriées et pratique des horaires convenant aux usagers. Cela suppose également qu'elle soit à même d'assurer un certain nombre de services aux personnes qui sont dans l'incapacité de se rendre sur place.

Les services de bibliothèque doivent répondre aux besoins différents des communautés rurales et urbaines.
Le bibliothécaire est un intermédiaire actif entre les utilisateurs et les ressources. Formation professionnelle et éducation permanente sont indispensables pour lui permettre d'assurer les services voulus.

Des programmes d'information et d'éducation des utilisateurs doivent être assurés pour les aider à tirer le meilleur parti de toutes les ressources.

Mise en œuvre du Manifeste

Un appel pressant à appliquer les principes énoncés dans le présent Manifeste est ici adressé aux responsables nationaux et locaux et aux bibliothécaires du monde entier.

Ce Manifeste a été rédigé en collaboration avec la Fédération internationale des associations de bibliothécaires et des bibliothèques (Ifla).

5. La déclaration de Glasgow sur les bibliothèques, les services d'information et la liberté intellectuelle

Ifla – 2002

Pour son 75e anniversaire, à Glasgow, la Fédération internationale d'associations de bibliothèques et d'établissements (Ifla) déclare que :

- l'Ifla proclame le droit fondamental de chacun à avoir accès à l'information et à pouvoir la diffuser sans restriction aucune ;
- l'Ifla, forte de son implantation internationale, soutient la défense et la promotion de la liberté intellectuelle suivant ainsi la Déclaration universelle des droits de l'homme des Nations unies. Cette liberté intellectuelle embrasse les connaissances humaines, les opinions, la pensée créatrice et l'activité intellectuelle dans toute leur richesse ;
- l'Ifla affirme que partout dans le monde, le respect de la liberté intellectuelle est pour les bibliothèques et les professions de l'information un devoir absolu, explicite dans les codes déontologiques, effectif dans la pratique.

L'Ifla affirme que :

- les bibliothèques et les services d'information doivent sans tenir compte des frontières et grâce à la diversité des médias rendre accessibles l'information, les opinions et les créations. Ces ouvertures sur le monde du savoir, de la connaissance, de la pensée et de la culture sont les garants des choix librement effectués, du développement culturel, de la recherche et de la formation continue offerts à la fois aux individus et aux collectivités ;
- les bibliothèques et les services d'information contribuent au développement et au maintien de la liberté intellectuelle tout en préservant les valeurs démocratiques et les droits civils universels. Leur vocation est donc d'offrir, sans restriction aucune, à leurs usagers l'accès à toutes les ressources et à tous les services nécessaires, et de lutter contre toute forme de censure ;
- les bibliothèques et les services d'information s'appliqueront à acquérir, conserver et diffuser les documents les plus variés reflétant le pluralisme de la société. Les choix en matière d'achat et de diffusion seront effectués selon des critères professionnels et non selon des considérations politiques, morales ou religieuses ;
- les bibliothèques et les services d'information feront en sorte que les collections, les équipements et les services soient accessibles à l'ensemble de leurs utilisateurs. Aucune discrimination ne sera faite sous aucun prétexte, qu'il s'agisse de race, d'origine nationale ou ethnique, de genre ou de préférence sexuelle, d'âge, de handicap, de religion ou d'opinion ;
- les bibliothèques et des services d'information garantiront à chaque usager confidentialité et respect de la vie privée qu'il s'agisse de l'information demandée ou obtenue ou bien des documents consultés, empruntés, acquis ou transmis.

L'Ifla appelle donc les bibliothèques et les services d'information et leur personnel à soutenir et promouvoir les principes de la liberté intellectuelle et à offrir un accès sans restriction à l'information.

Cette Déclaration a été préparée par Ifla/Faife.
Approuvé par le conseil de direction d'Ifla
le 27 mars 2002, La Haye, des Pays-Bas
Proclamé par le Conseil d'Ifla le 19 août 2002, Glasgow, l'Écosse
Latest Revision: September 18, 2004 Copyright © International Federation
of Library Associations and Institutions www.Ifla.org

6. Le code de déontologie du bibliothécaire

ABF, 2003
mis à jour le 28 novembre 2016

En novembre 2003, la question de la déontologie du métier est au cœur des préoccupations du bureau national de l'ABF. C'est dire l'importance du code ici présenté : il vient enfin compléter pour la France, un ensemble qui, au niveau international, vise à définir en quelque sorte les droits et devoirs des bibliothécaires dans le monde.

Le code de déontologie du bibliothécaire concerne tous les types de bibliothèques, publiques ou privées recevant du public. Il s'adresse à tous métiers des bibliothèques, quels que soient les spécificités, les statuts ou la place dans la hiérarchie. Il est destiné à inspirer les bibliothécaires dans leur action quotidienne aussi bien que dans leur action générale. Il établit les devoirs du bibliothécaire en particulier dans le respect absolu de l'usager dont découle toute démarche et affirme son exigence de reconnaissance de sa responsabilité professionnelle en particulier vis-à-vis des élus. Il a l'ambition d'être un texte fédérateur pour notre communauté professionnelle.

Code de déontologie du bibliothécaire adopté lors du Conseil national de l'association des bibliothécaires français le 23 mars 2003.

Le bibliothécaire est chargé par sa collectivité publique ou privée de répondre aux besoins de la communauté en matière de culture, d'information, de formation et de loisirs. Il constitue à cette fin les collections publiques, en assure la mise en valeur et l'usage citoyens. Conscient des responsabilités qui sont les siennes et appliquant les lois et règlements en vigueur, il s'engage à respecter vis-à-vis de l'usager, des collections, de sa collectivité et de sa profession les principes qui suivent. Ce code déontologique du bibliothécaire, distinct de la charte documentaire propre à chaque établissement et de la charte des bibliothèques du Conseil supérieur des bibliothèques, les complète.

1. L'usager

Le bibliothécaire est d'abord au service des usagers de la bibliothèque. L'accès à l'information et à la lecture étant un droit fondamental, le bibliothécaire s'engage dans ses fonctions à :

- respecter tous les usagers ;
- offrir à chacun une égalité de traitement ;
- garantir la confidentialité des usages ;
- répondre à chaque demande, ou, à défaut, la réorienter ;
- assurer les conditions de la liberté intellectuelle par la liberté de lecture ;
- assurer le libre accès de l'usager à l'information sans laisser ses propres opinions interférer ;
- permettre un accès à l'information respectant la plus grande ouverture possible, libre, égal et gratuit, sans préjuger de son utilisation ultérieure ;
- garantir l'autonomie de l'usager, lui faire partager le respect du document, favoriser l'autoformation ;
- promouvoir auprès de l'usager une conception de la bibliothèque ouverte, tolérante, conviviale.

2. La collection

Le bibliothécaire favorise la réflexion de chacun par la constitution de collections répondant à des critères d'objectivité, d'impartialité, de pluralité d'opinion. Dans ce sens, il s'engage dans ses fonctions à :

- ne pratiquer aucune censure, garantir le pluralisme et l'encyclopédisme intellectuel des collections ;
- offrir aux usagers l'ensemble des documents nécessaires à sa compréhension autonome des débats publics, de l'actualité, des grandes questions historiques et philosophiques ;
- appliquer les dispositions législatives et réglementaires concernant les collections, ainsi que les décisions de la justice, sans se substituer à celle-ci, notamment celles qui interdisent la promotion de toute discrimination et de toute violence ;
- assurer la fiabilité des informations, œuvrer à leur mise à jour permanente et à leur conformité à l'état présent des connaissances scientifiques ;
- organiser l'accès aux sources d'information pour les rendre disponibles, y compris à distance, selon les normes professionnelles en vigueur ;
- faire connaître et mettre en valeur les collections, les ressources, les services dans le respect de la neutralité du service public ;
- faciliter la libre circulation de l'information.

3. La tutelle (collectivité publique ou privée)

La tutelle définit dans son domaine de compétence une politique générale. Dans ce cadre, la définition de la politique documentaire, déléguée au bibliothécaire, est précisée dans une charte, validée par la tutelle. Le bibliothécaire en assure la mise en œuvre au quotidien dans le respect de ce code :

- le bibliothécaire participe à la définition de la politique culturelle de sa tutelle ;
- le bibliothécaire applique la politique de sa tutelle tant que celle-ci ne va pas à l'encontre des lois générales, des missions pérennes et spécifiques de l'établissement, ainsi que des valeurs définies dans ce code ;

- le bibliothécaire fait valoir auprès de sa tutelle les nécessités de la formation professionnelle, comme stagiaire ou comme formateur, et plus particulièrement celles liées à sa participation aux journées d'étude, aux voyages d'études et aux instances statutaires des associations professionnelles. Cette participation est considérée comme temps de travail ;
- le bibliothécaire rend compte à sa tutelle, en les évaluant, des services et des activités de l'établissement ;
- le bibliothécaire veille à ne pas céder aux groupes de pressions politiques, religieux, idéologiques, syndicaux, sociaux qui essaieraient d'influer sur les politiques d'acquisitions par imposition forcée, interdiction ou intimidation, directement ou par le biais de sa tutelle.

4. La profession

Les personnels des bibliothèques forment un corps professionnel solidaire. Au sein de ce corps, le bibliothécaire trouve aide et assistance, et apporte ses connaissances et son expérience. Dans ce cadre, le bibliothécaire :

- contribue à l'utilité sociale de la profession ;
- exerce son métier sans laisser interférer ses intérêts ou ses opinions personnelles ;
- développe son savoir professionnel, se forme et forme afin de maintenir un haut degré de compétence ;
- visite des bibliothèques, rencontre des collègues, y compris à l'étranger ;
- s'implique dans la vie professionnelle en étant membre d'associations professionnelles, participe à des congrès (nationaux et internationaux) et en rend compte ;
- publie et transmet, fait avancer la réflexion autour du métier en participant à des publications, à des colloques et journées d'étude ;
- encourage la coopération, la mutualisation d'outils, l'appartenance à un réseau de coopération et de partage des savoirs ;
- recherche l'amélioration des services par l'innovation ;
- milite activement pour le recrutement et la promotion de personnel qualifié ;
- élargit les publics ;
- s'implique professionnellement et intègre son établissement dans la vie de la cité.

7. Le Manifeste Internet Ifla

Version 2014

1. Les bibliothèques et les services d'information et l'Internet

1.1. Les bibliothèques et les services d'information constituent des vibrantes interfaces qui établissent le lien entre les gens et les ressources d'information locales et mondiales. Ils donnent accès à des idées et des œuvres créatives et font que la richesse de l'expression humaine et la diversité culturelle soient accessibles à tout le monde.

1.2. L'Internet permet aux individus et aux communautés à travers le monde, qu'ils soient dans les villages les plus petits et les plus éloignées ou dans les grandes villes, d'avoir une plus grande égalité d'accès à l'information pour assurer le développement personnel, l'éducation, l'enrichissement culturel, l'activité économique, l'accès au Gouvernement et autres services, et la participation éclairée dans une société démocratique comme citoyen actif. Dans le même temps, l'Internet crée des opportunités pour tous de partager leurs propres idées, leurs intérêts et culture du monde.

1.3. Les bibliothèques et services d'information devraient être les passerelles essentielles à l'Internet, ses ressources et services. Leur rôle est d'agir comme des points d'accès qui offrent commodité, orientations et soutien, tout en aidant à surmonter les obstacles créés par les différences dans les ressources, la technologie et les compétences.

2. La liberté d'accès à l'information et la liberté d'expression sont essentielles à l'égalité, la compréhension et la paix mondiale. Par conséquent Ifla affirme que :

2.1. La liberté d'accès à l'information et la liberté d'expression, indépendamment du format et des frontières, est une responsabilité fondamentale de la bibliothèque et de la profession de l'information.

2.2. La fourniture d'un accès libre à l'Internet par les bibliothèques et services d'information constitue un élément essentiel du droit à la liberté d'accès à l'information et à la liberté d'expression, et aide les communautés et les individus à atteindre la liberté, la prospérité et le développement.

2.3. L'accès à l'Internet et toutes ses ressources doit être compatible avec la Déclaration universelle des Droits de l'homme des Nations unies, particulièrement l'article 19 : « *Chacun a droit à la liberté d'opinion et à l'expression de celle-ci ; ce droit suppose la liberté d'avoir une opinion sans subir d'ingérence d'aucune sorte et de pouvoir chercher, recevoir et communiquer des informations et des opinions par n'importe quel média et indépendamment des frontières.* »

2.4. Les obstacles à la circulation de l'information doivent être levés, en particulier ceux qui empêchent les individus de prendre avantage des occasions qui permettront d'améliorer leur qualité de vie et peuvent entraîner des inégalités et la pauvreté. Un Internet ouvert est essentiel, et l'accès à l'information et la liberté d'expression ne doit être soumis à aucune forme de censure idéologique, politique ou religieuse, ni à des obstacles économiques ou technologiques.

3. Le rôle et les responsabilités des bibliothèques et services d'information

3.1. Les bibliothèques et les services d'information ont un rôle vital en assurant la liberté d'accès à l'information et la liberté d'expression, et ont la responsabilité de :

- servir tous les membres de leurs communautés, sans considération d'âge, de race, de nationalité, de religion, de culture, d'affiliation politique, de handicaps physiques ou mentaux, de genre ou d'orientation sexuelle, ou tout autre statut ;
- fournir un accès à l'Internet dans un environnement approprié pour tous les utilisateurs ;

- aider les utilisateurs, y compris les enfants et les jeunes, s'assurer qu'ils ont les compétences de maîtrise de l'information et des médias dont ils ont besoin pour utiliser librement leurs ressources d'information choisies, en toute confiance et en toute indépendance ;
- soutenir le droit des utilisateurs de rechercher et de partager de l'information ;
- s'efforcer d'assurer la confidentialité de leurs utilisateurs, et que les ressources et les services qu'ils utilisent restent confidentiels ;
- faciliter et promouvoir la créativité intellectuelle, culturelle et économique par l'accès à l'Internet, ses ressources et services.

3.2. À l'instar des services de base, l'accès à Internet et aux technologies connexes dans les bibliothèques et services d'information doit être gratuit.

4. Mise en œuvre du Manifeste

4.1. L'Ifla encourage tous les gouvernements à soutenir la libre circulation de l'Internet des informations accessibles et la liberté d'expression, de garantir l'ouverture et la transparence en s'opposant aux tentatives de censure ou d'interdiction d'accès, et de s'assurer que la surveillance et la collecte de données sont manifestement légales, nécessaires et proportionnées.

4.2. L'Ifla invite à travers les bibliothèques et services d'information à travailler avec les États, les gouvernements, les institutions religieuses ou de la société civile, pour élaborer des politiques et des plans stratégiques qui prennent en charge et mettent en œuvre les principes exprimés dans ce manifeste à travers le développement de l'accès public à Internet dans les bibliothèques et services d'information à travers le monde, et surtout dans les pays en développement.

8. La déclaration de Florence (2017)

« La culture comme instrument de dialogue entre les peuples »

Nous, ministres de la Culture et autorités culturelles participant au G7, à l'occasion de notre première réunion, tenue à Florence les 30 et 31 mars 2017, reconnaissant à la fois le rôle spécifique de la culture comme instrument de dialogue entre les peuples et l'importance d'une action conjointe et coordonnée pour renforcer la protection du patrimoine culturel, nous déclarons ce qui suit :
Conscients de l'importance d'une action internationale concertée dans le domaine de la protection du patrimoine culturel et, dans ce contexte, se félicitant de l'adoption récente par le Conseil de sécurité des Nations unies de la résolution 2347 (2017) ;

Nous prenons note de la Déclaration de Milan adoptée le 31 juillet 2015, à l'occasion de la réunion des ministres de la Culture des pays participant à l'Expo 2015, et de la Déclaration

d'Abu Dhabi, faite lors de la Conférence pour la protection du patrimoine culturel en péril, les 2-3 décembre 2016 ;
Nous réaffirmons notre conviction que le patrimoine culturel, sous toutes ses formes, matériel et immatériel, mobile et immobile, est un lien extraordinaire entre le passé, le présent et l'avenir de l'humanité :
a) contribuer à préserver l'identité et la mémoire des peuples et favoriser le dialogue et les échanges interculturels entre toutes les nations, en favorisant la tolérance, la compréhension mutuelle, la reconnaissance et le respect de la diversité ;
b) c'est un instrument important pour la croissance et le développement durable de la société, notamment en termes de prospérité économique ;
c) elle est à la fois le moteur et l'objet des technologies les plus avancées et l'un des principaux domaines dans lesquels il convient de mesurer le potentiel et les possibilités offerts par l'ère numérique ;

Nous sommes profondément préoccupés par les risques croissants – découlant non seulement des attaques terroristes, des conflits armés et des catastrophes naturelles, mais aussi du pillage, du pillage et d'autres crimes commis à l'échelle mondiale – pour le patrimoine culturel et les institutions et biens qui en sont l'expression, comme les musées, monuments, sites archéologiques, archives et bibliothèques ;

Nous exprimons également notre profonde préoccupation face à la destruction de sites culturels, car ces actions effacent un patrimoine irremplaçable, suppriment l'identité des communautés et suppriment toute trace de diversité passée et de pluralisme religieux ;

Nous affirmons la nécessité de promouvoir la mise en œuvre effective des instruments de droit international existants pour la protection du patrimoine culturel mondial ; nous appelons en outre les États à agir à la fois pour accroître leur action en faveur de la protection et de la conservation du patrimoine culturel, y compris le patrimoine des minorités religieuses et ethniques, et pour identifier et partager les meilleures pratiques afin de combattre toutes les formes d'activités illégales dans ce domaine, y compris les pratiques relatives à la protection du patrimoine en péril dans les zones de conflit ;

Nous affirmons également qu'une coopération internationale efficace facilite des solutions communes pour assurer la protection et la promotion du patrimoine culturel et de la diversité culturelle ;

Nous appelons les Nations unies, en particulier l'Unesco et les autres organisations internationales compétentes, à renforcer, dans le cadre de leurs mandats respectifs, leurs activités de protection du patrimoine culturel et à poursuivre ces activités de manière coordonnée, notamment par des initiatives prises au sein des Nations unies, en ayant connaissance de la résolution 2347 (2017) du Conseil de sécurité susmentionnée, qui peut comprendre, le cas échéant et au cas par cas, avec l'autorisation du Conseil de sécurité, une composante consacrée à la protection du patrimoine culturel dans les opérations de sécurité et de maintien de la paix ;

Nous exprimons notre ferme soutien au rôle de l'Unesco dans la promotion de la protection et de la conservation du patrimoine culturel, sachant que la coopération et le dialogue sont essentiels à tout effort de lutte contre l'extrémisme violent et la radicalisation conduisant à la violence ; à cet égard, nous saluons les actions déjà entreprises, telles que la campagne « Unite4Heritage », et prenons note de la Stratégie pour renforcer l'action de l'Unesco en matière de protection de la culture et de promotion du pluralisme culturel dans le contexte des conflits armés et la définition d'un Plan d'action pour rendre celui-ci opérationnel ;

Nous affirmons le rôle de premier plan de l'Unesco dans la coordination des engagements internationaux dans le cadre de son mandat de protection du patrimoine culturel, en étroite coopération avec les États membres et les organisations internationales compétentes ;

Nous appelons tous les États à prendre des mesures énergiques et efficaces pour lutter contre le pillage et le trafic de biens culturels à partir de leur lieu d'origine, en particulier dans les pays en conflit ou en conflit interne, pour identifier et interdire le commerce de biens volés qui ont été illicitement transportés au-delà des frontières et, le cas échéant, pour renforcer le contrôle des ports francs et des zones de libre-échange ;

Nous affirmons également que des formes plus intensives de coopération entre les autorités policières et judiciaires et une action plus ferme de leur part sont essentielles à la poursuite de nos efforts pour protéger et sauvegarder le patrimoine culturel mondial ;

Nous exhortons tous les États à accorder la priorité à la protection et à la jouissance du patrimoine culturel, notamment par des campagnes de sensibilisation et d'éducation, afin de préserver la mémoire du passé pour les générations futures, de promouvoir le développement de la culture et de favoriser le dialogue interculturel et la paix entre nations ;

Nous nous félicitons que 2018 ait été proclamée Année européenne du patrimoine culturel, avec les possibilités qu'elle offrira pour la protection et la mise en valeur du patrimoine mondial, ce qui constitue un exemple positif d'initiative à l'appui des principes énoncés dans cette Déclaration ;

Nous soulignons le rôle des relations culturelles dans la promotion de la tolérance à l'égard de la diversité culturelle et religieuse et de la compréhension mutuelle entre les peuples, et nous encourageons tous les pays à donner des occasions d'échanges interculturels dans un esprit de réciprocité et d'intérêt mutuel, y compris lors de grandes manifestations internationales, telles que les expositions universelles ou les Jeux olympiques et paralympiques ;

Nous demandons instamment aux prochaines présidences du G7 d'organiser d'autres réunions des ministres de la Culture pour suivre l'évolution de nos engagements.

Florence, le 30 mars

9. La charte du droit fondamental des citoyens à accéder à l'information et aux savoirs par les bibliothèques

Bib'Lib, bibliothèque pour l'accès libre à l'information et aux savoirs, ABF, juillet 2018

1. Le droit d'accéder librement et sans discrimination à toutes les cultures et à une information plurielle

Les bibliothèques sont des institutions publiques qui garantissent aux citoyens un libre accès aux savoirs et à l'information sur place ou à distance. Elles déploient leurs activités dans le cadre de politiques publiques qui, pour être démocratiquement débattues, doivent être rendues publiques.

Les bibliothèques servent l'ensemble de la population sans considération d'âge, d'apparence physique, d'ethnie, de nation, de race, de religion, d'état de santé, d'identité ou d'orientation sexuelle, de situation de grossesse ou de situation de famille, de handicap, de patronyme, de sexe, d'activité syndicale, de caractéristique génétique, de mœurs, d'opinion politique, d'origine, de niveau scolaire ou de diplômes.

Les collections, ressources et contenus disponibles dans ou par les bibliothèques reflètent la pluralité et la diversité de la société et doivent être exempts de toutes formes de censure idéologique, politique, religieuse ou de pressions commerciales. La neutralité de l'Internet est une condition de l'exercice de ce droit.

Les bibliothèques, dans leur organisation et dans leur règlement intérieur, ainsi que par leur coopération ou leur mise en réseau, sont l'expression de cette ouverture à tous les publics et à toutes les formes de savoirs et d'expressions culturelles. Elles ne sauraient par principe en privilégier ou en exclure.

2. Le droit à un accompagnement attentif et compétent, respectueux des attentes des citoyens

Dans un monde saturé d'informations, les bibliothèques contribuent par leur médiation et leur accompagnement à promouvoir des œuvres, à mettre les contenus en perspectives, à évaluer les ressources et à fournir les clés de compréhension.

Le bibliothécaire, par ses qualifications et sa déontologie, est un intermédiaire de confiance entre les citoyens, leurs usages et les ressources disponibles.

La formation professionnelle et continue du bibliothécaire est indispensable pour assurer cet accompagnement et la diffusion d'une culture des communs et des droits d'usages élargis.

Cette qualification de la fonction (occupée par des salariés, mais aussi parfois par des bénévoles) s'enrichit de la diversité des origines et des parcours des bibliothécaires ou du soutien d'autres métiers et profils au sein de l'institution, conformément aux valeurs de cette charte.

3. Le droit des personnes handicapées à l'égalité d'accès aux savoirs et à l'information

Les difficultés d'accès aux savoirs et à l'information sont un des obstacles rencontrés par les personnes handicapées pour participer pleinement et efficacement à tous les aspects de la société. Les bibliothèques doivent respecter les normes et les obligations d'accessibilité et mettre en place des services, des collections, des équipements et des installations qui répondent aux besoins d'information.

4. Le droit d'expérimenter et de se former tout au long de la vie

Les bibliothèques soutiennent les formations et les ateliers participatifs susceptibles de contribuer à l'accroissement des compétences des habitants en dehors des espaces formels d'apprentissage, dans une logique de renouvellement de l'éducation populaire à l'heure du numérique.

Le cas échéant, les bibliothèques participent à l'émergence de dispositifs d'enseignement collaboratifs ouverts et à distance.

5. Le droit d'être en capacité de participer à l'innovation sociale et aux débats citoyens

Les bibliothèques sont un espace public ouvert à l'expérimentation et à l'échange collaboratif des savoirs de tous types sur un territoire.

Elles encouragent donc :
- la mise en réseau des actions susceptibles de faire fructifier l'innovation sociale et le débat citoyen ;
- l'émergence de nouvelles pratiques d'apprentissages permettant aux habitants d'être plus actifs et impliqués dans la vie de leur territoire ;
- la diffusion et la réutilisation de ses innovations en les documentant sous un format libre.

6. Le droit d'accéder à un Internet public ouvert et fiable

Afin de garantir aux citoyens l'exercice de leurs droits fondamentaux à l'information, à la formation et à la culture, les bibliothèques leur donnent accès gratuitement à un Internet sécurisé, fiable et continu, dans les meilleures conditions techniques possible.

Les bibliothèques ne doivent pas mettre en place de restrictions ou de contraintes à l'accès Internet autres que ce que prévoit la loi, que ce soit en termes d'identification des usagers, de restrictions de la bande passante ou de filtrage des contenus. S'il existe des contraintes techniques, le citoyen doit en être explicitement informé afin qu'il puisse le cas échéant les contester auprès de l'autorité.

Lors de leur consultation d'Internet à la bibliothèque, les citoyens doivent avoir la garantie que leur droit à la vie privée est respecté et qu'aucune donnée personnelle les concernant n'est collectée ni transmise à des tiers en dehors des cas explicitement prévus par la loi.

7. Le droit d'accéder, de réutiliser, de créer et de diffuser des communs du savoir

Nous parlons de communs de la connaissance dès lors qu'il existe une activité collective pour créer, maintenir et offrir en partage des savoirs. Les bibliothèques soutiennent et facilitent leur diffusion et leur production :

- en donnant un accès et une possibilité de réutilisation libre et gratuite du domaine public numérisé, en vertu de la réglementation en vigueur ou du versement volontaire de l'auteur à ce domaine public ;
- en valorisant l'accès libre aux travaux de recherche et aux œuvres culturelles financées par des fonds publics lorsqu'ils sont disponibles en version numérique ;
- en valorisant auprès de leurs usagers les œuvres placées sous licence libre ou de libre diffusion par leurs auteurs, sans discrimination par rapport à l'offre commerciale de contenus ;
- en plaçant leur propre production originale de contenus sous une licence libre ;
- en encourageant une politique active d'ouverture de leurs données publiques sous une licence ouverte compatible avec les principes de données ouvertes et comportant une clause de partage à l'identique ;
- en facilitant en leur sein l'expérimentation de production contributive de savoirs de tous types.

8. Le droit d'accéder à des ressources, y compris numériques, respectant la diversité des usages et favorisant l'appropriation de l'information et du savoir

Les bibliothèques doivent veiller à ce que leur offre de ressources, y compris numériques, ne s'oppose pas, par mesures contractuelles ou techniques, à la diversité des usages reconnus des médias traditionnels.

À savoir l'exercice effectif :

- du droit de copie privée ;
- des usages relevant de l'exception pédagogique et de recherche ;
- des usages relevant de l'annotation et du partage de citation ;
- du choix de lire, écouter et visionner, quels que soient son environnement matériel et logiciel, ses modalités et lieux d'usages culturels.

Glossaire

A

Abes Agence bibliographique de l'enseignement supérieur
ABF Association des bibliothécaires de France
Adav Atelier de diffusion audiovisuelle
ADBDP Association des directeurs des bibliothèques départementales de prêt
ADBGV Association des directrices et directeurs des bibliothèques municipales et groupements intercommunaux des villes de France
ADBS Association des professionnels de l'information et de la documentation
ADBU Association des directeurs et personnels de direction des bibliothèques universitaires et de la documentation
Aenes Administration de l'Éducation nationale et de l'enseignement supérieur
Aeres Agence d'évaluation de la recherche et de l'enseignement supérieur
Afnil Agence francophone pour la numérotation internationale du livre
Afnor Association française de normalisation
ANR Agence nationale de la recherche
ANRT Association nationale recherche technologie
APC Article Processing Charges
Artothèque Lieu de prêt d'œuvre d'art

B

Bas de casse Lettres minuscules d'imprimerie
Basane Peau de mouton utilisée à toutes les époques pour des reliures courantes
BCD Bibliothèque centre documentaire
BCE Bibliothèque de comité d'entreprise
BCP Bibliothèque centrale de prêt
BD Bibliothèque départementale
BDP Bibliothèque départementale de prêt
BHLM Bibliothèque hors les murs
Bibas Bibliothécaire assistant spécialisé
Bibliographie Recensement intellectuel de documents
Bibliothèque associée Bibliothèque participant à la politique documentaire d'un SCD dont les moyens budgétaires et le personnel restent indépendants

Bibliothèque intégrée Bibliothèque dont l'ensemble des moyens : budget, personnel et documentation dépendent du SCD
BM Bibliothèque municipale
BMC Bibliothèque municipale classée
BMVR Bibliothèque municipale à vocation régionale
BnF Bibliothèque nationale de France
BNU Bibliothèque nationale et universitaire de Strasbourg
Bookcrossing Dépôt d'un livre dans un lieu inhabituel pour qu'une personne le trouve, le lise et le remette en circulation
BPI Bibliothèque publique d'information
Bradel Reliure légère dans laquelle le bloc des cahiers cousus est emboîté dans une couverture cartonnée à l'aide d'une mousseline collée, elle se reconnaît par une rainure longitudinale qui sépare le dos des plats du livre
Brevet Titre de propriété industrielle
Brochage Opération consistant à coudre entre elles les feuilles d'un livre
Brochure Document entre 5 et 48 pages
BSI Bibliothèque des sciences et de l'industrie
BSN Bibliothèque scientifique numérique
BTS Brevet de technicien supérieur
BU Bibliothèque universitaire
Bulac Bibliothèque universitaire des langues et civilisations
Bulletinage Enregistrement de chaque exemplaire des numéros de périodiques dans un fichier où sont mentionnés son titre, sa périodicité et la date du début de l'abonnement

C

CA Conseil d'administration
Cadist Centres d'acquisition et de diffusion de l'information scientifique et technique
Cadre d'emplois (FPT) Ensemble de personnels territoriaux, gérés localement, soumis aux mêmes statuts particuliers à caractère national, les titulaires d'un grade sont amenés à occuper un ensemble d'emplois donnés
Cahier (reliure) Réunion des feuilles pliées qui sont piquées ensemble pour les coudre
Calame Morceau de roseau qui servait à écrire sur des tablettes d'argile ou sur de la peau de bête
Calames Catalogue des manuscrits et archives de l'enseignement supérieur
CAP Commission administrative paritaire
CAPN Commission administrative paritaire nationale
Carel (réseau) Coopération pour l'accès aux ressources numériques en bibliothèque
Carrel Espace individuel de lecture

Catalogage Transcription des éléments nécessaires à l'identification d'un document, éléments qui comprennent la description bibliographique et la description matérielle
Catégorie Niveau de recrutement et niveau hiérarchique de fonctionnaires
CCFr Catalogue collectif de France
CD Compact Disc
CD-Rom Compact Disc Read only Memory
CDD Classification décimale Dewey
CDG Centre de gestion
CDI Centre de documentation et d'information
CDU Classification décimale universelle
CFC Centre français d'exploitation du droit de copie
CFVU Commission de la formation et de la vie universitaire
CGM Catalogue général des manuscrits
Chagrin Peau de chèvre utilisée surtout pour les demi-reliures depuis le XIXe siècle
Charnière (reliure) Articulation du plat et du dos du livre
CHSCT Comité d'hygiène et de sécurité et de conditions de travail
Cines Centre informatique national de l'enseignement supérieur
Circulation Désigne une allée, soumise aux règles de sécurité, dans une bibliothèque permettant le passage de personnes et/ou de chariots
Cire 213 Cire incolore contenant des fongicides pour les reliures en cuir
Classe Chaque corps ou cadre d'emplois est divisé en grade ou en classe
Classification Langage documentaire fondé sur la représentation structurée d'un ou plusieurs domaines de la connaissance en classes et dans lequel les notions et leurs relations sont représentées par des indices d'une notation
Cnam Conservatoire national des arts et métiers
CNC Centre national du cinéma et de l'image animée
CNCIM Cellule nationale de coordination de l'indexation-matière
Cneser Conseil national de l'enseignement supérieur et de la recherche
CNFPT Centre national de la fonction publique territoriale
Cnil Commission nationale de l'informatique et des libertés
CNL Centre national du livre
Cnous Centre national des œuvres universitaires et scolaires
CNRS Centre national de la recherche scientifique
CNU Conseil national des universités
Codex Ensemble de cahiers composés de peaux ou de feuillets pliés en deux et attachés par un fil cousu le long de la pliure
Coiffe (reliure) Désigne la partie haute du dos d'un ouvrage
Coin (reliure) Désigne le morceau de cuir qui vient renforcer l'angle d'une reliure
Collation Vérification de l'état matériel d'un document et ensemble d'éléments matériels décrivant un document : nombre de volumes, pagination, illustration, format

Collationnement (reliure) Vérification du bon ordre des cahiers dans un volume avant toute opération de reliure

CollEx-Persée Infrastructure de recherche, vise à rénover le réseau Cadist en mettant les services aux chercheurs au cœur des projets de collections. CollEx pour collections d'excellence pour la recherche, organisée de manière distribuée entre de grandes bibliothèques de recherche et une plate-forme nationale, Persée.

Colophon Mention finale d'un livre, qui restitue les éléments d'identification de son imprimeur (nom, date et lieu d'impression), correspond à l'achevé d'imprimé

Comète (reliure) Sorte de tranche-fil mécanique, généralement utilisée pour les cartonnages, les reliures à la Bradel ou les reliures en toile

Comue Communauté d'universités et établissements

Copyright Recouvre le droit à l'auteur de diffuser son œuvre et d'en tirer bénéfice (droit anglo-saxon)

Corps d'emploi (FPE) Ensemble de personnels soumis aux mêmes statuts particuliers et ayant vocation aux mêmes grades

Corpus Ensemble de documents relatifs à une discipline

Couperin Consortium unifié des établissements universitaires et de recherche pour l'accès aux publications numériques, consortium universitaire de périodiques numériques

CPI Code de la propriété intellectuelle

CPU Conférence des présidents d'université

CRDP Centre régional de documentation pédagogique

CRFCB Centre régional de formation aux carrières des bibliothèques

Crous Centre régional des œuvres universitaires et scolaires

Crowdfunding Financement participatif

CSB Conseil supérieur des bibliothèques

CSR Conseil stratégique de recherche

CT Comité technique

CTLes Centre technique du livre de l'enseignement supérieur

CTP Comité technique paritaire

Cul-de-lampe Motif décoratif placé à la fin d'un chapitre ou d'un livre

Curi Conseil universitaire des relations internationales

D

Daisy (format) Format de livre audio permettant la lecture pour les personnes handicapées

DART Europe Portail européen des thèses

Dation Disposition permettant à des particuliers de faire un don de livres ou d'objets d'art faisant partie d'un héritage, à des collections publiques en paiement des droits de succession. L'État est libre d'accepter ou de refuser la dation

DCG Diplôme de comptabilité et gestion

DEC Diplôme d'expertise comptable

Décentralisation Action de donner aux collectivités locales le pouvoir de gérer de façon autonome les missions et les services qui relèvent de leurs compétences. Il s'agit d'un transfert de compétences du pouvoir exécutif. Les décisions de la collectivité concernée sont exécutables de plein droit. L'État ne peut qu'exercer un contrôle *a posteriori*
Déconcentration Transfert de pouvoir de décision des autorités centrales de l'État à ses représentants locaux en dehors des collectivités locales
Demi-reliure Couverture du dos en cuir ou en toile d'un livre ne recouvrant qu'une partie des plats
Dépositaire Terme employé par les BDP pour désigner les personnes à qui elles confient un dépôt de documents destinés au prêt local
Dépôt légal Règle instituée par l'ordonnance de Montpellier (1537). Elle permet la collecte, la conservation et la consultation de documents de toute nature, afin de constituer une collection de référence
Dépouillement Énumération et catalogage des titres des différents tomes d'un ouvrage, d'un recueil ou d'une publication en série ainsi que des articles d'un périodique
Désherbage Élimination ou relégation d'un document
Dewey Système de classification
DGESIP Direction générale de l'enseignement supérieur et de l'insertion professionnelle
DGRI Direction générale de la recherche et de l'innovation
DGS Direction générale des services
Document précieux Document dont la valeur vénale, historique ou culturelle reste exceptionnelle
Document rare Document unique ou existant en très petit nombre d'exemplaires, soit du fait d'un tirage limité, soit par la suite de la disparition des autres exemplaires
DOI Digital Object Identifier
Donation Contrat par lequel une personne se défait irrévocablement et sans contrepartie d'un bien en faveur de quelqu'un d'autre
Drac Direction régionale des affaires culturelles
DRM Digital Rights Management. Procédé qui bride ou interdit la copie numérique d'un ouvrage sans autorisation de l'éditeur et qui protège l'intégralité de l'œuvre
Droit de préemption Possibilité pour une administration d'acheter des objets à une vente publique au prix de la dernière enchère
DSCG Diplôme supérieur de comptabilité et gestion
DUT Diplôme universitaire de technologie
DVD Digital Versatile Disc

E

E-pub Format de lecture de livre numérique
Eau-forte Estampe obtenue à partir d'une planche de métal gravée à l'aide d'un acide

Eblida European Bureau of Library Information and Documentation Associations (Bureau européen des associations de bibliothèques, de l'information et de la documentation)
Échelon Détermine la rémunération principale du fonctionnaire. À chaque échelon correspond un indice brut (dit indice de carrière), auquel correspond un indice majoré (dit indice de rémunération), auquel correspond un traitement indiciaire (ou traitement de base)
ECTS European Credits Transfer System (Système européen de transfert et d'accumulation de crédits)
Édition princeps Première édition des auteurs anciens, souvent un incunable
EDP Collège expertise disciplinaire et pédagogique de l'IGÉSR
Enluminure Lettre ou dessin exécuté finement à la main qui décore ou illustre un texte sur les manuscrits
Enssib École nationale supérieure des sciences de l'information et des bibliothèques
EPCA Établissement public à caractère administratif
EPCI Établissement public de coopération intercommunale
Epic Établissement public à caractère industriel et commercial
EPSC Établissement public à caractère scientifique, culturel
EPSCP Établissement public à caractère scientifique, culturel et professionnel
EPST Établissement public à caractère scientifique et technologique
ERP Établissement recevant du public
ESGBU Enquête statistique générale des bibliothèques universitaires
ESR Enseignement supérieur et de la recherche
Esri Collège Enseignement supérieur et de la recherche et innovation de l'IGÉSR
Estampage Caractères gravés en creux sur une pierre. Ils ne sont pas encrés et apparaissent en impression blanche sur un fond noir
Estampe Œuvre d'art obtenue par impression d'une plaque gravée de métal ou de bois, la distinguant ainsi du dessin, du manuscrit ou de la peinture. Différentes techniques de production d'images : gravure xylographique (bois gravé en relief), gravure en taille douce (sur métal), gravure par acide (dite à l'eau-forte) et lithographie (sur pierre avec une encre grasse)
Estampille Cachet de l'établissement apposé sur un document attestant de son appartenance à celui-ci
Établissement public Institution administrative à caractère autonome, dotée d'une personnalité propre et d'un patrimoine distinct, chargé d'assurer un service public ou un ensemble de services publics. Ces établissements peuvent ester en justice et sont dotés de l'autonomie financière
Europeana Bibliothèque numérique européenne
Ex-libris Inscription indiquant à qui appartient le livre, étiquette imprimée se collant sur le livre
Explicit Se trouve à la fin d'un texte (manuscrit ou livre imprimé). Marque la fin de l'ouvrage et rend grâce à Dieu, quelquefois mentionne la date et les circonstances de la rédaction du texte ou de sa copie

F

Fac-similé Reproduction d'un texte ou d'une image identique à l'original
Fantôme Papier ou fiche matérialisant l'absence d'un document, d'un livre sorti d'un rayonnage en bibliothèque
Feuillet Chaque feuille d'une publication comprenant un recto et un verso, soit deux pages
Fill Fédération interrégionale du livre et de la lecture
Foliotation À partir du XIIIe siècle, consistait à indiquer dans le manuscrit, généralement en chiffres romains et dans le coin supérieur droit de la page, le numéro de chaque recto de feuillet. La pratique disparut au XVIIe siècle
Fonds ancien Toute collection de documents manuscrits ou imprimés édités avant 1811, date de la création de la Bibliothèque nationale de France, ainsi que les livres rares, originaux, d'une forme ou d'un format inhabituel, recouverts d'une reliure exceptionnelle, tirés à peu d'exemplaires, ainsi que des documents précieux par leur valeur vénale ou historique ou ayant appartenu à des gens célèbres
Fonds patrimonial Documents ou ensemble de documents rares et précieux, anciens ou contemporains, auxquels est attachée une décision de conservation définitive
Format (informatique) Structure de données
Formats (livre) Un format de livre se reconnaît par le nombre de feuillets par cahier
- In plano : feuille en son entier, format adapté aux cartes et plans
- In folio : la feuille est pliée une fois, une feuille fait deux feuillets et quatre pages
- In quarto : la feuille est pliée deux fois = quatre feuillets = huit pages
- In octavo : la feuille est pliée quatre fois = huit feuillets = seize pages
- In douze : la feuille est pliée six fois = douze feuillets = vingt-quatre pages
- In seize : la feuille est pliée huit fois = seize feuillets = trente-deux pages

Formats (rangement) Référence à la hauteur de l'ouvrage :
- Grand folio : au-dessus de 50 centimètres
- In folio : de 32 à 45 centimètres
- In quarto (in 4°) : de 25 à 31 centimètres
- In octavo (in 8°) : de 18 à 24 centimètres
- In seize (in 16°) : inférieur à 16 centimètres

Foxing Taches plus ou moins jaunes, rousses ou brunes se rencontrant sur le papier, au milieu d'un texte, en marge ou sur les planches illustrées. Nommées également rousseurs ou piqûres
FP Fonction publique
FPE Fonction publique d'État
FPH Fonction publique hospitalière
FPT Fonction publique territoriale
FRBR Functional Requirements for Bibliographic Records (fonctionnalités requises des notices bibliographiques)
Frontispice Illustration hors texte figurant au début d'un volume, en regard de la page de titre

G

Gallica Bibliothèque numérique de la Bibliothèque nationale de France
GED Gestion électronique des documents
GIP Groupement d'intérêt public
Gouttière (reliure) Tranche opposée au dos, plus ou moins concave selon les styles
GPEC Gestion prévisionnelle de l'emploi et des compétences
Grade Titre juridique qui confère à son titulaire vocation à occuper un certain nombre d'emplois. Le grade est distinct de l'emploi qui est un poste de travail appartenant à l'administration. Le grade appartient au fonctionnaire et lui donne vocation à occuper un emploi
Grecquage Entailles dans le dos du livre pour permettre à la colle de mieux pénétrer
Grecque (reliure) Entaille pratiquée sur le dos des livres avec une scie à grecquer pour loger ficelles et chaînettes

H

HAL Hyperarticles en ligne, archive ouverte pluridisciplinaire de l'enseignement supérieur français
HCERES Haut Conseil de l'évaluation de la recherche et de l'enseignement supérieur
Héliogravure Principe d'impression dont les caractères sont dessinés en creux sur la forme imprimante, après avoir encré la forme, elle est essuyée avec une raclette en laissant uniquement l'encre dans les creux
Hygrométrie Partie de la météorologie qui a pour objet de déterminer le taux d'humidité dans l'atmosphère. Taux d'hygrométrie idéal pour le papier : 55 %
Hygroscopiques Se dit de matériaux d'origine organique (papier, carton, parchemin, cuir) qui absorbent l'humidité de l'air dans leurs fibres

I

IABD Interassociation archives bibliothèques documentation
Idéogrammes Une des premières formes d'écriture, évolution des pictogrammes, représente le son
IdRef Identifiants et référentiels pour l'enseignement supérieur et de la recherche, application qui permet d'interroger les autorités des bases Calames, Sudoc, Star, Step et thèses.fr, d'enrichir et/ou de corriger des notices autorités
Ifla International Federation of Library Associations (Fédération internationale des associations et institutions de bibliothèques)
IFPI International Federation of the Phonographic Industry (Fédération internationale de l'industrie phonographique)
IGB Inspection générale des bibliothèques
IGÉSR Inspection générale de l'éducation, du sport et de la recherche

Imprimatur Permission de publier un ouvrage accordée par une autorité et qui se trouve généralement au verso de la page de titre
INA Institut national de l'audiovisuel
Incipit Brève formule où sont rappelés le titre de l'ouvrage et parfois le nom de l'auteur au recto du premier feuillet où démarre le texte sur les incunables sur lesquels la page de titre n'existait pas
Incunable Livre imprimé avant le 1er janvier 1501 et/ou édition datant des premières années de l'imprimerie entre 1450 et 1500. Les incunables sont les premiers livres imprimés dans les premières imprimeries des villes, d'où la fourchette entre 1450 et environ 1500.
Indexation Traduction par des descripteurs ou mots-clés du contenu d'un document. C'est une description intellectuelle du document
Indice Symbole issu d'une classification numérique ou alpha, traduisant le contenu d'un document
Inet Institut national des études territoriales
INHA Institut national de l'histoire de l'art
Inist Institut de l'information scientifique et technique
Inpi Institut national de la propriété industrielle
Insee Institut national de la statistique et des études économiques
Inspé Institut national supérieur du professorat et de l'éducation
Intailles (médaille) Pierres gravées en creux
Ioupi Méthode de désherbage avec les critères suivants : I = document incorrect, contenant une fausse information ; O = contenu ordinaire, médiocre ; U = document usé, abîmé ; P = document contenant une information périmée ; I = document qui ne correspond plus au fonds, inadéquat
ISBD International Standard Bibliographic Description (description bibliographique internationale normalisée)
ISBN International Standard Book Number (numéro international normalisé du livre)
ISDS International Serials Data System (Centre international attribuant l'ISSN)
ISO International Standard Organisation, définit les règles de catalogage, ISBD et ISBDM pour les monographies
ISSN International Standard Serial Number (Numéro international normalisé des publications en série)
IST Information scientifique et technique
Istex Information scientifique et technique d'excellence
ITRF Ingénieurs et techniciens de recherche et de formation
IUT Institut universitaire de technologie

J

JSVA Collège jeunesse, sports et vie associative de l'IGÉSR

K

KVK Karlsruher Virtueller Katalog

L

LAS Licence accès santé
LC Classification de la Library of Congress, bibliothèque du Congrès (Washington)
Legs Don par testament au bénéfice d'une personne physique ou morale
Lettre d'attente Petite lettre imprimée à l'emplacement d'une future lettrine enluminée
Lettrines Initiales de début de texte finement ornée (enluminure)
Liber Ligue des bibliothèques européennes de recherche
Linotypie Composition d'un texte typographique par une machine disposant d'un clavier et qui permet de couler un alliage en fusion dans un moule pour produire une ligne entière appelée ligne-bloc ou matrice de caractères
Lithographie Estampe exécutée à l'encre ou au crayon sur une pierre calcaire
Littérature grise Rapports, actes de conférences, colloques, brevets, normes, circulaires, documents internes d'une entreprise, d'une administration, etc.
Livrel Livre numérique
LMD Licence master doctorat
LRU Loi relative aux libertés et responsabilités des universités dite loi Pécresse (2007)
LSF Langue des signes française
Ludothèque Équipement culturel mettant à la disposition de ses usagers des jouets, des jeux de société et des espaces de jeu
Lux Unité de mesure de l'éclairement lumineux
Lyophilisation (reliure) Déshydratation d'un produit par congélation rapide suivie d'une sublimation de la glace (passage direct de la glace à la vapeur d'eau), procédé utilisé pour les documents d'une bibliothèque touchée par un dégât des eaux ou en cas d'inondation

M

Malle à Hortense Animation composée de jeux multiples basés sur l'écriture pour la jeunesse
Manuscrit Œuvre originale écrite de la main de l'auteur ou dactylographiée
Map Modernisation de l'action publique
Marc (format) Machine-Readable Cataloging (catalogage lisible par machine)
Maroquin (reliure) Peau de chèvre tannée, assez épaisse, à gros grains et réservée aux reliures de luxe
MCC Ministère de la Culture et de la Communication
Meef Métiers de l'enseignement, de l'éducation et de la formation

Mélanges Titres de certains recueils, de courts écrits sur divers sujets/Désigne un ouvrage composé d'articles réunis et dédiés à une personnalité
Mention de responsabilité Mention relative aux personnes et aux collectivités et organisations liées à la création du contenu intellectuel ou artistique d'une publication
Mesri Ministère de l'Enseignement supérieur, de la Recherche et de l'Innovation
MMOP Médecine maïeutique odontologie pharmacie
Monographie Ouvrage formant un tout-en-un ou plusieurs volumes
MOOC Massive Open Online Course (formation en ligne ouverte à tous)
Mors (reliure) Léger creux situé à la charnière entre le dos et le plat d'une reliure

N

NLM Classification de la National Library of Medecine
Norme Référentiel publié par un établissement agréé

O

OA Open Access
OCLC Online Computer Library Center (coopérative mondiale de bibliothèques fournissant des services partagés et de recherche)
OEMI (catalogage) Œuvre, expression, manifestation, item
Offset Technique d'impression par photographie, en milieu humide, d'une plaque d'impression sur laquelle des zones hydrophobes attirent l'encre tandis que d'autres zones hydrophiles la repoussent
Ompi Organisation mondiale de la propriété intellectuelle
Opac Online Public Access Catalog (catalogue informatisé accessible en ligne)
OpenAIRE Open Access Infrastructure for Research in Europe (archive ouverte européenne)
OpenDOAR Archive ouverte de l'université de Nottingham (Royaume-Uni)
Ours (périodiques) Encadré, en colonne étroite, contenant tous les éléments d'adresse et de nom : éditeur, imprimeur, publicitaire, différents auteurs, adresse abonnement, ISSN

P

Pacte Parcours d'accès aux carrières de la fonction publique territoriale, hospitalière et d'État
Page de garde (reliure) Ensemble de pages situées entre la couverture et le texte du volume
Palimpseste Manuscrit ancien dont le texte a été gratté afin de permettre le réemploi du support, en peau en général
Palme Répertoire des manuscrits littéraires français du xxe siècle

Papyrus Pâte végétale employée en Égypte au IIIe siècle av. J.-C., fibre de roseau découpé, séché et tissé. Support généralisé de l'écriture de l'Antiquité
Parchemin Mode de tannage de la peau (peau raclée, lavée à la chaux et polie), souvent de la peau de mouton
Parties liminaires Page de titre, verso de la page titre et toutes les pages précédant le titre
Pass Parcours spécifique santé
PCP Plan de conservation partagée
PCPP Plan de conservation partagée des périodiques
PDC Plan de développement des collections
PEB Prêt entre bibliothèques
Pecia Au Moyen Âge, exemplaire de référence loué par un libraire aux copistes par cahiers séparés permettant de multiplier le nombre de copies
Périodique mort Périodique qui a cessé d'être édité ou dont la bibliothèque a décidé de suspendre l'abonnement
Périodique Support dont les critères sont : caractère légal du titre, caractère d'œuvre collective de chaque fascicule, dont la durée de publication est non limitée et la périodicité déterminée à l'avance. Les fascicules forment une suite numérique et chronologique.
Phonogramme Tout support reproduisant exclusivement des séquences de son quels qu'en soient le genre et le format
Photogravure Procédé d'impression d'illustrations, dans lequel un négatif est projeté sur une plaque qui est ensuite gravée par un acide
Pictogrammes Font partie des premières écritures, représentent des objets concrets à l'aide d'un dessin
Pièce de titre (reliure) Morceau de peau, parée très finement, collé sur le dos d'une reliure en cuir où l'on peut lire le titre du livre
Plagure Technique consistant à nettoyer les pages intérieures des volumes empoussiérés, gommage des feuillets sales, ré-encollage des feuillets détachés
Plos Public Library of Science
PNB Prêt numérique en bibliothèque
Pôles associés Établissements sous convention avec la BnF qui développent leur collection dans un domaine complémentaire des fonds de la BnF. Ils traitent intellectuellement et matériellement les documents qu'ils ont acquis et qui sont signalés dans le CCFr
Pontuseaux Fils verticaux du papier artisanal fait à base de pâte de cellulose, fils apparents
Publication en série Périodiques ou collection de monographie

Q

QQQOCP Quoi – Quand – Qui – Où – Comment – Pourquoi. Méthode permettant de cerner un sujet
Queue (reliure) Base du livre

R

Rachel Catalogue collectif du Réseau européen des bibliothèques Judaica et Hebraica, sept bibliothèques spécialisées dans le domaine de la culture juive
RAEP Reconnaissance des acquis de l'expérience professionnelle
Rameau Répertoire d'autorité-matière encyclopédique et alphabétique unifié
RDA (catalogage) Ressource : description et accès
RDF Ressource Description Framework
Récolement Inventaire du fonds d'une bibliothèque
Régie Facilite le paiement des menues dépenses ou le recouvrement de certaines recettes
Reme Répertoire des métiers de l'enseignement supérieur, de la recherche et de l'innovation
Reprint Reproduction fidèle d'un texte d'une ancienne édition sans changement de composition
RFID Radio Frequency Identification ou radio-identification, méthode permettant de mémoriser et de récupérer des données à distance en utilisant des puces électroniques insérées sur les documents
RGPP Révision générale des politiques publiques
Rifseep Régime indemnitaire tenant compte des fonctions, des sujétions, de l'expertise et de l'engagement professionnel
Rime Répertoire interministériel des métiers de l'État
Rome Répertoire opérationnel des métiers et emplois
Rondage Opération matérielle qui consiste à apposer sur le dos du livre l'étiquette portant la cote

S

Sacem Société des auteurs, compositeurs et éditeurs de musique
Savon Brecknell Savon servant au nettoyage du cuir (reliure) à l'aide d'une éponge végétale propre
SCD Service commun de la documentation
Sérigraphie Technique d'imprimerie qui utilise des pochoirs interposés entre l'encre et le support
SGBD Système de gestion de base de données
SGBm Système de gestion de bibliothèque mutualisé
SICD Service interétablissements de coopération documentaire
SID Système d'information documentaire
SIGB Système intégré de gestion de bibliothèques
Signature (reliure) Lettre ou chiffre placé au premier feuillet de chaque cahier pour faciliter le travail du relieur au moment de l'assemblage des cahiers
SNE Syndicat national de l'édition
Snep Syndicat national de l'édition phonographique

Sofia Société française des intérêts des auteurs de l'écrit, dans le domaine exclusif du livre
SRL Structures régionales pour le livre
Star Plate-forme nationale de dépôt des thèses électroniques de l'enseignement supérieur et de la recherche
Statut Acte législatif ou réglementaire s'appliquant à une catégorie ou à l'ensemble de catégories du personnel qui fixe les droits et obligations des intéressés
Statut particulier Fonctionnaires d'un corps ou d'un cadre d'emplois soumis à un même ensemble de règles
Step Plate-forme de signalement des thèses en préparation
Stéréotypie Système d'impression d'un texte en imprimerie (fin du XVIIIe siècle), cliché de composition de chaque page permettant la réimpression sans avoir à utiliser et à mobiliser les fontes
Sudoc Système universitaire de documentation, catalogue collectif des BU françaises
SUIO Service universitaire d'information et d'orientation
Suites Ouvrages paraissant en plusieurs tomes ou fascicules, sous un titre commun. La publication est limitée dans le temps. Si même la date d'achèvement est inconnue, l'achèvement de l'ouvrage est certain
SUMPPS Service universitaire ou interuniversitaire de médecine préventive et de promotion de la santé

T

Taille-douce Planche gravée en creux destinée à imprimer une image
TEL Serveur thèses-en-ligne
Thermohygrographe Instrument mesurant simultanément la température et l'humidité relative de l'air ambiant et les enregistre sous forme de graphe
Thermohygromètre Instrument mesurant simultanément la température (généralement en degrés Celsius) et l'humidité relative (en % du seuil de saturation). La mesure se fait au moyen de sondes
Thésaurus Indexation, structure hiérarchique qui permet de relier les notions entre elles du plus général au plus particulier
Thèse Document présentant une recherche scientifique et ses résultats, réalisé dans un établissement d'enseignement supérieur habilité, soumis à soutenance publique devant un jury pour l'obtention du grade de docteur
TICE Technologie de l'information et de la communication pour l'enseignement
Titre uniforme Façon unique de désigner une œuvre pouvant paraître sous plusieurs titres
Translittération Transcription d'un système d'écriture dans un autre
Troncature Procédé permettant d'omettre une partie d'un terme dans la formulation d'une recherche documentaire informatisée
Typographie Principe d'impression au moyen de caractère de métal en relief

U

UFR Unité de formation et de recherche
Unesco Organisation des Nations unies pour l'éducation, la science et la culture
Unimarc Universal Machine Readable Cataloging (format bibliographique d'échange pour le traitement de l'information)
Urfist Unités régionales de formation à l'information scientifique et technique

V

VAE Validation des acquis de l'expérience
Vedette Mot ou expression servant à l'accès de la description bibliographique, vedette-auteur, vedette-matière
Vélin Peau de veau mort-né, travaillé pour donner un parchemin très blanc. Peau la plus luxueuse utilisée pour les manuscrits de luxe en raison de son grain très fin et de sa blancheur
Vergures Fils horizontaux du papier artisanal fabriqué à base de cellulose
Vidéogramme Support intégrant sons et images, excepté le cinéma, lisible au moyen d'un appareil de lecture
VOD Vidéo à la demande
Volumen Rouleau de peau (parchemin) sur lequel les Romains écrivaient avec un calame/ Rouleau de feuilles végétales (papyrus) collées les unes aux autres qui se dévide sur deux axes perpendiculaires
Vrillette Insecte particulièrement néfaste pour le livre, car il creuse des galeries dans les livres et les reliures

W

W3C World Wide Web Consortium
Wei'To Procédé de désacidification de masse, nommé ainsi en l'honneur du dieu asiatique du papier
Worldcat Catalogue collectif mondial donnant accès aux collections et aux services de plus de 10 000 bibliothèques à travers le monde

X

Xylographie Procédé d'impression par une plaque de bois qui est gravée en évidant autour des caractères

Bibliographie

Livres

ACCART Jean-Philippe, *Personnaliser la bibliothèque. Construire une stratégie de marque et augmenter sa réputation*, Villeurbanne, Presses de l'Enssib, 2018, 187 p.

ALONZO Valérie, RENARD Pierre-Yves, *Évaluer la bibliothèque*, Paris, Cercle de la librairie, 2012, 186 p.

ANCELIN Justine, *Médiatiser la science en bibliothèque*, Villeurbanne, Presses de l'Enssib, coll. « La boîte à outils », n° 35, 2016, 183 p.

ANDRÉ Marie-Odile, DUCAS Sylvie, *Écrire la bibliothèque aujourd'hui*, Paris, Cercle de la librairie, 2007, 254 p.

ASSOCIATION DES BIBLIOTHÉCAIRES FRANÇAIS, *Le Métier de bibliothécaire*, Paris, Cercle de la librairie, 2019, 554 p.

ATKINS Robert, *Petit lexique de l'art moderne (1848-1945)*, trad. Jeanne Bouniort, New York/Paris, Abbeville Press, 1996.

AUBINAIS Marie, *Les Bibliothèques de rue. « Quand est-ce que vous ouvrez dehors ? »*, Montrouge, Bayard, coll. « En mouvement », 2010, 166 p.

BENHARRAT Alia, « La bibliothèque universitaire dans l'économie de la connaissance », *Documentaliste-sciences de l'information*, vol. 51, n° 1, avril 2014, p. 7079.

BERTRAND Anne-Marie, ALIX Yves, *Les Bibliothèques*, Paris, La Découverte, 2015, 126 p.

CARBONE Pierre, *Les Bibliothèques*, Paris, Presses universitaires de France, 2017, 127 p.

COIGNET Béatrice, DUJOL Lionel, *Mémento du bibliothécaire. Guide pratique*, Paris, ABF, 2014.

DAUDIN Lucie, *Accueillir des publics migrants et immigrés. Interculturalité en bibliothèque*, Villeurbanne, Presses de l'Enssib, 2017, 179 p.

DEFRESNE Florence KROP, Jérôme, « La massification scolaire sous la Ve République : une mise en perspective des statistiques de l'Éducation nationale (1958-2014) », *Éducation et formations*, n° 91, septembre 2016, p. 5-20.

DEISS Jérôme, *L'Art de faire des recherches et de partager l'information*, Limoges, FYP, 2015.

FAURE Bertrand, *Droit des collectivités territoriales*, Paris, Dalloz, coll. « Précis », 2016.

FONTAINE-MARTINELLI Françoise, MAUMET Luc, *Accessibilité universelle et inclusion en bibliothèque*, Paris, ABF, coll. « Médiathèmes », n° 19, 2017, 197 p.

FUZEAU Pierre, REMIZE Michel, *L'Innovation en bibliothèque*, Paris, Serda/IDP, 2018, 96 p.

GASCUEL Jacqueline, *Un espace pour le livre. Guide à l'intention de tous ceux qui construisent, aménagent ou rénovent une bibliothèque*, Paris, Cercle de la librairie, 1993, 420 p.

GAUDET Françoise, LIEBER Claudine, *Désherber en bibliothèque. Manuel pratique de révision des collections*, Paris, Cercle de la librairie, 2013, 160 p.

GITON Cécile, *Le livre, instrument de paix et de démocratie mondiale ? La politique du livre de l'Unesco (1945-1975)*, Paris, L'Harmattan, 2019, 669 p.

HECQUARD Françoise, *Manager une équipe en bibliothèque*, Paris, Cercle de la librairie, 2014.

HUCHET Bernard, *L'Action culturelle en bibliothèque*, Paris, Cercle de la librairie, coll. « Bibliothèques », 2008, 319 p.

JACQUET Amandine, *Bibliothèques troisième lieu*, Paris, ABF, coll. « Médiathèmes », n° 14, 2015, 198 p.

JARRIGE Marie-Thérèse, PÉCHENART Jean, *Administration et bibliothèques*, Paris, Cercle de la librairie, 1996, 411 p.

KŒNIG Marie-Hélène, *Accompagner les transformations du travail en bibliothèque*, Paris, Cercle de la librairie, 2018, 271 p.

LE QUEAU Pierre, ZERBIB Olivier, « Comment apprécier les effets de l'action des bibliothèques publiques ? », rapport d'étude, mission d'accompagnement de la Direction générale des médias et des industries culturelles, Service du livre et de la lecture, ministère de la Culture, 2019, 114 p.

MARCEROU-RAMEL Nathalie, *Les Métiers des bibliothèques*, Paris, Cercle de la librairie, 2017, 208 p.

MARTIN Henri-Jean, « Bibliothèques », *Encyclopédie universalis* [en ligne : www.universalis-edu.com/encyclopedie/bibliotheques].

MAURY Yolande, KOVACS Susan, CONDETTE-CASTELAIN Sylvie, *Bibliothèque en mouvement. Innover, fonder, pratiquer de nouveaux espaces*, Villeneuve-d'Ascq, Presses universitaires du Septentrion, 2018, 286 p.

MINISTÈRE DE LA CULTURE ET DE LA COMMUNICATION, département des études, *De la prospective et des statistiques. Chiffres clés 2019 : statistiques de la culture et de la communication*, France, Presses de la Fondation nationale des sciences politiques/ministère de la Culture, DEPS, 2019, 301 p.

MINISTÈRE DE LA FONCTION PUBLIQUE, *Guide de l'encadrante et de l'encadrant. Cadres de la fonction publique,* Direction générale de l'administration et de la fonction publique, 2017, 144 p.

MIRIBEL Marielle DE *et al.*, *Diriger une bibliothèque. Un nouveau leadership*, Paris, Cercle de la librairie, 2016, 441 p.

MIRIBEL Marielle DE, *Veiller au confort des lecteurs. Du bon usage des cinq sens en bibliothèque*, Paris, Cercle de la librairie, 2015, 335 p.

MOLLIER Jean-Yves, *Une autre histoire de l'édition française*, Paris, La Fabrique, 2015, 429 p.

NETZER Michel, *Les Sciences en bibliothèque*, Paris, Cercle de la librairie, 2017, 303 p.

ODDOS Jean-Paul, BRANDT Astrid-Christiane, *La Conservation. Principes et réalités*, Paris, Cercle de la librairie, coll. « Bibliothèques », 1995, 405 p.

PAPY Fabrice, JAKUBOWICZ Cyril, *Bibliothèque numérique et innovation*, Londres, ISTE, 2018, 140 p.

PAUGAM Serge, GIORGETTI Camila, *Des pauvres à la bibliothèque. Enquête au centre Pompidou*, Paris, Presses universitaires de France, coll. « Le lien social », 2013, 185 p.

PÉRALES Christophe, *Conduire le changement en bibliothèque. Vers des organisations apprenantes*, Villeurbanne, Presses de l'Enssib, 2015.

PETIT Michèle, *Éloge de la lecture. La construction de soi*, Paris, Belin, 2016.

PETIT Michèle, *L'Art de lire ou Comment résister à l'adversité*, Paris, Belin, 2016.

PIERRET Gilles, *Musique en bibliothèque*, Paris, Cercle de la librairie, 2012, 357 p.

POISSENOT Claude, NOËL Sabine, *Être bibliothécaire*, Lyon, Lieux dits, 2014, 111 p.

PONTIER Jean-Marie, *La Décentralisation française. Évolutions et perspectives*, Issy-les-Moulineaux, LGDJ/Lextenso, coll. « Systèmes », 2016, 182 p.

QUILLIEN Philippe-Jean, *Tout savoir sur les collectivités territoriales*, Paris, Ellipses, 2016, 206 p.

RATHLE Jean-Philippe, *Les Associations culturelles. États des lieux et typologies,* ministère de la Culture, Département des études, de la prospective et des statistiques, 2019, 22 p.

RENOULT Daniel, MELET-SANSON Jacqueline, ANGREMY Jean-Pierre, *La Bibliothèque nationale de France. Collections, services, publics*, Paris, Cercle de la librairie, 2001, 12 p.

REVEILLARD Christophe, *La Construction européenne. Histoire, institutions, traités, politiques communes, Union économique et monétaire, élargissements, perspectives*, Paris, Ellipses, 2012, 190 p.

ROCHE Florence, SABY Frédéric, *L'Avenir des bibliothèques. L'exemple des bibliothèques universitaires*, Villeurbanne, Presses de l'Enssib, coll. « Papiers », 2013, 224 p.

ROSE José, *Scènes de vie en bibliothèque. Voyage en Alcazarie*, Paris, L'Harmattan, 2017.

ROUX André, *La Décentralisation. Droit des collectivités territoriales*, Issy-les-Moulineaux, LGDJ/Lextenso, 2016.

SABY Mathieu, *Les Bibliothèques universitaires et leur public extérieur. Pratiques et enjeux*, mémoire d'étude/diplôme de conservateur, Université de Lyon/Enssib, 2015, 149 p.

SCHIETECATTE Valérie, *Concours des bibliothèques*, Paris, Studyrama, coll. « 200 questions », 2020.

SCHÖPFEL Joachim, *Vers la bibliothèque globale. L'agenda 21 dans les bibliothèques*, Paris, Cercle de la librairie, 2014.

SIDRE Colin, *Faire vivre l'action culturelle et artistique en bibliothèque. Du tout-petit au jeune adulte*, Villeurbanne, Presses de l'Enssib, 2018, 172 p.

SOUAL Laurent, *Le Livre numérique en bibliothèque. État des lieux et perspectives*, Paris, Cercle de la librairie, 2015, 119 p.

SOULAS Christine *(Ré)aménager une bibliothèque*, Villeurbanne, Presses de l'Enssib, 2017, 187 p.

TABET Claudie, *La Bibliothèque « hors les murs »*, Paris, Cercle de la librairie, 2004, 317 p.

TAESCH-FÖRSTE Danielle, *Concevoir, réaliser et organiser une bibliothèque Mémento pratique à l'usage des élus, des responsables administratifs et des bibliothécaires*, Paris, Cercle de la librairie, 2006, 164 p.

TESNIERE Valérie, BARUCH Marc-Olivier, YVERT Benoît, *Histoire en bibliothèque*, Paris, Cercle de la librairie, 2009, 254 p.

TURNER Laure, *Le Poids économique direct de la culture en 2017*, ministère de la Culture, Département des études, de la prospective et des statistiques, 2019, 22 p.

VERPEAUX Michel, *Les Collectivités territoriales*, Paris, Dalloz, coll. « Connaissance du droit », 2015.

VERPEAUX Michel, RIMBAULT Christine, WASERMAN Franck, *Les Collectivités territoriales et la décentralisation*, Paris, La Documentation française, 2017, 207 p.

VIAL Stéphane, CATOIR-BRISSON Marie-Julie, *Design et innovation dans la chaîne du livre. Écrire, éditer, lire à l'ère numérique*, Paris, Presses universitaires de France, 2017, 257 p.

WILLEMEZ, Anne, « Intercommunalité et bibliothèques », *BBF*, janvier 2016 [en ligne : http://bbf.enssib.fr/tour-d-horizon/intercommunalite-et-bibliotheques_66042].

ZARKA Jean-Claude, *L'Essentiel des institutions de l'Union européenne*, 2017 [en ligne : http://res.banq.qc.ca/login ?url=www.biblioaccess.com/31/Catalog/Book/794472].

ZUBER Henri *et al.*, *Guide des archives et de la bibliothèque du Service historique de la défense*, Vincennes, Château de Vincennes/Service historique de la Défense, 2017, 758 p.

L'Audiovisuel en bibliothèque, Paris, Image en bibliothèques, 2010.

Faire vivre l'action culturelle et artistique en bibliothèque. Du tout-petit au jeune adulte, Paris, Presses de l'Enssib, coll. « La boîte à outils », 2019.

Un monde de bibliothèques, Paris, Cercle de la Librairie, 2019.

Revues

Arabesques
Archimag
Bibliothèque(s) ABF
Bulletin des bibliothèques de France
Culture chiffres ministère de la Culture
Culture Études ministère de la Culture
Gazette des communes
I2D : information, données et documents ADBS
InterCDI
Livres-hebdo
Revue de la BnF

Sitothèque

https://publication.enseignementsup-recherche.gouv.fr/FR

www.agorabib.fr

Notes

Notes

34/38, rue Camille-Pelletan - 92309 Levallois-Perret cedex
Imprimerie Sepec Numérique - 01960 Péronnas
Imprimé en France - 3e trimestre 2020

Service éditorial : Charlotte Debroise, Benjamin Dias Pereira,
Joanna Lebailly, Deborah Lopez, Myriam Pasek
Conception graphique : Catherine Aubin

Dépôt légal à parution
ISBN 978-2-7590-4486-3